Lee Carroll

Kryon

Recalibration

Lee Carroll

Kryon

Recalibration

Eine Neuausrichtung der Menschheit

Kryon

Band 11

KOHA

Wichtiger Hinweis

Die im Buch veröffentlichten Empfehlungen wurden von Verfasser und Verlag sorgfältig erarbeitet und geprüft. Eine Garantie kann dennoch nicht übernommen werden. Ebenso ist die Haftung des Verfassers bzw. des Verlages und seiner Beauftragten für Personen-, Sach- und Vermögensschäden ausgeschlossen.

Aus dem Englischen
von Maria Müller-de Haën

Titel der Originalausgabe:
The Recalibration of Humanity. 2013 and Beyond.
by Lee Caroll, Ph. D. (hon)

Original English language Publication 2013 by
The Kryon Writings, Inc.San Diego/California

Deutsche Ausgabe:

Lektorat: Miriam Pfadt
Cover Design by DeLisiArt
Layout: Birgit-Inga Weber
Gesamtherstellung: Karin Schnellbach
Druck: CPI Moravia Books
ISBN 978-3-86728-248-2

Im Gedenken an

Sid Wolf

Jahrelanges Mitglied des Kryon-Teams, mein Heiler und Mentor und mein Freund. Sid, ich danke dir dafür, dass du mir gezeigt hast, wie der Körper funktioniert und was möglich ist an Dingen, von denen ich früher nur geträumt habe. Danke dafür, dass du gut zehn Jahre lang ein so wunderbares Mitglied des Kryon-Teams gewesen bist. Bis zum nächsten Mal, wenn wir uns im nächsten Leben wiedersehen.

Die Verbindung der Liebe bleibt bestehen …

Steve Jobs

Wir haben uns nie kennengelernt, doch seit dreiundzwanzig Jahren wurden alle Kryon-Bücher auf einem Macintosh geschrieben. Jede Broschüre, jede Postkarte und alle Websites wurden auf einem Mac erstellt. Sämtliche Fotos aus sämtlichen Seminaren wurden auf einem Mac bearbeitet und präsentiert. Meine gesamte Kommunikation läuft über ein iPhone, und der iPad ist ein Knaller! Mit dieser Technologie hast du, ohne es zu wissen, jeden Kryon-Fan zutiefst beeinflusst.

Schade, dass nicht *noch eine Kleinigkeit* hinterherkommt …

Inhalt

* * *

Recalibration (engl.) / Rekalibrierung (dt.)

1) Korrigieren von Messungen durch Überprüfen bzw. Neuanpassen anhand eines Vergleichsstandards.

2) Korrigieren bzw. Anpassen eines Prozesses bzw. eines Ablaufs.

Metaphysik:
Das, was war, (an)erkennen und die Lebensrealität durch Rekalibrieren dieser Realität anpassen an *das, was sein kann.* Auf der spirituellen Ebene den Messstandard von allem verändern. *Das, was normal ist,* neu einstellen.

Einleitung

Lee Carroll

Herzlich willkommen zum Kryon-Band 11! Ich bin Lee Carroll, das ursprüngliche Channel-Medium für Kryon. Zum Zeitpunkt, als ich dieses Buch schrieb, habe ich Kryon, eine großartige Engelsenergie, bereits im 24. Jahr repräsentiert.

An dieser Stelle erkläre ich in meinen Büchern normalerweise, wer Kryon ist, und berichte von meinen persönlichen Erfahrungen seit dem letzten Buch. Außerdem gehe ich darauf ein, wie seltsam Channeling für all diejenigen erscheinen mag, die zum ersten Mal ein Kryon-Buch lesen. Selbst nach so langer Zeit bin ich im Herzen immer noch ein Ingenieur, in meiner Wirklichkeit ein Einsiedler und fühle mich eigentlich ziemlich normal (meine Familie würde das teilweise wohl anders sehen). Aber ich bin mir auch sehr bewusst, wie das alles hier für »Otto Normalverbraucher« aussieht, dem seine Kirche vielleicht gesagt hat, dass das, was ich tue, etwas Böses sei (so, so …). Und zudem ist dies – nach der amerikanischen Bandzählung* – das Buch Nummer 13, also muss es ja wohl ein bisschen gespenstisch sein, oder? [*Anmerkung der dt. Red.: Die Zählung der deutschen Kryon-Bände unterscheidet sich von der amerikanischen Bandzählung; siehe Anhang dieses Buches.] Wenn auch Sie so denken, dann legen Sie das Buch beiseite, dann ist es nämlich nichts für Sie.

Wie mir klar ist, hat die »Kryon-Gemeinde« in den letzten Jahren starken Zuwachs erfahren; es werden also wohl »Kryoniten« sein, die sich dieses Buch vornehmen – das heißt so komische und verrückte Leute wie ich. Deshalb kann ich all das, was ich an dieser Stelle sonst immer in meiner Einleitung zur Erklärung all dieser Verrücktheiten gesagt habe, einfach überspringen und auf meine vorherigen Bücher verweisen. Es gibt viel erstaunlichere Informationen zu enthüllen: über den Zeitplan für unseren Planeten, über die zu spürenden Energien und die unglaublichen Veränderungen, die uns bevorstehen.

»Wie bitte? Lee, erzählst du nichts mehr über all die seltsamen Dinge, die dir die letzten Jahre auf deinen Reisen zu exotischen Stätten auf dem ganzen Planeten passiert sind?«

Na ja, vielleicht schon, aber nur, wenn es mit den zu behandelnden Themen zu tun hat, mit dem, was wirklich mit der Erde passiert.

Die verhüllte Prophezeiung

Ich wurde in Kalifornien in den USA geboren; die ersten circa vierzig Jahre meines Lebens interessierte ich mich kein bisschen für Esoterik, *New Age* oder für Informationen über Ureinwohner. Wie die meisten anderen Leute steckte ich in meinen »kulturellen Schuhen«. Für Religion interessierte ich mich nur im üblichen Rahmen. Doch es wäre egal gewesen, ob ich nun ein Christ oder ein Jude gewesen wäre, denn in all unseren heiligen Schriften steht etwas über die Zukunft. Selbst jemand, der nur ein Mal im Jahr in die Kirche oder die Synagoge geht, hätte doch etwas Grundsätzliches mitbekommen: Die Prophezeiungen über den Planeten handeln davon, was mit uns zur Jahrtausendwende passieren und wie das Zeitenende ablaufen würde.

Ich erinnere mich, wie ich ein kleines Kind war und die Prediger, die in unsere Stadt kamen, darüber sprachen, wie der Nahe Osten die Bühne für alles bereiten würde – für den ganzen Horror und Schrecken. Sie sprachen über Entrückung und Bücher, in denen es darum ging, »zurückgelassen« zu werden. Andere Bücher von Bibelwissenschaftlern handelten von dem, was zur Jahrtausendwende passieren würde, und in einem waren sich alle einig: Es würde etwas Großes sein, groß und schlecht (bzw. gut, wenn man zu den Auserwählten gehörte).

Mit den Jahren schienen die Nachrichten diese ganzen Prophezeiungen zu bestätigen – das war das Beängstigende daran. Der Nahe Osten entsprach voll und ganz dem (beängstigenden) Bild, das die Prediger malten.

Dann gab es da noch Nostradamus, einen Pseudo-Astrologen, der die Zukunft channelte, seine Weissagungen aber in geheimnisvolle Vierzeiler packte, damit seine Kollegen nicht mitbekamen, was er da tat. Seine Schriften, die im Laufe der Zeit von Gelehrten ausführlichst interpretiert wurden, gingen so ziemlich in die gleiche Richtung wie die Verkündigungen der Prediger. Das war nun wirklich beängstigend! Mit diesen Geschichten wuchs ich auf.

Solche Weltuntergangsprophezeiungen haben wir damals und auch schon früher wohl alle gehört. Der Fernsehsender *History Channel* hat es sich zur Lebensaufgabe gemacht, den Leuten aus kommerziellen Gründen Furcht einzujagen. (Das »History« im Namen ist nichts weiter als ein Trick, mit dem die Leute dazu gebracht werden sollen, zu glauben, es seien Zukunftsexperten am Werk. Doch das sind sie nicht. Das Einzige, womit sie sich gut auskennen, ist – jawohl – *Geschichte!*) Die ganzen Unheils- und Untergangsinformationen gab es auch zuhauf in den Buchläden, manchmal im Fernsehen und in den letzten Jahren auch im Internet. So sahen also die modernen Prophezeiungen aus, und wohl fast alle, die dies hier lesen werden, waren ihnen ausgesetzt; es gab nicht viel, was dem entgegenzusetzen war und davon handelte, was sich wirklich abspielte (das Thema dieses Buches). Auch viele *New Age*-Anhänger sprangen auf diesen »Weltuntergangszug« auf.

In den 1980er-Jahren sagte ein berühmtes Channel-Medium aus Yelm im Bundesstaat Washington den Leuten, sie sollten unterirdische Bunker in ihren Häusern bauen (das war teuer) und sich so auf das neue Jahrtausend vorbereiten. Diese Zufluchtsräume brauchten ein Luftfiltersystem (wegen der Strahlung) und Lagerräumlichkeiten, in denen man Lebensmittelvorräte in Dosen für mindestens ein Jahr aufbewahren konnte. Die Schutzkammer sollte mindestens zwei Meter unter dem Haus errichtet werden, damit die Bewohner nicht von der Strahlung ausgelöscht würden. Sie verdrehen jetzt vielleicht die Augen und fragen: *»Und wer hat so was gebaut?«* Viele! Noch heute stehen in Yelm Immobilien zum Verkauf, bei denen ein »UG« (Underground, also ein unterirdischer Raum) Bestandteil ist. Sie können das gerne nachprüfen. Die Kosten für ein solches UG beliefen sich in manchen Fällen auf bis zu 200.000 Dollar. Angst kostet eben so einiges.

Eine andere berühmte *New Age*-Autorin riet ihren Anhängern, in die Hügel zu fliehen (auch das taten viele); oder es war die Rede davon, dass die Erde sich von oben nach unten kehren würde! Der Rat, wie man dem entgehen könnte, hat mich immer amüsiert, denn einer physischen Umkehr der Pole bzw. einem Polsprung kann man nun einmal nicht entkommen. Dann fliegen wir alle einfach in den Weltraum, ebenso wie die Ozeane und die Luft – aber bei solchen auf Angst gründenden Botschaften wird die Wissenschaft eben normalerweise nicht berücksichtigt. Bei alldem ging es um die bevorstehende Weltuntergangsenergie der Jahrtausendwende, des Jahres 2000.

Zecharia Sitchin, eine Art selbst ernannter Historiker der Sumerer, datierte die sumerische Kultur auf ein Alter von circa 10.000 Jahren. In den 1980er-Jahren war er einer der wenigen, die tatsächlich Sumerisch lesen konnten. Seine Informationen drehten sich um einen geheimnisvollen Planeten mit dem Namen Nibiru (der »Zwöfte Planet«), der aus einer verlängerten Ellipsenbahn in unser Sonnensystem eindringen und im Jahr 2003 mit der Erde kollidieren sollte. Das geschah nicht (wenn ich mich recht erinnere), und als dem nicht so war, wurde die Prophezeiung aktualisiert; jetzt sollte der Zusammenprall 2012 stattfinden. Auch das geschah nicht (wenn ich mich auch hier recht erinnere). CNN berichtete über diese Vorhersage tatsächlich am 21. Dezember 2012, dem Tag der Wintersonnenwende! (Auch sie glaubten nicht daran.) Sitchin ist im Jahr 2010 von uns gegangen; seine Lehre hatte großen Einfluss auf einige Mainstream-Science-Fiction-Filme, unter anderem *Cowboys & Aliens,* worin es um nach Gold suchenden Aliens ging, eine von Sitchins Thesen.

Man beachte die Ähnlichkeiten: Egal, um welches spirituelle Glaubenssystem es ging – alle hatten sie ihre Weltuntergangsbotschaft, und immer ging es um die Jahre vor und nach der Jahrtausendwende. Im Großen und Ganzen besagten die Informationen dasselbe: Wir würden es nicht schaffen. Überall und bei fast allen spirituellen Quellen ging es um dieses Thema.

Hollywood konnte da natürlich nicht stillsitzen und einfach nur zuschauen, und so kam zwei Jahre vor dem Ende der Langen

Zählung des Maya-Kalenders der Katastrophenfilm *2012* in die Kinos – eine Komödie, meiner Meinung nach.

Jetzt sitze ich hier also, gegen Ende des Jahres 2013, und schreibe das 13. Buch [dt. Band 11; siehe Anhang], und wir sind immer noch nicht untergegangen, wenn ich mich recht erinnere. Das betone ich hier ständig, weil mir als älterem Menschen immer wieder gesagt wird, schon bald würde ich mich an nicht mehr viel erinnern.

Das einseitige Denken bleibt bestehen – es wird nicht weichen

Inzwischen haben wir die 2012er-Schwelle überschritten, doch die alten Prophezeiungen werden trotzdem nicht aussterben. Zur Entrückungs-Serie *Left Behind* gibt es jetzt auch einen Film, obwohl das Entrückungsdatum inzwischen schon lange vorbei ist. Die Fernsehserie *Survivalists* erzählt von Menschen, die sich auf das Ende vorbereiten. Ich nehme an, niemand hat ihnen gesagt, dass das Ende gar nicht gekommen ist. In Wirklichkeit dauert es sechs bis sieben Jahre, bis ein Film oder eine Fernsehserie schließlich verkauft werden kann; und so wurden die Ideen verkauft und umgesetzt, obwohl der Tag des »Weltuntergangs« oder »Jüngsten Gerichts« inzwischen längst vorbei war. Angst verkauft sich gut, egal, wie die Fakten aussehen. Und auch wenn das jeweilige Datum, für das das Ende der Welt angekündigt war, inzwischen vorbei ist und die biblischen Entrückungsdaten schon mehrere Male verstrichen sind, klingeln doch nach wie vor die Kassen, denn Filme, bei denen man sich fürchten kann, werden immer noch gern gesehen, obwohl sie keinen wirklichen Sinn ergeben. Willkommen in Hollywood!

Mein Lieblingsbuch der letzten zehn Jahre über die »Entrückung« wurde in Reaktion auf die christlichen Weltuntergangsbücher geschrieben. Die aufregende Romanserie *Left Behind* handelt von denjenigen, die nach der Entrückung zurückgelassen wurden. Einer der Autoren ist Tim LaHaye, ein Baptistenpfarrer, der in derselben Stadt wohnt wie ich. Als kleiner Junge habe ihn ein paarmal getroffen (ein netter Kerl). Das Buch, welches mir so gut gefällt, trägt den Titel *I Want To Be Left Behind* (»Ich möchte gern zurückgelassen werden«) und wurde von Ted Noel verfasst, einem anderen christlichen Priester. Er hat auf den Trugschluss hingewiesen, der sich aus der Verdrehung der Bibel durch Tim LaHaye ergibt; das wiederum diente dem Letzteren dazu, seine Bücher besser zu verkaufen; und dank viel »Action« können sie auch gut verfilmt werden. Wie bitte? Heißt das, es gab Meinungsverschiedenheiten zwischen Christen? Oh ja. Erstaunlich.

Es hört also nicht auf. Eine ganze Menschengeneration glaubt immer noch, das Ende stehe bevor, wie es ja auch schon bevorstand, als ich noch ein Kind war. Ständig hatten wir Angst, wir wären nicht bereit dafür, und bis zum heutigen Tag wird diese Botschaft von der Kirche im Allgemeinen nach wie vor verbreitet. Ich gehe also davon aus, dass das Ende dauernd bevorsteht; und in bestimmten Kreisen leben die Menschen ihr Leben in der ständigen Angst vor dem, was sich immer wieder als Täuschung herausgestellt hat. Das Datum des Weltuntergangs wird immer wieder von Neuem aktualisiert, und die Leute hetzen den neuesten Weltuntergangsinformationen hinterher. Sie hängen an denjenigen, die etwas von einem sehr liebevollen Gott erzählen: Er werde sie auf schreckliche Weise durch Feuer töten, wenn sie nicht das tun, was ihnen von den »von Gott eingesetzten Obrigkeiten« (die oft mit lustigen Hüten und Gewändern daherkommen) gesagt wird (ich trage beim Channeln wenigstens kein komisches Kostüm!).

Im Mai 2012 stand ich in Moskau auf der Bühne, genau an dem Tag, für den der berühmte Prediger Harold Camping das Ende der Welt angekündigt hatte. Sogar in Moskau hatten sie davon gehört, aber wenn ich mich recht erinnere, geschah nichts. Und dennoch wurde als neues Datum der 21. Oktober festgelegt. Ich nehme an, beim ersten Fehlschlag stand er nicht dumm genug da. Und natürlich geschah an besagtem Datum wieder nichts. Jetzt stand er noch dümmer da, aber zur Rechenschaft wurde er nicht gezogen.

Solche Sachen werden immer wieder geschehen, bis eine ganze Generation es dann schließlich besser weiß. Und selbst dann werden andere Kulturen damit weitermachen, weil sie diese Informationen brauchen, um sich schuldig zu fühlen, weil sie am Leben sind, und um weiterhin leiden und sich Sorgen machen zu können und um sich irgendwie spirituell zu fühlen.

Bislang ist mir noch nicht so ganz klar, warum Menschen, die sich von Diktatoren und autoritären Regierungen befreit haben, davon ausgehen, dass sie schließlich doch wieder in einem solchen Zustand landen werden. Bei meinen Reisen um die Welt lerne ich interessanterweise Kulturen kennen, die es »besser wissen«, und andere, die bereit sind, praktisch alles zu glauben, was ihnen irgendjemand erzählt.

Da köchelt was unter der Haube

Und wenn ich Ihnen nun von einer weiteren Prophezeiung erzähle, die auf der ganzen Erde vielen Menschen bekannt ist, obwohl sie sich untereinander nicht kennen, und die älter ist als jede Prophezeiung, die Ihnen in Ihrer Kindheit untergejubelt wurde? Die jahrtausendealt ist, viel älter als das Christentum bzw. die meisten heiligen Schriften auf dem Planeten? Interessiert Sie das? Mich hat das sehr wohl interessiert! Diese Prophezeiung ist real, und sie ist Thema dieses Buches. Diese Informationen sind »schon immer da«, aber sie hatten nicht die Wirkung wie die modernen Weltuntergangs- und Unheilsverkündungen. Sie sind nicht so glanzvoll, denn dabei geht es um die positiven Potenziale großer Veränderungen und um Balance. Das Verrückte ist: Fast alle indigenen Völker des Planeten wussten darüber schon immer Bescheid. Aber sie drehen nun einmal keine Filme.

Gregg Braden, ein Freund von mir und einer der besten Vortragsredner, die heute zu finden sind, ist Wissenschaftler (mit entsprechenden Zeugnissen) und hat während der ersten Hälfte seiner beruflichen Laufbahn Raketen entwickelt. Dann arbeitete er als technischer Leiter bei *Cisco Systems.* Das erzähle ich, damit Sie seinen Hintergrund kennen. Als Gregg damit begann, die alten Völker zu studieren, änderte dies seine Denkweise, und seine akademischen Forschungen führten ihn genau zu dem, was wir heute sehen. Da draußen gibt es eine andere große Wahrheit, und die alten Völker reden schon seit Jahrtausenden davon. In Greggs Vorträge fließen auch diese alten Lehren mit ein. Er leitet Touren nach Tibet und Peru (Gebiete, die für den energetischen Wandel auf der Erde eine große Rolle spielen) und schreibt als Autor über die Wissenschaft und Geschichte, die er entdeckt hat. Wie er in seinen Vorträgen und Büchern berichtet, kam er durch seine Forschungsarbeiten zu einem bestimmten Schluss: Anscheinend gab es im Laufe der Menschheitsgeschichte ein paar »Entscheidungsfindungspunkte«, an denen womöglich ganze Kulturen mit ihren Informationen vollkommen verloren gingen. Unter Umständen hat die menschliche Zivilisation sogar mehrere Anläufe unternehmen müssen. Wie Gregg weiterhin darlegt, hat die Menschheit die Neigung, Bewusstsein allmählich in Wellen zu entwickeln, was man – wie es scheint – berechnen und vorhersagen kann. In *Fractal Time,* einem seiner vielen Bücher, berichtet Gregg von seinen Forschungsergebnissen aus wissenschaftlicher Sicht. Anhand der Informationen der Urvölker wendet er diese neuen »Gesetze« der Fraktale auf die »alten Zeitwellen« an. Seine These: Alles, vom Alterungsprozess über Beziehungsmuster bis hin zu Kriegen zwischen Nationen, sind einfach wiederkehrende Wellen unserer Vergangenheit, die mit jeder Rückkehr stärker werden.

Wie bitte? Gibt es möglicherweise ein Zeit- und Bewusstseinssystem, das im Kreis verläuft? Gibt es so etwas wirklich? Ist das etwas Neues?

Bühne frei für die Maya!

Im Kryon-Buch *Hinter dem Schleier* (dt. Band 9) erzähle ich von der kurzen Zeit, die ich in Xochicalco, einer kleinen Maya-Grabungsstätte außerhalb von Mexico City, verbracht habe. Im Jahr 2007 lernte ich einen Ingenieur kennen, der die Bedingungen, unter denen die alten Maya Himmelsschau betrieben und ihre berühmten Kalender erstellt hatten, wiederherstellte. Jorge Baez benutzte an der dortigen Grabungsstätte die uralten Observatorien unter der Erde und verbrachte Hunderte von Stunden in der Dunkelheit. Das einzige Licht, das in die Höhle drang, war ein wenig Sonnen- und Mondlicht, welches durch einen langen vertikalen Tunnel von der Erdoberfläche nach unten schien. Er leitete es durch eine Reihe kleiner Löcher, die die Maya entlang des Schachts eingebaut hatten; so ergab das Licht schließlich ein fokussiertes Bild auf einem Tisch auf dem Erdboden, wo es analysiert werden konnte. Anhand seiner Ingenieurskenntnisse versuchte Jorge herauszufinden, was die Maya damals wirklich sehen konnten und wie sie das wohl interpretiert hatten. Die Kuratoren von Xochicalco hatten Jorge den Schlüssel zu diesem Platz gegeben!

Jorge schrieb ein Buch (derzeit nur auf Spanisch verfügbar) mit dem Titel *El secreto del 2012: Tona-Ollin, energía vital en movimento* [»Das Geheimnis von 2012: Tona-Ollin – Die Lebenskraft in Bewegung«]. Darin erzählt er von seiner Arbeit und der Zeit, die er in diesen Maya-Ruinen verbracht hat, und auch davon, dass er tatsächlich das sah, was die Maya damals gesehen hatten. Auch wenn es sich nur um eine kleine Messung handelte, so war er doch – wie er andeutete – anhand ihrer Methoden in der Lage, ähnlich wie sie den Axialschlag der Erde zu beobachten. In der Astronomie wird dieser Axialschlag die *Präzession der Äquinoktien* genannt, und sie hat (Achtung!) mit der fraktalen Zeit zu tun. Der Maya-Kalender war vielleicht tatsächlich die Vorlage für genau das, worüber Gregg gesprochen hatte.

Übrigens, nur zum Spaß und als Rückblick: Das ist genau der Ort, wo wir das Orb-Experiment durchgeführt haben, von dem im oben genannten Kryon-Buch (dt. Band 9) die Rede ist und das nach wie vor auf meiner Website unter www.kryon.com/orbs zu finden ist. Kann jemand tatsächlich Lichtbälle erzeugen? Was ist das überhaupt? Die Website beantwortet lediglich die erste Frage. Und lassen sich in diesem unterirdischen Maya-Observatorium Lichtbälle erzeugen? Genau das taten wir, und Sie können – wie gesagt – gerne die Bilder anschauen; sie sind sehr lustig!

Aus den Tiefen des Maya-Observatoriums führte mich Jorge schließlich in die Sonne hinaus, wo ich weitere Lektionen erhielt. Er zeigte und erklärte mir die Hieroglyphen an den Wänden einer kleinen Maya-Pyramide. Die Schrift war klar und sehr gut leserlich (wenn man denn Maya-Schrift lesen kann ...). Es handelte sich um eine Erklärung der Maya zur fraktalen Zeit und stellte ein sich wiederholendes Muster menschlichen Bewusstseins dar (dieses Muster kam oft in Zeitwellen vor, die *Pachacuti* genannt wurden – eine Zeitachse, die in Abschnitte von jeweils 500 Jahren unterteilt ist). Der Beginn und das Ende eines jeden Pachacuti dauerte etwa 30 Jahre; in dieser Zeit durchlief die Menschheit große Veränderungen. Auch wir befinden uns gerade in genau dieser Phase! Aus Jorges Sicht und mit seiner Erfahrung war das Muster in den Hieroglyphen offensichtlich. Die in die Pyramidenwände eingeritzten Rillen wiesen auf die Potenziale einer zukünftigen Zeit hin, in der die Menschheit Zyklen mit hohem wie auch niedrigem Bewusstseinsstand haben konnte. Die Maya-Symbole und Hieroglyphen verliefen physisch sehr grafisch auf und ab und zeigten dasselbe Muster an Prophezeiungen wie in ihrem Kalender. Ich machte ein Foto davon, und bis heute zeige ich es besonders gerne in meinen Seminaren. Es war weder verborgen noch geheimnisvoll, noch erforderte es eine hoch gelehrte Auslegung. Jeder, der die Maya-Schrift lesen konnte, konnte auch sehen, was sie vorhergesagt hatten. Und übrigens, es gibt nach wie vor viele Maya, und sie können die alte Schrift lesen; deshalb sage ich den Leuten immer: »Wenn ihr mir nicht glaubt, dann fragt doch einfach einmal einen Maya!«

Diese Informationen über Bewusstseinspotenziale, welche mit Zeit zu tun haben, haben keine offensichtliche Verbindung zu unserer Zukunft, bis man mit einem Archäologen an der Seite dort steht und all das zusammenbringt. Kann es sein, dass die Maya diesen Zyklus an Potenzialen entdeckt hatten, denselben, über den Gregg geschrieben hatte? Und wenn ja, warum ist dann in den Massenmedien nur noch vom Weltuntergang die Rede? Und warum erzählt der *History Channel* (und andere Kanäle), dass der Maya-Kalender im Jahr 2012 zu Ende ging?

Die Antwort auf diese Fragen ist vielschichtig; in Wahrheit hatten die Maya viele Priester, und diese Männer haben nicht unbedingt die Kalender gemacht. Wie in jeder Kultur gab es komplexe Persönlichkeiten, komplexe Politik und komplexe Machtstrukturen. Unsere Vorstellungen von ihnen als einfältigen Menschen mit nur einer Idee im Kopf, die ihre ganze Geschichte lang den Doktrinen eines Stammeskönigs folgten, sind sehr naiv. Doch in Filmen wurde das oft so dargestellt (vielen Dank, Mel!). In Wahrheit gab es ständig Machtkämpfe, ähnlich wie bei den Ägyptern und den Römern. Auch die beiden letzteren Kulturen hatten absolute Machthaber, doch ein Blick auf die Geschichte zeigt, dass es dauernd Meinungsverschiedenheiten, Geheimpläne und Machtwechsel gab. Attentate waren an der Tagesordnung, und die ganze Zeit gab es Kämpfe um die Gunst des Machthabers bzw. darum, selbst der Machthaber zu werden oder sich nicht vom Machthaber umbringen zu lassen. Sogar die spirituelle Priesterschaft stand im Wettstreit. Stellen Sie sich das vor! Sie stritten um spirituelle Dinge? Ein Skandal!

Die Informationen, die wir heute über die Maya haben, sind deshalb sowohl was den Kalender betrifft als auch anderweitig ein Mischmasch aus Vorstellungen und Persönlichkeiten. Am berühmtesten sind die *Chilam Balam*-Prophezeiungen, auch *Prophezeiungen des Jaguar-Priesters* genannt – Prophezeiungen voller Dunkelheit, die neben der Arbeit am Kalender entstanden, hauptsächlich auf der Halbinsel Yucatan. Es gab eigentlich viele verschiedene Maya-Prophezeiungen über das Weltenende, je nachdem, auf welchen Priester man hörte. Wer also hatte nun recht?

Wenn Sie schon einmal an der Riviera Maya oder vielleicht in einer Maya-Ruine waren, wissen Sie, dass es dort oft einen Ballplatz gab, der für viele Zeremonien genutzt wurde, auch für ziemlich gruselige Spektakel. Oft wurden hier die besiegten Könige und Priester aus anderen Gegenden im Rahmen einer Siegesfeier enthauptet. Es wurden Spiele abgehalten, um zu sehen, wer überleben und wer sterben würde. In dieser Tradition wurde auch über die Frage entschieden, welcher Priester die »richtige Botschaft von Spirit« hatte, und zwar anhand eines heutzutage berühmten Teamspiels, welches in den einzelnen Maya-Siedlungen mit einem kleinen Ball und einem Reifen gespielt wurde. Es durften nur die Köpfe und Füße, Knie und Ellbogen eingesetzt werden; das Team, welches den Ball als Erstes durch den Reifen beförderte, hatte gewonnen. Die spirituellen Informationen des Priesters, der der Repräsentant dieses Gewinnerteams war, wurden für gültig erklärt. Anhand des Spiels wurden also Unstimmigkeiten durch »Zufall« oder »Schicksal« entschieden, so wie über Tod und Leben bei den Siegesfeiern.

Und das geschah oft! Das sagt ja wohl etwas darüber aus, wie viele verschiedene, miteinander im Wettstreit liegende spirituelle Informationen es gab. Bei dem Spiel ging es ernsthaft um Leben und Tod, und mit nur einem Tor (sobald der Ball durch den Reifen geschossen wurde) war das Spiel gewonnen. Bei der Abschlusszeremonie wurde der Kapitän des Verliererteams getötet. Ich nehme an, dieser Tod war eine Ehre für ihn (wie so viele ihrer Menschenopfer), aber ich frage mich wirklich, ob der Typ sich geehrt fühlte, wenn der Ball des gegnerischen Teams durch den Reifen flog und für ihn das Spiel (und sein Leben) verloren war.

All das Trara um die Informationen des Maya-Kalenders zum Jahr 2012 entstand wegen dieser Komplexität. Es waren gar keine reinen Kalenderinformationen; vielmehr vermischte sich das alles mit diesen Spielen und den Informationen von Priestern, die ihre eigenen Pläne (und ein paar Spiele gewonnen) hatten. Eine verwässerte Version dieses Spiels (ohne Todesopfer am Ende) ist übrigens in Xcaret in Cancún/Mexiko zu sehen; dort gehen die Touristen hin und haben ihren Spaß. In fast allen Maya-Ruinen sieht man auch die Überreste der Stadien, wo diese Spiele gespielt wurden. Ich habe solche Stadien insbesondere in Mexiko in Cobá, Xochicalco und Chichén Itzá gesehen.

Die Kalendermacher der Maya machten einfach ihren Kalender; und erstaunlicherweise erweist sich die Wintersonnenwende 2012 als Entscheidungspunkt der fraktalen Zeit. In diesem Jahr fand auch die Galaktische Ausrichtung statt, der Anfangs- und Endpunkt der 26.000-jährigen Präzession der Äquinoktien (wissen Sie noch, was weiter oben gesagt wurde?). Diese Ausrichtung wird vom 26.000-jährigen Zyklus des Axialschlags des Planeten verursacht, der dann beginnt und endet, wenn unsere Sonne (von der Erde aus gesehen) in einer Linie mit dem Zentrum der Galaxie ausgerichtet ist (so weit wir das unterscheiden können). Die Wintersonnenwende am 21. Dezember 2012 stellt also neben anderen priesterlichen Vorstellungen auch einen fraktalen Zeitpunkt dar. In unserer Kultur steht sie für den Weltuntergang, weil es der *History Channel* sehr gut verstanden hat, im Fernsehen Persönlichkeiten zu präsentieren, die die glaubwürdigste und überzeugendste

Angst vor Dingen verbreiten konnten, die es gar nicht gibt und die nie geschehen werden.

Und übrigens: Gibt es da draußen eigentlich jemanden, der diesen Typen mal einen Brief schreibt und sie für die Angst, die sie unseren Kindern einjagen, zur Rechenschaft zieht? Wie viele Jahre noch müssen eigentlich Horrorvorhersagen getroffen werden, die nie eintreten, bis wir von solchen Programmen genug haben und Widerspruch einlegen?

Die Galaktische Ausrichtung

Ich möchte nicht länger als nötig auf diese Ausrichtung des Jahres 2012 eingehen, denn das alles findet man ganz leicht im Internet, zum Beispiel unter »Astronomie«, nicht unter »New Age« und bitte auch nicht bei Wikipedia, denn das ist ein Pseudo-Informationsdienst, dessen Informationen oft falsch sind.

Der Axialschlag der Erde wirkt sich auf unsere Sicht des Himmels aus; die Alten wussten fast alle darum und zeichneten uns ihr Bild davon auf, sodass wir heute um ihre Kenntnisse wissen. Wie bitte? Die Ahnen wussten über den Axialschlag der Erde Bescheid? Jawohl! An dieser Stelle gehe ich gerne auf etwas ein, an das nur sehr wenige Menschen denken: Wie konnten die Alten über galaktische Bewegungen Bescheid wissen, während wir vor ein paar Hundert Jahren noch nicht einmal wussten, dass die Erde rund ist? Sieht das nicht so aus, als ob wir mit der Zeit einiges an Wissen verloren haben? Ich glaube, Gregg Braden hat recht mit seiner Forschung, und wir haben durch Wellen der Zeit in der Vergangenheit eine große Menge an Wissen und Beobachtungen verloren. Die von ihm angesprochenen »Entscheidungspunkte« fanden vielleicht wirklich statt. Man sollte das einmal mit gesundem Menschenverstand betrachten: Schließlich wussten die Alten über unsere Position in der Galaxie Bescheid, wohingegen die Entdecker, die vor nur wenigen Hundert Jahren von Europa aus lossegelten, Angst hatten, sie würden über den Rand der Erde fallen.

Interessant ist es, wie ich finde, auch einen Blick auf ein paar derzeit beliebte Fernsehserien zu werfen. Inzwischen fragen sich

Geschichtsforscher tatsächlich, ob es nicht eine ganze Zivilisation schon vor der »bekannten Zivilisation« gegeben hat. War der amerikanische Kontinent den Europäern womöglich Jahrhunderte vor Kolumbus schon bekannt? Gut möglich – im Hinblick auf neue Beweise, die sehr dafür sprechen. Die Europäer haben womöglich tatsächlich mit den Bewohnern des amerikanischen Kontinents Handel getrieben, und zwar mit so fortschrittlichen Dingen wie abgebautes Kupfererz! Das sind verblüffende Erkenntnisse, denn dadurch wird nicht nur die Geschichte umgeschrieben, sondern sie weisen auch darauf hin, dass uns wohl irgendwie Informationen aus vielen Jahrhunderten verloren gegangen sind, von denen wir heute keine Ahnung haben – sie liegen tief vergraben und deshalb also wohl sehr, sehr lange zurück.

Ein paar Dinge, die mit der Energie des Jahres 2012 zu tun haben, sind wirklich interessant. Zunächst einmal ein bisschen Astronomie. Darüber müssen Sie nicht groß nachdenken, es reicht, diese Informationen einfach hier zu lesen. Unsere Galaxie ist eine Spiralgalaxie, und wie Bilder von anderen Spiralgalaxien (wie beispielsweise dem Andromedanebel) zeigen, sammeln sich dabei Milliarden von Sternen in einem Klumpen um den großen engen Ring um das Zentrum herum an (wie eine Scheibe). Bei einem Blick an den dunklen Nachthimmel zeigt sich dieser »Ring« als Streifen am Himmel, das ist die sogenannte *Milchstraße.* Auch unser Sonnensystem befindet sich natürlich in diesem galaktischen Ring, unsere Galaktische Ausrichtung des Jahres 2012 wird also wohl, mit Blick in den Himmel von der Erde aus gesehen, mittendrin gewesen sein. Wenn der Axialschlag der Erde die Stelle erreicht, wo Anfang und Ende des Axialschlags gemessen werden, kreiselt er durch die Milchstraße (das ist die sogenannte *Präzession;* ich habe ja gesagt, am besten nicht zu viel darüber grübeln!). Das heißt einfach: Wenn die Sonne sich, von der Erde aus betrachtet, genau mit dem Zentrum unserer Galaxie ausrichtet, befindet sie sich genau in der Mitte dieses Streifens der Milchstraße am Himmel. Durch die Ausrichtung blicken wir also genau durch diesen galaktischen Ring, mitten hinein in das Zentrum unserer Galaxie.

Dieser kreisförmige Rand wird in der Astronomie auch als *Dunkle Spalte* bezeichnet, denn durch ein Teleskop kann man viele riesige, dunkle Gaswolken im Weltraum erkennen, die die anderen Sterne verdunkeln. Mit bloßem Auge kann man diese dunklen Stellen nicht wirklich gut sehen, außer bei völliger Dunkelheit am Nachthimmel. Wenn man weiß, wohin man schauen muss, sind diese dunklen Stellen in der Milchstraße aber tatsächlich offensichtlich, so offensichtlich, dass die Alten ihnen Namen gaben, so wie sie Namen für die Konstellationen hatten.

Der Zeitpunkt der Ausrichtung

Im Laufe dieser sehr langsamen Ausrichtung werden wir in den Streifen der Milchstraße am Himmel »befördert«; das dauert insgesamt 36 Jahre (bzw. ungefähr drei Jahrzehnte) – also 18 Jahre bis zur Präzession durch die Mitte des Streifens und weitere 18 Jahre, um ihn ganz zu durchlaufen. Das macht also jeweils 18 Jahre auf jeder Seite der eigentlichen Galaktischen Ausrichtung. Dieser Mittelpunkt der Ausrichtung wurde zur Wintersonnenwende 2012 erreicht, und jetzt taumelt unser Planet weiter in den nächsten 26.000-Jahres-Zyklus. In dieser Zeitspanne von 36 Jahren findet auch eine energetische Ausrichtung statt. Und wie uns die indigenen Völker und auch esoterische Propheten gesagt haben, kommt es während dieser Ausrichtung potenziell zu einem großen Wandel.

Wir unterbrechen für einen Moment. Haben Sie schon einmal von Prophezeiungen über das Jahresende 2012 gehört, die von »drei Tagen der Dunkelheit« sprechen? Viele kennen solche Voraussagen, aber (wenn ich mich richtig erinnere) ist das nicht passiert. Oder doch? Viele Prophezeiungen sind in Metaphern geschrieben, beispielsweise fast alles von Nostradamus und auch ein Großteil der Verse aus dem Buch der Offenbarung in der Bibel. Wenn die »drei Tage der Dunkelheit« also doch passiert sind? Bleiben Sie dabei!

Wie bereits erwähnt, dauert die Präzession gut 30 Jahre und bewegt sich dabei langsam (Achtung!) durch die *Dunkle Spalte* (astronomischer Name). Wenn also die drei Tage der Dunkelheit genau das beschreiben, was wir gerade erleben – drei Jahrzehnte, in denen wir uns durch die *Dunkle Spalte* bewegen? Mir gefällt diese

Vorstellung, denn das erklärt, warum diese beängstigende Prophezeiung sich nicht so, wie von manchen erwartet, erfüllt.

Als mir der zeitliche Verlauf dieser ganzen Geschehnisse bewusst wurde, betrachtete ich meine eigene Arbeit und auch die Arbeit von Kollegen, mit denen ich zusammenarbeite – Channel-Medien, Autoren, Heiler und Hellsichtige. Fast ausnahmslos gelangten sie im Laufe der letzten 18 bis 22 Jahre auf den Weg der Erleuchtung, was genau mit dem Beginn der Durchquerung des Zeitfensters von 36 Jahren zusammenfällt, der Endphase des Axialschlags – der große Wandel.

Und ich beschäftigte mich auch mit den Zeichen während der Zeit, als das alles begann. Die 11:11–*Harmonische Konvergenz* von 1987 war eine Vorläuferin dieses Wandels, sie hat sie sozusagen angekündigt! Bis zum Jahr 1994 (dem Beginn der 18-Jahre-Zeitspanne) hatte ich die ersten beiden Kryon-Bücher produziert. So nach und nach passte alles zu den alten Prophezeiungen und unterstützte die Vorstellung von einer fraktalen Zeit. Direkt vor dem Beginn der Ausrichtung fiel zudem die Sowjetunion, was sämtliche Prophezeiungen über die moderne Vorstellung vom Weltuntergang über den Haufen warf. Haben Sie sich einmal überlegt, warum von einem so dramatischen Ereignis wie dem Zusammenbruch der Sowjetunion bei Nostradamus nie die Rede war? Auch im biblischen Buch der Offenbarung steht nichts davon. Es kam für alle überraschend (vor allem für das Pentagon). Veränderte sich womöglich tatsächlich das Paradigma der menschlichen Zivilisation? Hatte die Menschheit womöglich tatsächlich beschlossen, nicht wieder alles zu zerstören, sondern dieses Mal durch die Ausrichtung hindurch in eine neue Energie zu gelangen?

Zurück zum Kalender

Der Maya-Kalender, wie wir ihn kannten, ist im Jahr 2012 zu Ende gegangen. Das war einfach das Ende der »Langen Zählung« der Maya. Das ist kompliziert, aber man kann ihn sich wie einen Wandkalender vorstellen. Am Ende des Jahres (nach unserer Zählung sind das 365 Tage) ist der Kalender zu Ende. Und was passiert dann? Wir hängen einen anderen, neuen Kalender an die Wand. Die Maya machen das genauso, nur nicht so oft, denn ihre Kalender laufen über 4000 Jahre. Es ging also nie um das »Zeitenende«, sondern schlichtweg um das Ende ihres aktuell gültigen Kalenders. Aber Sie wissen das, nicht wahr? Immerhin leben Sie ja noch, und wir haben das Jahr 2013 (nur so als Realitäts-Check ...). Und übrigens: Fragen Sie einfach einmal einen Maya, dann werden Sie einen Seufzer der Erleichterung vernehmen, weil diese ganze Angstmacherei, die ihnen zugeschrieben wurde, endlich vorbei ist. Die Maya wussten allerdings sehr wohl, was das Ende dieses Zyklus bedeutete, denn es war schließlich etwas so Finales, dass sie einen neuen Kalender und eine neue Zählung brauchten. Ich weiß noch, was mir Jorge Baez auf den Hieroglyphen im Stein zeigte: eine riesige wellenartige Bewegung (die für das menschliche Potenzial steht), und interpretiert wurde sie als »das Potenzial für das höchste Bewusstsein, das die Menschheit je gesehen hat« – 2013.

Ich mag auch die Arbeit eines anderen Akademikers, Geoff Stray. Er begann vor ungefähr 25 Jahren damit, das Jahr 2012 zu erforschen, und lieferte eine erste Zusammenfassung in dem inzwischen nur noch selten zu findenden Büchlein *Beyond 2012*. Im September 2000 stellte er *2012: Dire Gnosis* zusammen, eine Art Datenbank zum Sammeln weiterer Informationen von Menschen aus aller Welt. Geoff würde nicht unbedingt ein Channeling-Buch lesen – er ist Forscher und eher auf historische Genauigkeit und Fakten bedacht als auf die Schriften eines unsichtbaren »Meisters vom Magnetischen Dienst« der großen Zentralsonne mit einem seltsamen Namen, der mit »K« beginnt. Dennoch möchte ich auf seine Aussagen hinsichtlich potenzieller Geschehnisse im Jahr 2012 hinweisen. Geoffs Äußerungen sind die Meinungen eines Wissenschaftlers, der wirklich sämtliche historischen Informationen über das Jahr 2012 kennt. In einem auf *YouTube* veröffentlichten Interview äußerte er sich dazu, was laut seiner Meinung nach dem Jahr 2012 passieren würde: »Vielleicht erweitert sich unsere Wahrnehmung in einen anderen Bereich – eine neue Bewusstseinsebene, ein Paradigmenwechsel.« Also hat auch Geoff nicht das Ende der Welt gesehen, sondern interpretiert das als den Schritt hin zu etwas völlig Neuartigem.

Doch langsam, es kommt noch mehr – viel mehr

Jetzt wird es wirklich heftig, und ich muss ernsthaft umdenken. In diesem Buch geht es um all das, wovon ich bislang gesprochen habe. Es findet ein großer Wandel statt, eine vollkommene Neuausrichtung von allem, an das wir uns als alte Seelen und Lichtarbeiter auf der Erde gewöhnt haben. Das Jahr 2013 markierte den Beginn einer ganz neuen Energie, und Kryon hat darüber so viele Durchsagen gemacht, dass ich sie gar nicht alle in diesem Buch unterbringe. Was also tat ich, als ich etwas entdeckte, was so wichtig und profund war, dass ich im Jahr 2012 sechs Monate meines Lebens damit beschäftigt war? Ich fand mich mitten in einer weiteren, sehr tiefgreifenden Ausrichtung von Gaia wieder, über die ich berichten muss. Gerade als ich dachte, ich wüsste, wie dieses Buch auszusehen hätte, und anfangen wollte zu schreiben, geschah noch etwas.

Ende 2010 landete ich in Chile. Santiago war voller lebendiger Energie, und etwas Ungewöhnliches ging vor sich. Als ich in meinem Hotel ankam und den Fernseher einschaltete, entstieg der erste der 33 verschütteten Bergleute gerade der Erde. Sie waren wochenlang über ein kleines Rohr mit Nahrung und Arzneimitteln versorgt worden. In den Straßen wurde gefeiert, überall waren Fahnen gehisst. Über einen Tag lang verfolgte ich gebannt die »Geschichte der 33«. Das ist etwas wirklich Wichtiges, und ich werde an dieser Stelle nicht darauf eingehen, was Kryon darüber gesagt hat, denn das steht ausführlich in einer anderen Quelle, die ich ein paar Seiten weiter hinten nennen werde. Sie umfasst die Channelings während unserer *Kundalini-Tour 2012,* als wir eben diesen Ort in der chilenischen Wüste besuchten. Dieses Ereignis im Jahr 2010 verfolgten mehr Menschen vor dem Fernseher als die erste Mondlandung! Was ich zu jenem Zeitpunkt noch nicht wusste, sondern erst später zusammenfügen konnte, war das, was tatsächlich in Südamerika und auf der ganzen Erde gerade seinen Anfang nahm. Ein ganzes Jahr später wurde mir das mit aller Macht klar, als ich in Peru war. Immer wieder war davon in meinen Gesprächen mit den indigenen Gruppen, die in dieser Gegend lebten, die Rede gewesen.

Die Reise der Gefiederten Schlange

Als Kryon 1998 bei den Vereinten Nationen eingeladen war, sprach er davon, einen *Ältestenrat der Indigenen Völker* zu gründen. Seine damaligen Worte lauteten:

Nie war der Zeitpunkt besser dafür geeignet, einen Weisheitsrat zu etablieren - eine nicht stimmberechtigte Ratsversammlung der indigenen Bewohner dieses Planeten -, der hier in diesem Gebäude seinen Sitz haben sollte. Und wir sagen euch: Das Bewusstsein des Gebäudes wird das schließlich unterstützen. Das Bewusstsein der Menschen wird das unterstützen. Das Bewusstsein des Planeten gibt euch den Anstoß dazu. Es ist der nächste logische Schritt - und wenn ihr es vorstellt, präsentiert es zuerst der Öffentlichkeit. Sie wird dann alles Weitere dazu tun, damit ihr diesen Rat einsetzen könnt.

Kryon vor den Vereinten Nationen (1998)

Die UNO ist nicht besonders geschickt darin, weise Ideen aufzugreifen und entsprechend zu handeln. Meist ist von der Vollversammlung nur politische Rhetorik zu hören; wirkliche Entscheidungen werden sehr selten getroffen. Doch was die meisten Leute vielleicht gar nicht wissen: Die meiste Zeit verbringen die 20.000 UNO-Mitarbeiter damit, Kinderleben zu retten. Sie retten Millionen von Kindern: mit ihren Programmen zur Beseitigung von Krankheiten und für sauberes Trinkwasser und Nahrung an Orten, wo Sie lieber nie hingeraten möchten. Politisch stecken sie anscheinend allerdings oft fest. Dennoch gehe ich jedes Mal hin und channele, wenn ich darum gebeten werde, denn das bringt gute Energie in die Hallen dieses Gebäudes in New York.

Ein paar Monate später griff Woody Vaspra, reinstämmiger Hawaiianer und verehrter Ältester des Lakota-Stamms in Nordamerika, dieses Ziel auf. Seine Geschichte ist im Kryon-Buch 6, *Über die Schwelle,* zu lesen (Kapitel 14). Eines der Themen seines Artikels hieß »Die Reise der Gefiederten Schlange«. Ich hätte besser aufpassen sollen, denn genau dort, in meinem eigenen Kryon-

Buch, wurde die Zukunft des Planeten offenbart. In dem Artikel ging es um den »Umzug« der Kundalini der Erde, wie er von den Urvölkern des Planeten erzählt wird: Die Energie zieht von Norden nach Süden und schenkt der Erde dadurch ein neues Bewusstseinsgleichgewicht. Diese Energieverlagerung würde in den 18 Jahren vor 2012 ihren Anfang nehmen, den Jahren des großen Wandels.

Die Prophezeiung vom Adler und vom Kondor

Nur wenige Jahre vor 2012 geschah etwas sehr Seltsames, von dem die meisten Menschen nichts mitbekamen: Die Urvölker weltweit rührten sich. Sie verglichen ihre Aufzeichnungen, und die Ältesten der einzelnen Völker trafen sich untereinander. Diese indigenen Stämme haben normalerweise nicht viel Kontakt miteinander, sondern halten ihre eigenen Zeremonien ab, haben ihre eigenen Probleme mit der Kultur der Weißen, haben ihre eigenen Glaubensüberzeugungen. Doch plötzlich gab es einen gemeinsamen Nenner, über den öffentlich allerdings nicht viel geredet wurde. Wie sie erkannten, stimmten ihre jeweiligen Prophezeiungen über das Jahr 2012 und über die Zeit danach fast vollständig überein. Dabei ging es um einen Zyklus, der in 500-Jahre-Abschnitte unterteilt ist. (Erinnern Sie sich noch, was weiter oben über die Maya stand? Diese Segmente hießen *Pachacuti.*) 2012 ging eines dieser Zeitsegmente zu Ende, und im Grunde ging es dabei um die Prophezeiung vom Adler und vom Kondor.

Die Prophezeiung: Wenn die Menschheit die Galaktische Ausrichtung des Jahres 2012 überlebt, beginnt der Planet, sich wieder ins Gleichgewicht zu bringen. Die nördliche bzw. »männliche« Hemisphäre kommt zum ersten Mal mit der südlichen bzw. »weiblichen« Hemisphäre in Balance. Das Symbol dafür ist das Treffen des Adlers und des Kondors. In weiteren Prophezeiungen über andere Pachacuti-Segmente war die Rede von potenziellen Eroberern aus dem Norden (Spanien). Und diese Vorhersagen trafen ja tatsächlich ein.

Die Prophezeiung der indigenen Völker besagte dasselbe, wie Woody Vaspra es in meinem Kryon-Buch über seine Verbindung zu den Lakota beschrieben hatte. Die Reise der Gefiederten Schlange war ein Teil davon, doch jetzt war ständig davon die Rede, mit unterschiedlichen Namen. Als wir in Peru waren, sprach ein berühmter und anerkannter Schamane davon, dass die ganze Gegend »das Erwachen des Pumas« spüren würde. Egal, wo wir hinkamen – es war etwas im Gange, und die Menschen mit entsprechender Bewusstheit wussten: Die Wende war dabei, ihren Anfang zu nehmen.

Zurück zu den Urvölkern

Stämme aus der ganzen Welt kamen zusammen. Viele der Ältesten aus weit auseinandergelegenen Gegenden bildeten so etwas wie Komitees, wo sie Versammlungen anberaumten und die Wende feiern konnten. Eines davon nennt sich »Die Wurzeln der Erde«; das erste Treffen fand 2005 in Mittelamerika mit Hunderten von Teilnehmern statt. Die Hopi, Lakota und andere (mir unbekannte) Stämme kamen aus dem Norden und Süden zusammen, um gemeinsam die Prophezeiung vom Adler und vom Kondor zu feiern (www.raicesdelatierra.org).

Auch Don Alejandro, ein Ältester der Maya (der Große Ältere Großvater), verhalf eben dieser Prophezeiung zu einer sehr starken Verbreitung. Sein Spirit-Name ist *Wakatel Utiw* (»Wandernder Wolf«). Er war maßgeblich an dem Film *The Shift of the Ages* beteiligt. Seine Arbeit findet sich hauptsächlich auf *YouTube* und im Internet gut dokumentiert. Wenn man danach googelt, erkennt man seine große Bedeutung (www.shiftoftheages.com).

Während ich diese Zeilen niederschreibe, befinde ich mich in Kolumbien, Südamerika, wo ich einen Mann getroffen habe, der Mitglied einer anderen Bewusstseinsgruppe ist und dieselbe Entdeckung gemacht hat; seiner Aussage nach treffen sich solche Gruppen auch in Europa.

Diese Versammlungen finden auch jetzt noch statt, und bei allen geht es um eine große Wahrheit, von der ich bislang nichts gehört hatte. Die größte Prophezeiung, auf die Kryon hingewiesen hatte, ist bislang nicht öffentlich gemacht worden. Wir waren so sehr mit unseren westlichen Prophezeiungen und Lebensweisen beschäftigt, dass wir davon nichts mitbekommen haben. Bei dieser Prophezeiung ging es um einen wunderbaren, positiven Wandel und nicht um den Weltuntergang, deshalb hatte sie auch keine Chance, in die Medien zu kommen. Doch jetzt hat sie es geschafft. An dieser Stelle lesen Sie gerade davon.

Zurück zur Prophezeiung

Ich möchte, dass Sie die Bedeutung dieser Prophezeiung erkennen und verstehen. Denn aus genau diesem Grund sind Kryon und viele andere hier. Sie dreht sich um eben die von Kryon im Jahr 1989 durchgegebene Botschaft, die im Kryon-Buch 1, *Das Zeiten-Ende,* nachgelesen werden kann. Kryon sagt darin gleich zu Anfang, es würde zur Jahrtausendwende keinen Weltuntergang geben, ebenso wenig wie einen weiteren Weltkrieg, wie ihn die Heilige Schrift angedeutet hat. Vielmehr würde sich die Energie des Menschseins verändern, ebenso die Magnetik (und genau das ist geschehen) und das Wetter (und wie es sich verändert hat!). All das führt zu einer wichtigen Erkenntnis: Alles, was wir jemals kannten, ist dabei, sich vollkommen neu zu kalibrieren. Alles.

Die Prophezeiung spricht weiterhin von einer Neuzentrierung der Weisheit des Planeten von Norden nach Süden; es geht also nicht um einen tatsächlichen »Umzug«, sondern vielmehr um eine Neuausrichtung.

Seit Jahrhunderten sieht die nördliche Hemisphäre ihre Weisheitszentren traditionell in Tibet und Indien. Dort hat Gregg Braden viel geforscht und unter anderem Bibliotheken voller uralter Schriften entdeckt, die der Erde noch nicht öffentlich zugänglich gemacht worden sind. Wie ein Blick auf die Geschehnisse in diesen Gegenden der Welt zeigt, hat eine alte Energie tatsächlich versucht, diese Schriften zu »beschlagnahmen«, wie es eben häufig der Fall ist, wenn es ein Ungleichgewicht und eine starke Dualität gibt. Seit Beginn unserer Geschichtsschreibung ist das so gewesen.

Der Dalai Lama weiß, dass er niemals mehr nach Hause gehen wird, aber er *weiß* auch, dass seine nächste Reinkarnation womöglich diese Chance hat. Er weiß um die Wiedererlangung des Gleichgewichts.

Dieses neue Gleichgewicht besteht in einer Neuausrichtung der tibetischen und indischen Weisheit, welche langsam Richtung Bolivien und Peru zieht und sich dort um den Titicacasee und die Sonneninsel neu zentrieren wird (der Titicacasee liegt sowohl in Bolivien als auch Peru). Auch nahe gelegene Gebiete wie der Machu Picchu und ein Teil der südamerikanischen Anden gehören dazu. Bei vielen indigenen Völkern wird diese Neuausrichtung der *Umzug der Kundalini des Planeten* genannt. Das Bild von der Kundalini ist eine gute Metapher, doch viele Leute übertragen gerne die Regeln der Dreidimensionalität auf all die esoterischen Informationen. Sie halten nach planetaren Chakras Ausschau, nach den Orten, wo der »Umzug« gerade entlanggeht, und so weiter und so fort. Manche haben sogar gefragt: *»Kann diese Bewegung den Graben in Panama überhaupt überqueren?«* Kryon hat darüber Durchsagen gemacht, welche auch veröffentlicht worden sind (dazu später mehr). Das ist Energie, keine Armee. Ihre Attribute können also nicht auf der Erdoberfläche gemessen werden. Das ist nichts Physisches, welches von Norden nach Süden schleicht.

Eine weitere Frage lautete: *»Und was macht Tibet dann ohne seine Weisheit?«* Das ist wirklich lustig; wir denken gar zu gerne auf diese lineare, dreidimensionale Art und Weise. Tibet verliert dabei nichts, seine Weisheit wird sogar zunehmen und wieder ins Gleichgewicht kommen. Bei dieser Neuausrichtung geht es um einen vollständigen Wandel des Planeten und eine Neuausrichtung aller Weisheit. Die Weisheit, die schon immer in Südamerika ist, wird voll erwachen und verändert dadurch das Gleichgewicht. Verstehen Sie?

Lassen Sie die Vorstellung einer physischen Reise der Energie von Tibet nach Bolivien einmal beiseite und stellen Sie sich stattdessen einen Topf mit Wasser vor, dessen Temperatur sich auf dem Herd verändert. Würden Sie, während sich das kalte Wasser erwärmt, den Topf betrachten und fragen: *»Wo ist die Temperatur jetzt? Geht sie von einer Stelle im Topf zu einer anderen?«* Nein. Das ganze Wasser ist an der Veränderung beteiligt. Und mit dieser Neuausrichtung ist es genauso. Sie läuft auf der ganzen Erde ab, und Gaia ist stark daran beteiligt. Sie wirkt sich auf das Kristallgitter und das menschliche Bewusstsein aus. Sie »erhitzt die Erde mit ausgewogener Weisheit«.

Die Kundalini steht als Metapher für eine spiralförmige Bewegung und die Fortpflanzung. Sie ist nur eine Metapher eines indigenen Volkes, das ständig Metaphern benutzt. Sie signalisiert Neugeburt und die Bewegung, die mit der für eine Geburt einhergehenden strukturellen Neuausrichtung assoziiert wird. In diesem Fall geht es um die Geburt einer Energie in Gaia und der Menschheit, die vorher noch nie aufgetreten ist.

Zur Feier dieser Rebalance der Kundalini reiste das Kundalini-Team an heilige Stätten in Südamerika. Beginnend im Jahr 2012, begaben wir uns auf intensive Touren und Kreuzfahrten, segelten um das südliche Südamerika, den Landstrich namens Patagonien herum (Kap Horn). Wir starteten eine zwölftägige Kreuzfahrt von Buenos Aires in Argentinien nach Santiago in Chile und führten unsere Reise über 30 weitere Tage in Autos und Bussen, Schiffen und Flugzeugen fort. Wir überquerten die Anden und besuchten in vier Ländern die wunderbarsten spirituellen Stätten der Erde. Wir spürten die neue Energie in einer tiefen Art und Weise. Wir trafen die Wächter der Canyons und Berge, die durch Kryon zu uns sprachen. Wie wir erkannten, ist die plejadische Verbindung nach wie vor lebendig und gut. Durch viele Kryon-Channelings »hörten« wir von dem Erwachen, das gerade in der ganzen Gegend stattfand. Wir saßen auf dem Gipfel der Sonneninsel am Titicacasee auf einer Höhe von 4000 Metern (13.123 Fuß) und spürten die unglaubliche Abgeklärtheit des Sees und der ihn umgebenden Berge, während Kryon Botschaften über die Realität der Prophezeiung vom Adler und vom Kondor durchgab. Ich fühlte beim Channeln auf einem Grasfeld am Fuße des höchsten Berges der Anden (Mount Aconcagua) das Flüstern der Alten und die sanfte Liebe Gaias. Ich channelte im Stehen auf einem Felsvorsprung mit Blick auf Machu Picchu Kryons Worte über das Erwachen des Pumas – die Peruaner wussten, wovon Kryon da sprach.

Während der *Kryon Kundalini-Tour 2012* wurden 28 Channelings gegeben. Egal, wo wir gerade waren, wir zeichneten sie mithilfe von Batterien – oder was eben sonst so an Stromquellen verfügbar war – auf. Wir setzten unsere Ausrüstung Schmutz, Wind, Wasser und der Sonnenhitze aus. Monate später musste ich fast die gesamte Elektronik ersetzen, sogar die Mikrofone. Doch das war es wert gewesen. Sobald wir wieder in »zivilisierten« Gegenden waren, wurden die Aufzeichnungen beim nächstbesten verfügbaren Internetanschluss auf meine Kryon-Website gestellt. Wer Lust hat, sich ein kostenloses neunminütiges Video über diese Reise anzuschauen, kann das tun unter: www.kryon.com/kundalinitour.

Die Zahl 33

Unser Bus fuhr lange Zeit über nicht asphaltierte Straßen durch die chilenische Wüste, bis zu dem Ort, an dem wir mit den Eigentümern einer Bergbaufirma verabredet waren, genau dort, wo 2010 die 33 Bergleute gerettet worden waren. Eine starke Metapher für die Geburt der Mutterenergie in Südamerika und laut Kryon *das erste mitfühlende Massenereignis,* das sich mit einer Energie der Freude und des Jubels, nicht mit der des Kummers, des Todes und des Schreckens auf den Planeten ausgewirkt hat. Die Rettungsaktion brachte die Monitore des *Global Consciousness Projects* der *Princeton University* (http://noosphere.princeton.edu) zum Ausschlagen und wurde auf den Satelliten der *Global Coherence Initiative* (www.glcoherence.org/monitoring-system/about-system.html) gemessen. Es handelt sich um dieselben Systeme, die auch beim Tod von Prinzessin Diana 1997, bei den Angriffen auf das World Trade Center am 11.09.2001 und beim Tsunami im Indischen Ozean im Jahr 2004 »mitfühlende Ereignisse« registriert haben. Ich rede hier von wissenschaftlichen Experimenten, über die ich in früheren Büchern berichtet habe. Wie diese Experimente gezeigt haben, verändert kohärentes Denken von Millionen von Menschen tatsächlich die geomagnetischen Messwerte des Planeten und erzeugt ein »Muster« auf Zufallszahlengeneratoren, die genau das messen sollen.

Laut Kryon war das der Beginn der Rekalibrierung der Erde hin zu ihrer zukünftigen Funktionsweise, wobei mitfühlendes

Handeln als Katalysator für große Veränderungen fungiert. Des Weiteren sagte Kryon, der Planet werde anfangen, auf Positives so zu reagieren, wie er früher auf Katastrophen reagiert habe. Die Rettung der chilenischen Bergleute war lediglich das erste einer Vielzahl solcher »Ereignisse des Mitgefühls«.

Man kann die Zahl 33 einfach nicht ignorieren! Im Kryon-Buch *Die 12 Stränge der DNA* (dt. Band 10) widmete ich der Energie der Zahlen und der Wissenschaft der Numerologie ein ganzes Kapitel, wobei ich mich auf das alte tibetische System bezog, welches in der aktuellen Numerologie die Zahl 33 als die »letzte identifizierte Meisterzahl« nennt. Eine Meisterzahl besteht aus zweimal denselben Ziffern, beispielsweise 11, 22, 33, 44 etc. Doch für die Meisterzahlen 44 bis 99 kennt dieses alte System keine Bedeutung. Gemäß den Alten sind wir noch nicht weit genug entwickelt, sodass diese Zahlen für unsere Energie nicht relevant sind. Doch die 33 ist relevant, und bei einem Blick auf das, was in jenen Wochen passiert ist, kommt man wirklich ins Staunen. In dem numerologischen System, das ich gelernt habe, bedeutet die Zahl 33 »das Mitgefühl Christi«. Wie bereits erwähnt, ist das derzeitig die Zahlenreihe mit der höchsten Energie. Das überwältigend häufige Auftreten der Zahl 33 wurde sogar in der Berichterstattung des CNN vermerkt. Das immer wiederkehrende Auftreten dieser Zahl während der wochenlangen Rettungsarbeiten wurde generell eher als »bizarr« abgetan. Schon sechs Monate vorher kam sie im Zeitpunkt des Erdbebens zum Tragen, welches angeblich mit zum Zusammenbruch der Mine geführt hatte. Nachdem die 33 Bergleute in der Mine eingeschlossen waren, wurde 33 Tage lang gebohrt, bevor sie gefunden wurden. Die inzwischen berühmte Nachricht, die mithilfe der Bohrung von 700 Metern tief in die Dunkelheit des Erdinneren nach oben gebracht wurde, bestand aus 33 Zeichen (inklusive Leerzeichen). Nachdem die ganze Geschichte und die Rettung vorbei waren, setzte der Letzte, der aus der Zufluchtsstätte stieg, bevor diese versiegelt wurde, seinen Fuß angeblich um 33 Minuten nach Mitternacht auf die Erdoberfläche.

Es gibt weitere 33er-Synchronizitäten zu berichten, ja es gibt eine ganze metaphysische Geschichte zu erzählen, die im Detail nachzulesen ist. [Auf die Geschehnisse um die 33 Bergleute wird ausführlich im Kryon-Buch *Der Gaia-Effekt* eingegangen (siehe unten).]

Mein Rätsel

Jetzt endlich komme ich zu meinem Dilemma im Jahr 2012, einer Rätselfrage, auf welche erst in den letzten paar Monaten eine exzellente Lösung gefunden wurde. Wie ich ja lehre, ist genau das die Wirkungsweise von Spirit: Erst im letzten Moment werden Lösungen geliefert.

Seit über einem Jahr gibt Kryon wunderbare Informationen über all das durch, wovon auf diesen einleitenden Seiten die Rede ist. Auf der kostenlosen Audio-Seite meiner Website können Sie sehen, worin mein Dilemma besteht. Schauen Sie nur, wie viele Channelings aus dem Jahr 2012 hier stehen (www.kryon.com/freeaudio)! Die Menge an Informationen ist erstaunlich und würde mindestens zwei weitere Bücher mit Channelings und Informationen über die derzeitigen Geschehnisse füllen – die Channelings des Jahres 2013 noch nicht einmal mitgezählt. Ich kann aber nur *ein* Buch schreiben. *»Kryon, was soll ich bloß machen? Was lasse ich weg?«* Eigentlich geht es auf meinen Audio-Seiten über die Jahre 2011 und 2012 um zwei abgeschlossene Themen, über die Unmengen an Informationen und gechannelten Botschaften verfügbar sind. Das ist zum einen die Rekalibrierung der Energie des Planeten auf die neue Energie (auf den Menschen bezogene Informationen) und zum anderen der Umzug der Kundalini und die Prophezeiung vom Adler und vom Kondor (auf Gaia bezogene Informationen). Welches von beiden sollte Thema des vorliegenden Kryon-Buches sein? Die Lösung ergab sich für mich im Jahr 2012.

Ich möchte Ihnen hiermit das erste Buch über Kryon vorstellen, das nicht von mir ist: *Der Gaia-Effekt – Gesammelte Kryon-Botschaften: Wie Erde und Menschheit zusammenwirken.* Auch dieses Buch erscheint 2013 (bei Ariane Éditions; dt. Ausg. 2014: KOHA-Verlag). In diesem Buch stellt die australische Autorin und Naturschützerin Monika Muranyi (www.monikamuranyi.com) all das zusammen, was Kryon jemals über Gaia durchgegeben hat! Dafür hätte ich nie die Zeit gehabt. In dem Buch finden sich auch bislang unveröffentlichte Informationen von Kryon. Es umfasst alle neuen Informationen über den Umzug der Kundalini und auch die Channelings, die Kryon während der südamerikanischen Kundalini-Tour durchgegeben hat. Es ist eine bewunderungswürdige Forschungsarbeit: alle verfügbaren Kryon-Channelings anhören, alle Kryon-Bücher lesen plus all die Fragen und Antworten durchsehen, die im Internet zu finden sind. Und dann stellte Monika auch noch 30 neue Fragen, die von Kryon in ihrem Buch beantwortet werden – Antworten, wie wir sie bislang nicht kannten. Viele der Audio-Channelings aus dem Jahr 2012 sind »frisch aufbereitet« (Kryon gibt oft weitere Informationen durch, wenn die Audio-Aufzeichnungen transkribiert werden). Dieses Buch ist das erste Buch über ein ganz spezifisches Thema mit Kryon als zentraler Informationsquelle.

Als ich Monika erlaubte, die Worte Kryons in ihrem Werk zu verwenden, brachte ich mich selbstverständlich stark mit ein und arbeitete in meinem Wunsch, Kryon die Antworten auf tiefgründige und wichtige Fragen geben zu lassen, umfassend mit ihr zusammen. Dabei wusste ich die ganze Zeit, dass dieses neue Buch von Monika die Antwort war, die ich benötigte, um mich auf mein eigenes Thema der Rekalibrierung konzentrieren zu können. All das zog sich über mehrere Monate und viele E-Mails hin.

Dieses neue Buch von Monika Muranyi liefert meines Erachtens umfassende Antworten auf die Rätselfrage, was derzeit aufgrund der Bewegung der Kundalini auf dem Planeten passiert, und steckt voller neuem Kryon-Material. Auch die Geschichte der 33 Bergleute, wie sie unser Gastgeber Jorge Bianchi erzählt hat, ist darin zu finden. Dank ihrer Arbeit habe ich die Zeit, die Rekalibrierungsgeschichte zu schreiben, wie sie von Kryon durchgegeben wurde; sie steht in dem Buch, das Sie gerade in den Händen halten. Es gibt, liebe Leserinnen und Leser, im Jahr 2013 also zwei Bücher mit Kryon-Material (dt. Ausg. 2014), welches im Laufe der Jahre durchgegeben wurde.

Und jetzt zum Buch

Bei einem Blick auf das Inhaltsverzeichnis werden Sie sehen, dass dieses Buch voller Informationen über die *Rekalibrierung* steckt. Sogar die Grundenergie des Lebens auf der Erde wird beim Abhandeln der massiven Veränderungen einer genauen Betrachtung unterzogen. Diese Informationen unterscheiden sich grundlegend von allen bislang in sämtlichen Kryon-Büchern vorgestellten Informationen. Sie rollen alles noch einmal von vorne auf: wie die Liebe funktioniert, wie sich Dunkelheit und Licht verändern, wie unsere Beziehung zu Spirit aussieht und was unsere Beziehung zu Gaia ausmacht, wie wahre Weisheit aussieht, was die Zukunft vielleicht bereithält und wie sich unser persönliches Leben in den nächsten 18 Jahren verändern wird.

Deshalb ist Kryon hier. Das weiß ich jetzt. In den letzten rund zwanzig Jahren haben wir uns durch unglaublich alte Energieattribute gequält, um an diesen Punkt zu gelangen. Die Dunkelheit will einen Kampf, den sie seit Jahrhunderten unter ihrer Kontrolle hat, nicht verlieren, und sie wird bis zum bitteren Ende darum kämpfen, dass alles so wie immer bleibt. Doch angesichts dieser ganzen Geschehnisse ist dies laut Aussage der Alten die Zeit, in der Licht und Dunkelheit sich ausbalancieren und einen Prozess in die Wege leiten, von dem Kryon seit über 23 Jahren spricht. Wir nähern uns der Möglichkeit eines sehr langsamen Bewusstseinswandels, einer Rekalibrierung von allem, auch dem, was uns am heiligsten ist. Wandel steht uns bevor, aber diesmal ohne die Dunkelheit des alten Kampfes, den wir die ganze Zeit ausgefochten haben.

Die Attribute einer schweren Energie haben gegen die Lichtarbeiter gekämpft, seit Kryon angekommen ist. Diejenigen, für die »der Weltuntergang so sicher ist wie das Amen in der Kirche«, haben uns dazu gebracht, fast alles anzuzweifeln, was Kryon uns gelehrt hat. 1993 wurde Kryon von einem (Achtung!) Lichtarbeiter angegriffen. Selbst bei den *New Age*-Anhängern kam es angesichts der Arten an neuen, frischen Informationen, die vorgestellt wurden, zu einer Spaltung. Im Kryon-Buch 1 hieß es (paraphrasiert): *Ihr habt die Zukunft verändert. Das Bewusstsein der Menschheit wird sich wandeln, und das Magnetgitter wird sich verschieben* (das hat es getan). *Ihr bereitet euch auf das wahre Friedenspotenzial auf der Erde vor. Entgegen allen Prophezeiungen der Vergangenheit werdet ihr das Jahr 2000 hinter euch bringen und für den Planeten ein neues Paradigma erschaffen. Es wird kein Armageddon und keinen Weltuntergang geben, wie man euch seit Jahrhunderten erzählt hat.*

Das war vor über 20 Jahren. Der Drama-Maschine, egal, ob *New Age* oder nicht, gefiel das gar nicht. Mit Dingen, die Angst einjagen, war einfach zu viel Geld zu machen. Zu viele Leuten klammerten sich an Gurus und gaben ihre Macht an spirituelle Führer ab, die ihnen sagten: *»Das ist die alleinige Wahrheit. Folgt mir oder geht unter, denn ihr könnt nicht das wissen, was ich weiß. Bleibt bei mir und gebt eure Reichtümer an mich ab!«* Doch jetzt ist das alles im Wandel begriffen.

In dieser Zeit haben alte Seelen so viele persönliche Energieveränderungen erlebt! Wir haben kleinere Kriege auf dem Planeten ausbrechen sehen, woraufhin wir uns fragten, ob die alte Energie nicht doch gewinnen würde. Es gab so furchtbare Terroranschläge, dass der Luftverkehr der Zukunft sich von Grund auf veränderte. Kinder wurden in der Schule niedergeschossen, Journalisten live im Fernsehen und auf der Straße enthauptet. Kann sich wirklich etwas verändern? Kann die menschliche Natur sich wandeln und über all das hinauswachsen? Nun, wir müssen uns darauf einstellen, dass dasselbe passiert wie im Jahr 1989, als Kryon das erste Mal zu uns kam. Innerhalb von zwei Jahren nach seiner ersten Botschaft wurde die Sowjetunion offiziell aufgelöst (1991), und damit wurden jahrhundertealte Prophezeiungen im Papierkorb der Zeit entsorgt. In den letzten 23 Jahren hat Kryon viele Vorhersagen getroffen. Im Jahr 2008 sagte er den Zuhörern in Chile, sie sollten sich auf eine starke Erdbewegung ein wenig südlich unseres Aufenthaltsortes gefasst machen. Und das traf ein: 2010 kam es in Chile zu einem Erdbeben mit einer Stärke von 8,8 auf der Richterskala, und zwar südlich des Platzes, an dem Kryon seine Botschaft durchgegeben hatte. Ebenso sagte Kryon eine potenzielle Revolution im Iran voraus, und innerhalb eines Jahres nach Veröffentlichung seiner Worte brach diese Revolution aus, wurde allerdings sofort niedergeschlagen. Übrigens spricht er nach wie vor von dieser Revolution und sagt, sie sei *weiterhin die potenzielle Zukunft des Irans.*

Wieder einmal stehen wir also an einer Weggabelung, an der Kryon erneut rebellische *New Age*-Informationen zu einem Zeitpunkt durchgibt, an dem viele Menschen nur Negatives sehen. Doch inzwischen ist das etwas anderes. Zwanzig Jahre lang wurde der Nachweis erbracht, dass Kryons Botschaften vielleicht tatsächlich zutreffen und der Wahrheit entsprechen und dass trotz der unglaublichen Vorhersagen dieses Buches über eine Erde, die sich neu kalibriert, genau das womöglich passieren kann. Diesmal ist das leichter zu glauben, denn eigentlich ist die Veränderung bereits zu beobachten. Vielleicht gibt es dieses Mal kein Drama und keinen Widerstand vonseiten derjenigen, für die alles gleich bleiben muss. Vielleicht schließen sie sich dieses Mal uns an, anstatt uns zu bekämpfen. Das ist mein Traum.

Genießt dieses Buch, meine Lieben. Kryon spricht erneut von einer Zukunft, die noch nicht zu sehen ist und noch nicht geweissagt wurde, doch sie entfaltet sich gerade vor unseren Augen. Auf dem Weg durch dieses Buch sage ich zu jedem Channeling ein paar Worte oder spreche über Erfahrungen, die ich Ihnen wünsche.

Zählt die Diktatoren auf dem Planeten, meine Lieben, und vergleicht die Zahl mit der Zahl vor ein paar Jahren. Schaut euch an, was die Bürger bestimmter Länder nach Jahrhunderten der »Gleichheit« jetzt wollen und nicht wollen. Zählt die Bemühungen, die darauf gerichtet sind, Länder und Wirtschaften zu vereinen, und dann vergleicht das mit der kleinen Anzahl an Anstrengungen, die auf Krieg oder Abspaltung und Angst abzielen. Zählt die Anzahl der Führer, die noch zur alten Energie gehören und jetzt Angst vor dem haben, was auf dem Planeten geschieht, weil sie um ihre Macht fürchten. Setzt euch einen Augenblick hin und denkt über diese Dinge nach. Denn ganz egal, was man euch sagt – ihr könnt aus dem Fenster schauen und sehen, wie das Licht kommt. Lasst die Realität dessen, was tatsächlich stattfindet, an die Stelle der Worte derjenigen treten, die euch dazu überreden wollen, ihnen an ihre dunklen Orte zu folgen. Lasst die Liebe Gottes euch helfen, zwischen den Zeitaltern zu unterscheiden, ihr alten Seelen, denn dies ist eure Verantwortung und euer Vermächtnis in diesen neuen Tagen eures erwachenden Planeten!

Kryon,
Mai 2013

Es beginnt ...

Dies ist die erste Durchgabe des Jahres 2012, in der Kryon beschreibt, wie wir uns von nun an fühlen werden. Auch wenn die Schwelle, wo das alles beginnt, erst im Jahr 2013 erreicht wird, lässt Kryon uns vorab wissen, was zu erwarten steht. Ich persönlich habe nicht geglaubt, dass die Energie so anders sein würde – bis das Jahr 2013 anbrach und die Dinge sich veränderten. Wegen dieser Channelings des Jahres 2012 machte ich etwas, was ich sonst nie getan hätte: Ich entschied mich, die wichtigste Kryon-Veranstaltung, nämlich die *Kryon Summer Light Conference,* abzusagen. Jetzt weiß ich, warum ich das tat.

Lee Carroll

1 Die Rekalibrierung des Menschen

Seid gegrüßt, meine Lieben, ich bin Kryon vom Magnetischen Dienst. Das Attribut derjenigen von der anderen Seite des Schleiers ist Mitgefühl. Doch es gibt immer Fragen. Eine davon lautet: *»Woher weiß ich, wer mich besucht? Ich habe vor diesem oder jenem Angst, und wenn ich channele und den Mund öffne, weiß ich nicht, was passieren wird. Lasse ich jede beliebige Energie aus dem Universum hereinkommen?«* Und wir sagen euch: Oh, wie 3-D-mäßig ihr doch seid, wenn ihr meint, die Engel um euch herum würden das jemals zulassen! Wenn es mitfühlende Energie ist, dann kommt sie von Gott. Wenn nicht, dann kommt sie von euch. So einfach ist das. Stellt euch im Kopf nicht eine Unmenge an dunklen Energien vor, die nur darauf warten, über euch herzufallen, denn diese Vorstellung ist menschengemacht. Ihr habt Gott so stark vermenschlicht, dass ihr nicht einmal mit Sicherheit merkt, wenn Spirit euch an der Hand nimmt!

Lasst zu, dass sich das heute Abend verändert! Wisset: Wo immer ihr hingeht, folgt euch ein großes Gefolge, egal, wie ihr es nennt. Das ist ein wunderschönes System!

2012

Ich möchte über das sprechen, was derzeit auf dem Planeten passiert, und euch in diesem ersten Channeling des Jahres 2012 die Attribute der Energie nennen, die gerade dabei ist, zu euch zu kommen. Diese Energie verändert sich. Nachdem ich das erklärt habe, werden die alten Seelen ihre Erfahrungen und deren Ursachen besser verstehen. Diese Durchgabe geschieht in Liebe, und es gibt nichts daran zu fürchten. Ihr sitzt an einem sicheren Ort.

Die Energie, welche auf diese Erde kommt, wurde erwartet. Die Ahnen haben es vorhergesagt, und wir haben euch vor nicht allzu langer Zeit Durchgaben gemacht – auch in dem Land, welches ihr *Peru* nennt –, bei denen es um die Veränderung geht, die wir als *Umzug der Gefiederten Schlange* bezeichnen [erstmals im Jahr 2000 im Kryon-Buch *Über die Schwelle* (dt. Band 6) präsentiert]. Auf dem Planeten findet ein Polaritätswechsel zwischen der männlichen und der weiblichen Energie statt. Die nördliche Hemisphäre, die immer maskulin-lastig war, verändert sich. Die südliche Hemisphäre, die nicht so einseitig ausgerichtet war, verändert sich ebenfalls. Die Weisheit der Ahnen in der südlichen Hemisphäre ersetzt nach und nach die Weisheit der Ahnen im Norden. Und ihr beginnt, einen sanfteren Menschen zu sehen. Auf spiritueller Ebene werden zunächst die alten Seelen von diesem Wandel in Kenntnis gesetzt und erhalten biologische Veränderungen. Ihr habt das erwartet, und es ist hier. Dieser Prozess wird vom gesamten Planeten gespürt. Die Verwerfungen, die ihr derzeit in manchen Ländern beobachtet, die seit Jahrhunderten keine solchen Umwälzungen erlebt haben, sind ein Resultat dieses Wandels – denn das geschieht, wenn die Menschheit beginnt, mehr Mitgefühl zu empfinden; wenn die Menschen sich vereinen wollen, anstatt sich abzuspalten; wenn neue Gedanken und Weisheit auftreten.

Neue Erfindungen

Dieses neue Bewusstsein führt zu neuen Erfindungen, einer höheren Wissenschaft, zu höherem Denken und zu Lösungen für das, was ihr die grundsätzlichen menschlichen Probleme genannt habt. Bevölkerungsexplosion, Nahrung, Wasser, Stromerzeugung …, all das wird sich verändern. Innerhalb der nächsten zwei Generationen wird es ein neues Denken geben, neue Gedanken und neue Offenbarungen, manches davon sogar schon im Laufe der nächsten 18 Jahre. Es findet ein Wandel statt, und ich möchte euch sagen, wer ihn zuerst spürt: Es sind diejenigen, die meiner Stimme lauschen und meine Worte lesen, diejenigen, die schon so oft auf dem Planeten waren, dass sie an die alte Energie gewöhnt sind. Alte Seele, du beginnst, dich zu *erinnern!* Du beginnst, dich daran zu erinnern, wie es einmal war und wie es wieder sein kann. Alte Seele, du beginnst, dich zu *rekalibrieren,* und das ist eine zelluläre Veränderung in 3-D.

Diese energetischen Veränderungen, von denen die Rede ist, haben nichts mit esoterischer *New Age*-Magie zu tun. Vielmehr werden sie sich klar in Regierungen und in der Wissenschaft manifestieren. Wenn sich die Energie von dem wegverlagert, was eigentlich erwartet wurde, wird das auf dem ganzen Planeten erkennbar sein. Langsam. Ich habe das schon früher gesagt. Langsam. Länder, die sich jahrelang isoliert hatten, werden ihre Tore öffnen. Am besten macht ihr jetzt ein paar Fotos, denn die Dinge werden niemals wieder so sein. Langsam werden sie sich dem Rest anschließen, und ihre Kinder werden eure Kinder kennenlernen, und ihr werdet erkennen, dass sie einiges mit euch gemeinsam haben und keineswegs die niedrigen Energieattribute tragen, wie euch gesagt wurde.

Die Neukalibrierung der Biologie

Die Rekalibrierung der alten Seele ist das Thema der heutigen und der morgigen Durchgabe. Diese Channelings werden also ähnlich sein, und das morgige wird keine Fortsetzung des heutigen Channelings werden. Ihr braucht keinen Teil A und Teil B. Ich werde euch alles heute und alles morgen sagen. Ihr sollt wissen, was zu erwarten ist und womit manche von euch bereits arbeiten: *Rekalibrierung.* Eure Biologie muss sich verändern. Sie muss eine sanftere Energie absorbieren, damit arbeiten und Teil davon werden. Wenn sie das tut, muss eine Rekalibrierung des Kerns bzw. des Zentrums der Energie stattfinden.

Diejenigen, die das Gitternetz studiert haben, welches die Energiemuster um euch herum repräsentiert, wissen über die Kalibrierung Bescheid. Wie ihr wisst, sind Energien des Gleichgewichts erforderlich, damit ein Mensch sich selbst verändern kann. Ihr wisst um die Verjüngung des Körpers, wovon auch heute die Rede war, ihr wisst, wie Zellen sich teilen und wie sich jede einzelne Zelle in eurem Körper (auch Hirn-, Herz- und Hautzellen) regeneriert. Sie sind auf Regeneration hin angelegt; wenn sie verlorengehen, regenerieren sie sich, und wenn sie beschädigt werden, regenerieren sie sich. Ich sage es noch mal, ihr Menschen: Findet ihr es nicht komisch, dass der Seestern seine Glieder nachwachsen lassen kann und ihr nicht? Findet ihr das nicht komisch? Das wird sich verändern.

Wenn sich also alles verjüngt, findet ihr es nicht seltsam, dass eine Krankheit das Denken eines Menschen verändern kann, dass –

den Behauptungen der Wissenschaftler gemäß – die Hirnzellen dieser Kranken absterben, sich verändern oder vergiftet werden und der Mensch sich nicht mehr an die Liebe erinnern kann? Wo bleibt da die Verjüngung? Wo die Instandhaltung? So ist die DNA nicht angelegt, ihr Lieben! Zellen sind so angelegt, dass sie zur Blaupause zurückgehen und eine neue, frische Zelle erzeugen. So ist das Design! Eure Wissenschaft wird das erkennen, und eure spirituellen Körper werden das erkennen, und diejenigen, die hier auf dem Stuhl sitzen, müssen sich rekalibrieren, um damit arbeiten zu können.

Die Rekalibrierung passiert automatisch. Ihr müsst nicht darum bitten. Lasst mich das wiederholen: Sie geschieht, weil ihr alte Seelen seid, und darum seid ihr hier. Ihr müsst nicht darum bitten. Die Rekalibrierung ist das, was ihr erwartet habt und woran ihr euch erinnert. Aber vielleicht ist es nicht genau das, was ihr erwartet? Es ist unangenehm! Einige von euch werden wissen, in welche Richtung diese Botschaft geht, wenn wir euch die Attribute nennen, die, so würde ich sagen, weniger positiv sind und die manche von euch während der Rekalibrierung erleben werden. Einige von euch – nicht alle. Jeder einzelne Mensch hat seinen eigenen Weg und wird somit auch dies auf seine ganz persönliche Weise erleben. Das ist nun also keine generische Liste dessen, was allen alten Seelen widerfahren wird, sondern viele potenzielle Symptome der Rekalibrierung, die alte Seelen, die hier sind und auf diesem Planeten weiterzugehen bereit sind, eventuell erleben.

Die Liste

Manche von euch werden Schwindelgefühle haben. Das ist ein Attribut der Rekalibrierung. Das ist auch schon alles, und es wird vorübergehen. Aber es ist besorgniserregend, denn diejenigen, denen es schwindelt, verlieren auch die Orientierung und werden eventuell hinfallen. Was macht ihr also mit diesem neuen Wissen? Nummer eins: Wisset, dass ihr keine furchtbare Gehirnerkrankung bekommt! Nummer zwei: Lauft vorsichtiger! Ergibt das für euch einen Sinn? Es gibt noch weitere Attribute: Ihr werdet mehr als sonst üblich unter Schlafstörungen leiden. Ihr werdet nicht ein Mal erwachen, sondern zwei oder drei Mal. Einige von euch, die so etwas schon erlebt haben, wissen jetzt also, was da vor sich geht. Es ist die Rekalibrierung.

Die erste Frage, die der Mensch da stellt, lautet: *»Wie lange wird das dauern?«* Und die Antwort lautet: So lange es eben braucht, du Dummkopf! [Kryon lächelt.] Ich denke, ihr habt begriffen, worum es geht. Die Rekalibrierung dauert so lange, wie sie dauert, und wenn ihr dagegen ankämpft, dauert sie eben länger. Und noch schlimmer: Wenn ihr dagegen Medizin schluckt, passiert sie trotzdem immer weiter. Freut euch darüber und geht mit ihr voran! Sagt eurer Zellstruktur, dass ihr das versteht und mitgeht, statt dagegen anzugehen. Dann geht es schneller und ist schneller vorbei.

Jede einzelne Biologie [jeder einzelne Mensch] hier im Raum ist anders, und jetzt wollen wir über etwas sprechen, wovon schon eine Zeit lang nicht mehr die Rede war, aber ihr müsst das hören: Das, was gesundheitlich für euch funktioniert, ist fast gänzlich von eurem Akasha-Erbe abhängig. Wo habt ihr die meisten Leben verbracht? Vielleicht in Asien? Vielleicht in Indien oder in Tibet? Vielleicht in der südlichen Hemisphäre? All diese Plätze und Kulturen haben unterschiedliche Lebensmittel, die euch in Balance und gesund erhalten haben. Doch in diesem Leben seid ihr hier, in der nördlichen Hemisphäre. Ich möchte euch sagen: Die Ernährungsweise eurer vergangenen Leben hat großen Einfluss auf euch. Vielleicht habt ihr damals vegan gelebt oder nur Getreide gegessen. Deshalb lechzen eure Zellen nach dieser Nahrung, damit sie sich ausgewogen fühlen. Versteht ihr? Andere wiederum haben hauptsächlich in Nordamerika oder Europa gelebt und haben sich nie so ernährt wie die Menschen in Asien oder im Süden. Deshalb haben sie überhaupt keine Probleme mit dem Essen hier. Hört zu: Es gibt keine allgemeingültige Antwort auf die Frage: *»Was sollte ich essen, um spirituell gesund zu bleiben?«* Es gibt keine absoluten »Solls«. Stattdessen gibt es gute Hinweise von innen, die euch sagen, was für euren Körper das gesündeste ist. Anders ausgedrückt: Hört auf eure Zellen [siehe Kapitel 6]!

Warum erwähne ich das? Weil euch Leute Ratschläge erteilen, was ihr essen sollt, um so das zu berichtigen, was während der Rekalibrierung falsch ist. Ich sage euch hier und jetzt: Hört nicht auf sie! Geht stattdessen nach innen und lasst eure eigene Akasha-Chronik euch sagen, was für euch funktioniert. Seid nicht überrascht, wenn manche von euch auf einmal allergisch auf Dinge reagieren, die sie bislang immer essen konnten. Ich sage euch: Eure Biologie rekalibriert sich. Dieses Attribut braucht ihr, um vorwärtszugehen, um an den Platz zu gelangen, wo ihr mit der meisten Weisheit ins Gleichgewicht kommen könnt.

Manche von euch mögen vielleicht bestimmte verarbeitete Lebensmittel nicht, weil sie in ihrer Akasha-Chronik nicht daran gewöhnt sind. Seht ihr, was ich damit sagen will? Wenn ihr die schamanische Energie aus den Tiefen der Weisheit anzapft, die ihr in euren vergangenen Leben immer wieder gelernt und erlebt habt, geht das mit bestimmten Dingen einher – beispielsweise mit einer für euch ausgewogenen Ernährungsweise –, und ihr müsst damit klarkommen. Kämpft nicht dagegen an. Stellt euch auf diese Dinge ein. Ihr könnt das sehen und spüren. Betrachtet sie als das, was sie sind: Rekalibrierung.

Da sagst du vielleicht: *»Lieber Spirit, danke für diese Rekalibrierung, dafür, dass du dich so sehr um mich kümmerst, dass du weißt, da möchte ich hin und das möchte ich tun.«* Mensch, wie du jetzt rekalibrierst, entscheidet darüber, wie du im nächsten Leben zurückkehrst. Du musst das nicht noch einmal mitmachen, niemals wieder. Das Akasha-Erbe ist viel mehr als die Genealogie der Menschen, von denen ihr abstammt [die Genealogie der Eltern]. Das wisst ihr. Eine ererbte Akasha-Chronik steht für das, was ihr in all euren Leben erlebt habt, unabhängig von den Eltern-Genen. Manchmal sind das die dominantesten und schwersten Dinge, mit denen ihr euch auseinandersetzen müsst. Diejenigen, die hier auf den Stühlen sitzen und die meiner Stimme lauschen, sind dabei, sich damit auseinanderzusetzen. Das ist das eine. Geht davon aus, dass diese vergangenen Dinge hochkommen, damit sie bereinigt werden können.

Die Vergangenheit bereinigen

Vielleicht habt ihr während der letzten paar Leben diese Lebenslektionen nicht sehr gut gelernt und gemeint, es diesmal besser machen zu können? Das werdet ihr auch, denn die Erde braucht euch. Und sie braucht euch nicht mit Angst belastet, sondern sie braucht, dass ihr euch sagt: *»Ich akzeptiere diese Rekalibrierung. Egal, was gerade in meinem Körper ist, es kann verschwinden! Wenn es nicht stimmig ist, kann es verschwinden. Ich stehe als ein Teil des Göttlichen auf diesem Planeten – weise, stimmig und hierher gehörig. Dies ist meine Zeit. Zellstruktur, höre: Wenn etwas nicht stimmig ist, lass es verschwinden. Wasche es mit den Schlacken weg. Scheide es aus, weil es nicht als stimmig betrachtet wird, denn es passt nicht zur Energie der Liebe Gottes. Lass nur Mitfühlendes in mein Bewusstsein eindringen!«* Manchen von euch mag es schwerfallen, das zu sagen.

Die gute Neuigkeit

Jetzt wollen wir auf das eingehen, was physisch zu erwarten und nicht so schwierig ist.

Nummer eins: Ihr werdet in der Lage sein, selbst mit den schlimmsten Angewohnheiten eures Lebens fertig zu werden und euch ihrer sehr schnell zu entledigen. Dies ist eine neue Energie des Zusammenwirkens mit der Energie der Lichtarbeiter. Habt ihr das verstanden? Lasst uns bitte eine Pause machen und einmal tief durchatmen, denn ich habe hier mit Menschen zu tun, die meiner Stimme lauschen und meine Worte lesen und die jahrtausendelang Verfolgung, Leid und Folter erlebt haben. Da sind Menschen, die auf dem Scheiterhaufen verbrannt wurden. Das geschah, weil die Energie, die ihr auf die Erde gebracht habt, nicht gegen das ankam, was die Erde erlebte. Heilige Männer und Frauen wurden erst gebeten, jemanden zu heilen, und gleich darauf wurden sie aus dem Dorf gebracht und mussten über die Klippe springen. So funktioniert Angst. Und ihr seid hier. Ich kenne euch. Ihr seid zurückgekommen. Doch jetzt gerät dieser Planet in Bewegung, und so kann all das, was ihr mit eurer Akasha-Erfahrung hierher auf diesen Planeten gebracht habt, mit dieser neuen Energie zusammenwirken.

Atmet tief durch, denn das ist der Anfang verstärkter Manifestation – nicht auf der Stelle, nicht heute, nicht in dieser Stunde, sondern ganz langsam. Diese Quantenuhr beginnt, sich in eure Richtung zu bewegen. Die Erde empfängt eine sanftere, mitfühlendere Energie. Damit seid ihr geboren worden. Das ist euer Werkzeug. In der Vergangenheit wurde das als seltsam und komisch betrachtet und als Schwäche ausgelegt. Ihr wurdet geächtet. Manche von euch wurden aus der Familie verbannt. Ich sage euch: In dieser neuen Energie werden sogar sie euch mit anderen Augen betrachten und erkennen, wie ihr weicher geworden seid, ohne zu wissen, dass sie selbst sich verändert haben.

Manches, was früher nicht funktioniert hat, funktioniert jetzt. Möchtet ihr mit einer bestimmten Gewohnheit aufhören? Eure Denkweise oder euer Essverhalten ändern? Das verändern, was ihr eurem Körper zuführt? Aufhören mit dem, was ihr raucht? Tötet es euch, und ihr wisst das?

Ihr wisst, zu wem ich gerade spreche, ihr Lieben. Möchtet ihr das ändern? Ich sage euch: Was ihr in dieser Energie unternehmt, reagiert jetzt in eurem Körper ganz anders, auch wenn ihr es vorher schon mal versucht habt. Hört zu: Keiner von euch alten, weisen Seelen ist es erlaubt zu sagen: *»Ich hab's versucht, aber es hat nicht geklappt.«* Das wäre, als ob ein Kind spricht, welches nicht weiß, wie es funktioniert. Vielmehr werdet ihr sagen: *»Diesmal weiß ich es besser. Ich werde es manifestieren, weil der Körper zuhört. Meine Zeit ist gekommen.«*

Die Energie des Zusammenwirkens und wie sie eingesetzt werden kann

Das also bringt die neue Energie: Kooperation. Die Dinge werden besser laufen und fließen. Sie gehen vorwärts und nicht zurück. Wenn ihr aussprecht, was ihr euch in eurem Leben wünscht, und der Prozess dann einsetzt, werden viele von euch sehr bald ein positives Ergebnis sehen. Der Schlüssel ist Synchronizität. Begebt euch an Orte, damit diese Dinge geschehen können. Versucht nicht, etwas zu manifestieren, und zieht euch dann zurück, um darauf zu warten. Begebt euch vielmehr dorthin, wo ihr mit der Manifestation rechnen könntet. Versteht ihr? Dort werden die Antworten zu finden sein, denn dort wandeln andere Menschen, die eure Lösung haben! Sie halten nach euch Ausschau, so wie ihr nach ihnen Ausschau haltet. Sondert euch nicht ab! Im Rekalibrierungsmodus neigt ihr dazu, euch abzusondern, weil ihr euch nicht ganz gut fühlt.

Die gute alte Erkältung

Ihr werdet euch öfter eine Erkältung einfangen, aber ihr werdet sie auch schneller heilen ... Und warum? Die Erkältung des Menschen ist schon immer eine Neukalibrierung des biologischen Prozesses. Sich zu erkälten ist nötig, deshalb könnt ihr die Erkältung nicht »auskurieren«. Ihr müsst sie durchlaufen. Die gute alte Erkältung ist eine zyklisch wiederkehrende Chance für das Immunsystem, sich zu korrigieren. Habt ihr das vielleicht nicht gewusst? Deshalb werdet ihr keine Chemie erfinden können, um Erkältungen auszukurieren. Die Erkältung ist ein Rekalibrierungsmechanismus in euch. Sie baut das System auf eine bestimmte Weise auf, die euch hilft, und sie muss immer wieder auftreten. Erschreckt nicht, wenn ihr euch erkältet, und sagt nicht: *»Eigentlich habe ich nicht damit gerechnet, weil ich doch gerade erst eine hatte.«* Das ist die Rekalibrierung.

Das wollten wir euch nahebringen, damit ihr wisst, was passiert, und keine Angst davor habt. Es gibt viel Positives, was für eine wahrhaft positive Energie steht, die gerade auf dem Planeten auftritt und die der Menschheit neue Chancen eröffnet. Diese Energie unterstützt die Lichtarbeiter. Ihr Lieben, ihr müsst nicht mehr gegen den Strom schwimmen!

Nun, jeder von euch ist anders, und ich weiß, wer ihr seid. Engagement ist der Schlüssel. Ihr könnt all das nicht nebenbei erledigen, aber das wusstet ihr, nicht wahr? Wenn ihr euch auf die Manifestation dessen einlasst, was ihr im Leben braucht, dann hört euch das Universum zu. Wenn ihr Botschaften von meiner Seite des Schleiers empfangt, dann sage ich euch etwas, was ihr vielleicht schon wisst. Wir haben keine Uhr [damit sagt uns Kryon, dass es auf seiner Seite des Schleiers keinen Zeitrahmen gibt, nur Potenziale]. Deshalb spreche ich zu euch im *Jetzt.* Ich sehe Energie im Raum, und ich sehe, wer hier ist. Ich sehe die alten Seelen. Ich spreche zu euch im *Jetzt.* Ihr seid also für die Uhr zuständig und dafür, wie lange es in eurer Realität dauert. In meiner Realität ist es bereits erreicht, denn die stärksten Potenziale werden zu manifestierter Realität. Könnt ihr es so betrachten? Könnt ihr hier weggehen und es im Geist bereits erledigt haben? Hier im Raum ist Energie, die jetzt gerade hinfließt, wo sie hinfließen muss.

Was auf spiritueller Ebene zu erwarten ist

Was ist spirituell zu erwarten? Bei dieser Rekalibrierung geht es darum, gesund und glücklich, ohne Drama oder Angst auf diesem Planeten zu bleiben. Daran erinnert sich die alte Seele als das Potenzial dieser Zeit. [Pause.] Wie mein Partner zuvor [in seinem Vortrag] gesagt hat, besteht für ihn eines der größten Mysterien in der Frage, warum alte Seelen solch große Selbstwertprobleme haben. In seiner Unwissenheit steht er da und sagt, er habe keine Ahnung, warum das bei alten Seelen so ist. Ich sage euch warum: Weil ihr seit Jahrhunderten immer wieder geschlagen worden seid! Jedes Mal, wenn ihr zwei Schritte vorwärtsgeht, werdet ihr einen Schritt zurückgeschlagen …, manchmal auch fünf. Dann kommt ihr hier in diesem Leben an und erwartet was? Nur sehr wenig. Manche von euch haben von Anfang an immer diese kleine innere Stimme in sich, die sagt: *»Oh, ich hab ja gewusst, dass das passieren würde.«* Ihr erwartet nicht viel, nicht wahr? Und zwar, weil in einer alten Energie alles, was ihr gemacht habt, auf Widerstand gestoßen ist. Alles. Jedes Mal, wenn ihr einen positiven Vorschlag einbringen und etwas Nützliches beitragen wolltet, wurde euch gesagt, ihr solltet euch besser verziehen. Jedes Mal, wenn ihr in einem schwierigen Problem spirituelle Weisheit erkanntet, wurde das von niemand anderem gesehen. Die anderen waren einfach nicht interessiert. Ihr wart immer wieder isoliert. Wenn sich die Gemüter erhitzten, habt ihr nach einer Lösung gerufen, die meisten anderen dagegen nach dem Schwert. Jetzt, so sagen wir, verändert sich das.

Auf spiritueller Ebene müsst ihr euch mehr lieben, und diese Chance habt ihr jetzt, denn in euch ist ein Universum namens Zellstruktur mit Billionen von DNA-Stücken, welche anfangen zu reagieren und bereit für eure Anweisungen sind. Die Hand eurer Zellstruktur streckt sich euch sozusagen entgegen, und die Zellen sagen: *»Okay, du bist der Chef. Was sollen wir tun?«*

Der Schlüssel zum Selbstwert

Selbstwert ist eine Programmierung. Eine Programmierung! Aus Erfahrung entstandene Informationen, etwas Angelerntes. Ihr könnt dieses Programm auflösen! Dazu müsst ihr euch selbst einfach nur sagen, was ihr wollt. *»Liebe Zellstruktur«*, könntet ihr zum Beispiel sagen, *»ich verdiene es, hier zu sein. Meine Zeit ist gekommen. Ich habe Dinge, die andere haben möchten. Meine Zeit ist gekommen. Ich bin für den Plan der Erde wichtig. Ich habe mir meine Lorbeeren verdient. Meine Zeit ist gekommen. Liebe Zellstruktur, werde unstimmige emotionale Probleme los, die mich am Weitergehen hin zu meiner Schönheit und Kraft hindern! Die Kraft, von der ich spreche, ist die Fähigkeit, überall, wo ich hingehe, Mitgefühl und Licht zu erzeugen.«* Eure Zellstruktur wird lächeln, euch die Hand reichen, die schon darauf gewartet hat, und sagen: »Wir sind dein Partner bei dieser Mitschöpfung. Lass uns beginnen!«

Unangenehm?

Rekalibrierung. Sie wird herausfordernde und wunderschöne Attribute haben. Wie wird es sich für euch anfühlen, plötzlich erleuchteter zu sein und mehr Informationen zur Verfügung zu haben? Ihr werdet viel stärker spüren, dass ihr ein Teil Gottes seid – mit einer Erkältung. [Kryon lächelt.] Vielleicht fallt ihr ab und zu hin, und ihr müsst darüber lachen. So ist Biologie. Die Veränderung dauert eine Weile …, monatelang, vielleicht auch länger. Wenn ihr euch also mit den Problemen der Rekalibrierung und den Unannehmlichkeiten herumschlagt, dann seid euch darüber klar, warum sie auftreten. Jubelt gleichzeitig über das, was in euch ist und sich in eurem Leben bemerkbar macht, nämlich mehr Mitgefühl. Die Dinge werden besser funktionieren.

Der freie Wille und das ganze Bild

Nun, bei alldem gehen wir davon aus, dass ihr die Botschaft erhaltet, sie auf euch bezieht und manifestiert. Das heißt, es wird das geschehen, wofür sich euer freier Wille entscheidet. Wenn ihr die Botschaft ignoriert, wird nur sehr wenig passieren. Ihr seid immer noch eine alte Seele, und ihr habt die freie Wahl.

Und schließlich gehe ich noch auf eine häufig gestellte Frage zu dieser Rekalibrierung ein: *»Kryon, du sagst, die Energie der Erde wandelt sich. Das heißt, die ganze Menschheit wird das spüren, oder etwa nicht?«* Ja. Die ganze Menschheit wird das spüren. Ihr werdet es daran erkennen, wie Regierungen eliminiert und neu gebildet werden. Auch an anderen Denkweisen und an Wegen, die ich bereits früher durchgegeben habe und die mein Partner euch genannt hat und die durch ein Umdenken nun möglich werden, werdet ihr es erkennen. Regime der alten Energie werden sich nicht erneuern, sondern sich entscheiden, sich zu verändern. Gesellschaften, die seit tausend Jahren auf eine gewisse Weise fortbestanden haben, werden plötzlich beschließen, sich zu verändern. Zusammenarbeit und Einheit werden im Laufe der nächsten zwei Generationen zum Standard werden. Eines Tages werdet ihr auf die Jetzt-Zeit zurückblicken und sagen: *»Wir waren Barbaren.«* Das ist wirklich eine Veränderung.

Der jetzige Zeitpunkt und die Zukunft

Auf meiner Seite des Schleiers bin ich im *Jetzt.* Ich kann euch hier keine Uhr geben. Ich sage euch nur, das ist das, was ich sehe. Ich sehe einen geheilten Planeten, auf dem es irgendwann auch eine neue Wissenschaft gibt. Ich sehe einen Planeten, wo es keine ständigen Krankheiten gibt und wo sauberes Wasser kein Problem ist. Nie! Ich sehe eine Zeit, wo alle Menschen Strom haben, und zwar einfach und billig, wo ihr euer Zuhause einfach und gut beheizen könnt. All das sind Dinge, die in der Quantensuppe der Manifestation die stärksten Potenziale aufweisen. Aber ich kann euch keine Uhr geben.

Ich kann euch Folgendes sagen: Während sich die Erde neu kalibriert, wird es Probleme geben (auch politische), und manches wird in den Attributen der Rekalibrierung schlimmer, und die Erde wird das spüren. Werden alle Menschen erleuchtet? Nein. Ihr repräsentiert nicht einmal ein halbes Prozent der menschlichen Bevölkerung, ihr alten Seelen, und ihr werdet das Zündholz in der Dunkelheit anzünden. Das haben wir euch schon früher gesagt: Ihr seid zum Zündholzträger in der Dunkelheit geworden, in der ein paar wenige Lichter allen ein besseres Sehen ermöglichen. Das ist eure Aufgabe; die Arbeit ist nur einfacher geworden.

Ich spreche im *Jetzt.* Ich kann euch keine Uhr geben. Bitte versteht die Weisheit, die darin liegt, wenn ihr den Raum verlasst. Seht die Potenziale, nicht die täglichen Nachrichten. Und wenn das nicht gleich morgen passiert, ihr Menschen, in eurem schnellen Umkehrbewusstsein, dann ärgert euch nicht! Gott hat Geduld; ihr habt Geduld. Ist es das nicht wert, nachdem ihr all diese Leben gelebt habt, jetzt hierherzukommen und diesem Leben eine Chance zu geben? Manche hier im Raum fragen sich, wie lange sie leben werden, wegen dem, was gerade passiert. Ihr wisst, zu wem ich jetzt spreche. Das Potenzial, das ich sehe, ist das eines sehr langen Lebens. Und immer noch sagen manche vielleicht zu mir: *»Ja aber, ja aber, ja aber …«* Egal, was ich euch sage, manche haben eine Ausrede, warum es nicht funktionieren kann. Das ist die alte Energie, die zu euch spricht. Kalibriert euch neu! Beginnt zu erkennen, was möglich ist, und macht es zu dem, was *ist.*

Und zum Abschluss noch Folgendes: Wenn die Wissenschaft verstärkt die Atomstruktur im Winzigkleinen und dann das Universum im Riesengroßen anschaut, wird sie eine Gemeinsamkeit entdecken. Eure Wissenschaft erkennt so langsam, dass das, was in 3-D willkürlich und zufällig aussieht, keineswegs Zufall ist, sondern dass es sich um *intelligentes Design* handelt. Sie erkennt, dass die Attribute, die ihr *Schöpfung* nennt, dass die Art und Weise, wie Dinge zusammenkommen, auf Leben und auf Mitgefühl ausgerichtet waren. Was ihr da seht, ist das Werk Gottes. Es kann nicht mehr geleugnet werden, dass es einen Schöpfer gibt. Und wenn ihr euch nach innen wendet und euch mit euch selbst beschäftigt, dann möchte ich, dass ihr das auch in euch erkennt. Es ist an der Zeit für euch, zu verstehen, dass ihr nichts Willkürliches seid! Euer Leben ist kein Zufall. Es passiert euch nichts Zufälliges, sondern es passiert so, wie ihr es erschafft. Hier gibt es ein System, welches gelenkt, programmiert und umprogrammiert werden kann. Das ist Manifestation.

Das ist irgendwann eine Lektion für die gesamte Menschheit: eine geheilte, friedliche Erde zu erschaffen sowie mit euren Erfindungen und hinsichtlich eurer Gesundheit an Punkte zu gelangen, von denen ihr nicht einmal geträumt habt. Das ist der Anfang. Ich habe keine Uhr. Aber ich kann die stärksten Potenziale sehen, und das gebe ich euch heute durch, während mein Partner hier auf dem Stuhl vor euch sitzt. Die Potenziale, die wir erkennen, sind größer als letztes Jahr. Wenn die Lichtarbeiter sich ohne Schwierigkeiten rekalibrieren, können sie den Prozess beschleunigen. Kämpft nicht dagegen an.

Wenn ihr nun also diesen Ort verlasst und zu eurem normalen Leben zurückkehrt, in dem Routine Routine ist, blickt ihr vielleicht auf diese paar Minuten, die wir zusammen verbracht haben, zurück und sagt: *»Ich wünschte, ich könnte das tun.«* Ihr neigt dazu, so einfach in die alte Energie zurückzufallen, ohne zu erkennen, wer ihr seid. Deshalb ist Rekalibrierung nötig, damit ihr nicht so denkt. Was in einem multidimensionalen Zustand geschieht, hat mit Bewusstsein außerhalb von Zeit und Raum zu tun. Einfach auf diesem Planeten zu wandeln und das Licht zu halten, erzeugt eine Energie, von der ihr nicht wusstet, dass ihr sie habt. Deshalb wollen wir, dass ihr gesund bleibt, ohne Drama und ohne Angst. Wer das Gefühl hat, er tue nichts für den Planeten, befindet sich in einer schwarz-weißen Welt, während er rundherum Farbe verteilt.

Also setzt euch ein Ziel, wenn ihr das wollt, denn das tun die Menschen nun einmal sehr gerne. Aber ich sage euch: Viele von euch erreichen bereits Veränderungen, einfach weil sie lebendig sind und Mitgefühl für ihre Mitmenschen empfinden. Einige von euch hier im Raum sind Lehrer, manche Channel-Medien, wieder andere Heiler. Manche sind nicht interessiert, und ich weiß auch, wer das ist, denn diese Botschaft ist nicht für alle gedacht. Ihr steht an einem Abgrund voller Potenzial; deswegen bin ich hier. Deshalb ist Kryon hier – um euch über diese Brücke zu helfen. Herzlichen Glückwunsch, dass ihr es bis dahin geschafft habt!

Die alte Energie wird zurückschlagen, ihr Lieben. Stellt euch darauf ein, aber stellt euch dieses Mal darauf ein zu gewinnen. Und ihr werdet gewinnen! Denn jetzt, im Jahr 2012, beginnt die Zeit, in der die Lichtarbeiter die Oberhand gewinnen. Das heißt, das Licht wird gesehen, und die Saat, die vor so langer Zeit ausgebracht worden ist, wird nun geerntet.

Und so ist es.

Kryon
(Red Deer, Alberta/Kanada, Januar 2012)

Und jetzt stellen Sie sich auf ein wissenschaftliches Channeling ein!

Über Physik redet Kryon ganz besonders gern. Und in diesem Seminar ist auch Todd Ovokaitys anwesend. Kryon interviewt Todd sehr gerne, denn er hat ihn als einen bedeutenden lemurischen Priester erkannt. Wenn Sie also nichts gegen ein bisschen Wissenschaft haben, werden Sie die folgende Durchgabe genießen. Und selbst wenn Sie Wissenschaftliches nicht mögen, bringen Sie es bitte trotzdem hinter sich, denn im darauffolgenden Kapitel habe ich ein Geschenk für Sie: einen noch niemals vorgestellten »Schnappschuss« davon, wie es ist, wenn ich auf dem Stuhl sitze und channele. Die Intensität wird Sie vielleicht überraschen.

Lee Carroll

2 Die Rekalibrierung des Wissens

Seid gegrüßt, meine Lieben, ich bin Kryon vom Magnetischen Dienst. Wir haben nur wenig zu sagen, aber das muss langsam und präzise geschehen, denn hier geht es um Dinge, von denen mein Partner nichts weiß. Deshalb gebe ich ihm intuitive Visionen durch, und er übersetzt sie gleichzeitig. Die Stimme, die ihr hört, das Bewusstsein, das ihr wahrnehmt, und die Energie um ihn herum – das ist seine Fähigkeit, sich mit Spirit in einem Quantenzustand zu vereinen. So kann er in Echtzeit eine Botschaft überbringen, derer er sich nicht bewusst ist. Er tritt zur Seite, so wie er das jetzt tut, und lauscht neugierig auf das, was als Nächstes passiert. Das ist keine »Übernahme«. Der Mann, der auf dem Stuhl sitzt, und ich haben eine Vereinbarung, über die er nicht viel redet. Als ich ihm vor Jahren sagte: »So werden wir channeln«, antwortete er: *»Ich verweigere mich einer Übernahme.«* Deshalb bot ich ihm eine Vereinigung an und sagte zu ihm: »Wenn du dich in dieser Zeit mit mir vereinst, dann wird der Tag kommen, an dem du dauerhaft mit mir vereint sein wirst.« Er war einverstanden und fragte mich dann: *»Ist die Vereinigung etwas Ungewöhnliches?«* Ich verneinte. Jeder einzelne Mensch kann das machen – nicht vor Menschen sitzen und channeln, wie ihr das gerade seht, sondern in allem eine direkte Verbindungstür zum Schöpfer haben. Das ist nichts Ungewöhnliches, sondern eigentlich das, was sich jeder Mensch auf der Erde intuitiv wünscht: eine Verbindung zur Heimat. Die Menschen haben das schon oft gemacht, und davor wurde es schon gemacht, und davor ebenfalls [was Kryon hier meint, wird in einem nachfolgenden Channeling erklärt]. Geschieht die Vereinigung auf die richtige Weise, werdet ihr letztendlich mit der schöpferischen Quelle verbunden und hört auf, ein Mensch gemäß eurer Definition des Menschseins zu sein.

Diejenigen, die die Saat auf diesem Planeten ausgebracht haben, wandeln bis heute hier und sterben nicht. Sie befinden sich in einem Quantenzustand und können reisen, wohin sie wollen. Sie residieren an bestimmten Plätzen auf der Erde, unter anderem am Mount Shasta und auf Hawaii [in dem Land derjenigen, vor denen Kryon gerade spricht] und an vielen weiteren Portalen des Planeten. Viele von euch, die diese Zeilen lesen, wissen, wovon ich spreche. Und das ist das Versprechen, was mit *Erdenwelten* überall passiert, die einen Prozess durchlaufen, bei dem sie einen Entscheidungspunkt passieren und in einen anderen Prozess eintreten, in dem sie aus ihrer 3-D-Realität herausgehen und in ein neues Paradigma wechseln.

Meine kryptische Kommunikation

Ich versuche, nicht kryptisch zu sein, doch gleichzeitig enthülle ich keine Einzelheiten über Dinge, von denen ihr noch nichts wisst. Spirit gibt der Menschheit ein Versprechen: Weil ihr derzeit der Planet des freien Willens seid, können wir euch keine Hinweise geben. Alles, was offenbart wird, muss bereits hier, in den potenziellen Gedanken der Menschen vorhanden sein. Alle Erfindungen von Dingen, die vielleicht kommen mögen, müssen bereits irgendwo im menschlichen Geist keimen. Und wenn das nicht so ist, dann sprechen wir nicht davon. Damit wird der Prozess der Prüfung respektiert, die euch bevorsteht, und die Erfahrung, wegen der ihr hierhergekommen seid. Das ist *eure* Vereinbarung mit uns.

Vielleicht hört ihr zum ersten Mal von einem Medium, dass wir nichts enthüllen, was nicht bereits in der einen oder anderen Form vorhanden ist. Es ist die Wahrheit. Doch typischerweise braucht das schöpferische Denken des Menschen – auch wenn es um Erfindungen, um Potenziale, um Philosophie geht – unter Umständen etwa ein Jahrzehnt oder noch länger, bis damit auch die Massen erreicht werden. Heute erzähle ich euch also von Dingen, deren Potenziale wir hier bereits sehen. Das ist keine Wahrsagerei. Das gibt es bereits auf der Erde. Ich werde jetzt also kurz auf ein paar Dinge eingehen.

Die neue Energie des Jahres 2012 und darüber hinaus

Ihr befindet euch in einer neuen Energie, und das ist erst der Anfang. Sie unterscheidet sich von der *Neuen Energie* der Vergangenheit. Das Ende des Jahres 2011, welches in das Jahr 2012 übergeht, hat das gebracht, was wir euch seit Langem vorhergesagt haben. Es ist die *Brücke der Schwerter,* die wir schon einmal beschrieben haben, eine Brücke, die die Menschheit dazu benutzt, von einer Energie in eine andere überzuwechseln. Und das wird im ganzen Universum gefeiert. Es wird gefeiert von denjenigen, die die Saat auf dem Planeten ausgebracht haben, und von denjenigen, die diesen den Samen eingepflanzt haben, und ebenso von denjenigen vor ihnen und wiederum von denjenigen vor diesen. Sie stehen um euch herum, stehen vor euch, im Durchgang eures Lebens, kreuzen die Schwerter über euren Köpfen und feiern einen Sieg – wie die Zeremonie der Hochzeit beim Militär, bei der Kampfgefährten die Schwerter kreuzen und man diesen Gang durchschreitet; das ist die Brücke der Schwerter, und das macht ihr gerade.

Oh, ihr Lieben, das klingt für euch vielleicht wieder kryptisch, doch diejenigen, die die Schwerter kreuzen, haben das durchgemacht, was ihr durchgemacht habt. Sie *wissen,* was geschieht und wohin es euch letztendlich führt. Sie haben darauf sehr lange gewartet. Es gibt so viele aus so vielen verschiedenen Teilen des Universums, und sie alle wissen Bescheid.

Hilfe bei dem, was derzeit passiert

Ihr habt Hilfe an eurer Seite! Was geschieht einem Planeten, der gerade sanfter wird? Alte Seelen sind die Lichtträger und sind dies seit Jahren. Sie sind diejenigen, die dem Rest der Erde Licht an einem dunklen Ort zeigen können. Das tut ihr seit Jahren, und das ist ein mühsames Unterfangen.

Die Metapher ist schon ziemlich abgenutzt, aber wir verwenden sie dennoch weiterhin aus Einfachheitsgründen: Stellt euch vor, es gibt Menschen, die seit Jahrtausenden in Dunkelheit auf dem Planeten wandeln. Einfach nur Dunkelheit, weder böse noch mystisch, einfach nur die Abwesenheit von Licht. Eine Dunkelheit, in der die Menschheit sich nicht vereint, denn das ist schwierig, wenn die gesamte menschliche Rasse im Dunkeln herumläuft. Es ist schwierig zu wissen, was zu tun ist, wenn man nicht sehen kann, wo man geht. Also kümmert man sich um sich selbst. Dabei geht es in erster Linie ums Überleben – das ist das Wesentliche.

Im Überlebensmodus sammelt ihr zur Sicherheit und zum Trost andere Menschen um euch herum. Ihr könnt sie hören; ihr könnt sie spüren; ihr könnt so etwas wie eine Gruppe zusammenstellen und euch im Dunkeln zusammenkauern. Das ist die Metapher für den Planeten, wie ihr ihn kennt. Es brechen Kriege aus, weil ihr im Dunkeln lebt. Ihr könnt die anderen nicht sehen, deshalb habt ihr Angst vor ihnen und seid immer bereit, eure Wirklichkeit zu verteidigen. So war es praktisch die gesamte Menschheitsgeschichte hindurch. Doch plötzlich gibt es Licht. Was geschieht, wenn Licht – selbst nur wenig Licht – in die Dunkelheit dringt? Plötzlich sehen viele Menschen, wie sie von hier nach dort gehen. Stellt euch vor, ihr musstet jahrhundertelang im Dunkeln von A nach B gehen, und plötzlich scheint Licht auf diesen Weg. Es gibt keine Angst vor dem Unbekannten, wenn ihr vor euch etwas sehen könnt! Ihr seid frei, euch zu vereinen, denn ihr könnt sehen, dass die anderen genauso sind wie ihr selbst! Ihr seid frei, Ideen zu entwickeln. Ihr seid frei, Wissen zu erlangen.

Mit dieser speziellen Botschaft sagte ich euch, wie es sein würde. Ihr könnt das die *Neukalibrierung des Wissens auf dem Planeten* nennen. Ohne euer Wissen und ganz langsam findet ein Weicherwerden statt, die Energie des Planeten bewegt sich verstärkt vom Maskulinen zum Femininen. Das heißt, es wird ausgeglichen, was vorher unausgeglichen war. Die Nord- und die Südhemisphäre kommen zusammen; damit gibt es nicht länger eine männlich betonte nördliche Macho-Hemisphäre, sondern sie wird ausbalanciert. Das muss für Afrika passieren, damit der Kontinent das tun kann, was er tun wird (Prophezeiungen folgen). Schaut euch Afrika auf der Landkarte an, und ihr werdet wissen, wovon ich spreche. Es muss Ausgewogenheit herrschen, und sie kommt. Afrika wird sich innerhalb von 75 Jahren im wahrsten Sinne des Wortes zur *Neuen Welt* entwickeln. Was geschieht, wenn ein Kontinent geheilt wird und das Nötige dann zur Verfügung steht und die Menschen nicht unter Krankheiten leiden oder der Kontrolle durch Diktatoren unterworfen sind? Die Antwort: Es wird sich eine erstaunliche Zivilisation entwickeln, die keine Grenzen kennt und nichts außer der Armut »verlernen« muss. Achtet darauf und »haltet euch da raus«!

Was passiert, wenn die Erde weicher wird und es mehr Licht gibt? Sogar die Terroristen verändern sich. Ich lade euch, ihr Menschen, ein, danach Ausschau zu halten, all das zu beobachten – auch Dinge, die ihr nicht erwartet habt. Wie viele von euch konnten beim Zusammenbruch der Sowjetunion erklären, warum das ohne Bürgerkrieg vor sich ging? Weil die alte Energie von den dort lebenden Menschen nicht mehr unterstützt werden konnte. Es kommt in der *Physik des Bewusstseins* der Zeitpunkt, an dem die Grundsätze der alten Energie nicht mehr aufrechterhalten werden können, wenn es keine Gruppe von Menschen mehr gibt, die damit einverstanden sind und sie bereitwillig unterstützen. Was passiert, wenn die Welt mehrheitlich keinen Krieg mehr will? Eigentlich seht ihr diese Entwicklung schon kommen. Hat euch schon einmal jemand gesagt, dass der nächste Weltkrieg bereits »überfällig« wäre? In 3-D ist er überfällig. Im Paradigma der alten Energie ist er überfällig.

Beobachtet bestimmte Länder! Ich habe keine Uhr [wie bereits angemerkt, sagt uns Kryon, dass es auf seiner Seite des Schleiers keinen Zeitrahmen gibt, nur Potenziale]. Ich sage euch lediglich, es steht unmittelbar bevor [im Zeitplan von Spirit könnte das schon in zehn Jahren bedeuten]. Haltet bei bestimmten Ländern nach Veränderungen Ausschau. Ihr werdet offensichtliche Veränderungen und weniger offensichtliche Veränderungen sehen. Doch die offensichtlichen werdet ihr eher früher als gar nicht sehen – Kuba, [Nord-]Korea, Iran natürlich und Venezuela. Achtet darauf, was passiert, wenn die Länder erkennen, dass sie auf der Erde keine Verbündeten mehr haben! Sogar ihre »Brüder«, die sie in ihrem Hass unterstützten, sagen: *»Na ja, jetzt vielleicht nicht mehr. Das hilft uns anscheinend nicht mehr.«* Achtet auf die Synchronizitäten der Geschehnisse. Die Führer, die entweder schon gestorben sind oder im nächsten Jahr oder so sterben werden, nehmen die alten Verhaltensweisen mit sich. Achtet darauf, was denjenigen passiert, die an ihre Stelle treten, und erinnert euch an unsere Treffen, in denen ich euch von diesen Potenzialen erzählt habe.

Die alte Energie lebt, aber sie ist nicht glücklich

Ich möchte euch etwas sagen: Alte Energie stirbt schreiend und um sich tretend. Alte Energie gibt nicht auf, niemals. Alte Energie stirbt langsam und unter Schwierigkeiten. Sie wird noch lange Zeit Widerstand leisten. Es wird Menschen geben, die davon überzeugt sind, sie bekämen das, was sie wollen, nur durch Drama, Krieg und Angst. Sie werden weiterhin dort auftauchen, wo ihr euch sicher gefühlt habt, und euch mit zurück in die alte Energie ziehen wollen. Sie hassen die Tatsache, dass die Erde *sanft* mit ihnen umgeht, rasseln weiterhin mit ihren Säbeln, stoßen Drohungen aus und kommen damit in die Nachrichten. Sie sind zwar nicht in der Mehrheit, ihr Menschen, aber sie schreien oft am lautesten. Wenn ihr vollkommen gesund herumlauft und euch toll fühlt, mit Ausnahme des wunden Zehs, an was denkt ihr dann? An euren *wunden Zeh!* Wie ihr dann sehen werdet, berichten eure Medien endlos über wunde Zehen, und ihr werdet depressiv. Ich weiß, diese Metapher versteht ihr.

Und wieder einmal ... das Wetter

Meinem Partner ging es »gegen den Strich«, euch die letzten paar Jahre die Channelings über das Wetter durchzugeben. Handelt es sich um eine globale Erwärmung? Nein. Wird es besser werden? Nein. Dieser Zyklus läuft über zwei Generationen. Es wird weiterhin Erdbeben, Tsunamis, Vulkanausbrüche und Stürme geben. Es geht um die Rekalibrierung des Lebens im Meer, und die Menschheit muss da durch, egal, auf welche Weise das möglich ist. Das ist ein Zyklus, der bekannt ist und erwartet wurde, doch da ihr ihn in der modernen Zeit noch nicht durchlaufen habt, habt ihr noch kein gutes Verständnis davon.

Ich möchte euch sagen: Ihr verfügt über dieselbe Intuition wie die Tiere, um euch rechtzeitig am richtigen Ort in Sicherheit zu bringen. Aber ihr glaubt das nicht. Oh ja, ihr habt einen »Parkplatz-Schutzengel«, aber keinen »Lebens-Schutzengel«. Mit den Kleinigkeiten habt ihr kein Problem, aber wenn es um die großen

Dinge geht, ist das für euch ein Mysterium. Dabei ist es derselbe Prozess: »*Lieber Spirit, wo sollte ich leben? Lieber Spirit, wohin sollte ich gehen?*« Spirit ist da und gibt euch eine Antwort, die ihr als Intuition wahrnehmt. Aber als Erstes sagt ihr: »*Nee, nee. Das bin doch ich, der da spricht. Ich warte auf die Stimme aus dem Himmel. Tut mir leid.*« Ihr versteht noch immer nicht, dass Gott auf diese Weise zu den einzelnen Menschen spricht – durch die kleine Stimme, die eure Hand hält und nach einer Frage als erster intuitiver Eindruck hochkommt. Manchmal erhaltet ihr die Antwort, noch bevor ihr die Frage stellt, weil wir wissen, dass ihr fragen werdet. Manchmal sind wir so eifrig darauf bedacht, euch die Antwort zu geben, so aufgeregt darüber, dass ihr die Frage überhaupt stellt, dass die Antwort lange vor eurer Frage kommt. Das ist Führung. Das steht zu erwarten; das kommt im Zuge der Verjüngung des Planeten, und in diesem Jahr beginnt es, stärker zu werden. Werdet ihr das nun also annehmen oder wegwerfen, weil es »eure« Gedanken sind?

Die bevorstehenden Enthüllungen in der Physik

Jetzt wollten wir über Physik sprechen, denn jetzt können wir ein paar Dinge offenbaren, wunderbare Dinge, die nach und nach in der Wissenschaft geschehen, erkannt und teilweise auch verstanden werden. Wen ihr da vor euch seht, der Herr da auf dem Fußboden, ist Yawee. Ich kenne ihn gut. [Kryon spricht jetzt über Professor Dr. med. Todd Ovokaitys, DNA-Forscher und Mitglied des Kryon-Teams, der in dieser Live-Sitzung auf dem Boden sitzt. Früher schon hat Kryon Todd Ovokaitys als einen großen lemurischen Wissenschaftler und Wahrheitshüter im lemurischen *Tempel der Verjüngung* identifiziert; darüber wird im Kryon-Buch 2 berichtet. Er schrieb das Vorwort zum Kryon-Buch *Die 12 Stränge der DNA* (dt. Band 10).]

Ist es nicht interessant, was die Akasha-Erinnerungsdatenbanken in einem Menschen hervorbringen? Eure Akasha-Chronik ist das Seelengedächtnis, das Informationen über eure Akasha freigibt, wenn sich die Energie der Erde so stark verändert, dass es stimmig ist, einen Offenbarungsprozess einzuleiten. Nikola Tesla erzeugte in seinem Labor masselose Objekte – das, was ihr *Antischwerkraft* nennen würdet. Er wusste, wie man Strom drahtlos übertragen kann (übrigens durch den Erdboden, nicht durch die Luft), und es frustrierte ihn, dass er das nicht besser nachweisen konnte. Es gab einerseits nicht die Technologie dafür, aber darüber hinaus war die Energie des Planeten auf der Bewusstseinsebene noch nicht für ihn bereit. Tesla konnte die Grenze, nämlich die Überzeugungen anderer, nicht überwinden. Übrigens ist er wieder auf der Erde, ebenso wie Albert Einstein, und ihr werdet sie erkennen, wenn ihr seht, was sie vorhaben.

Die Energie eurer Zeit ist jetzt auf stimmige Weise reif für einige der Theorien, die ihrer Zeit voraus waren und die damals genauso richtig waren wie heute. Haltet Ausschau nach einer gänzlich neuen Wissenschaft, die ganz plötzlich Lösungen hervorbringt, an denen ihr seit Jahren arbeitet, Lösungen, über die ihr sagen werdet: *»Warum ist uns das nicht früher eingefallen?«* Und übrigens: Rechnet mit kalter Fusion. Das habe ich euch schon früher gesagt. Das Experiment mit kalter Fusion war korrekt [es geht um das in der Vergangenheit durchgeführte Experiment von Stanley Ponds und Martin Fleischmann, das starker Kritik ausgesetzt war]. Die Forscher konnten ihre Entdeckung nicht im Experiment wiederholen, weil sie sich der Magnetik, die ihr Experiment beeinflusste, nicht bewusst waren [das Experiment war in einem Keller mit elektrischen Schalttafeln drum herum durchgeführt worden]. Sie hielten es für bloße Chemie, doch das war es nicht. Es handelte sich um die zufällige Entdeckung einer Physik, die derzeit noch ein Geheimnis ist und bei der Chemie und Magnetik zusammengebracht werden, was nur wenige Forscher ausprobieren. Dasselbe widerfuhr Tesla, der tatsächlich beobachtete, wie ein Objekt vom Labortisch abhob, aber nicht wirklich wusste warum. Er wusste, es musste mit dem magnetischen Design zu tun haben, konnte das Design mit den Werkzeugen und der Technologie der damaligen Zeit aber nicht entwickeln. Könnt ihr euch so etwas vorstellen? Jetzt versteht ihr, warum er depressiv war. Auf diese Weise kommt es auf dem Planeten oft zu Fortschritten.

Eine Unterhaltung mit Yawee [das ist Todd Ovokaitys]

Todd ist hier, und in dieser neuen Energie beginnt seine lemurische Akasha-Chronik ihm zu enthüllen, was er weiß. Die Energie schreitet voran und setzt Engramme in seinem Bewusstsein frei. Ihm wird das nicht alles auf einmal zugänglich, das ist bei keinem Menschen so. Am Anfang seiner Suche stand eine Vision [das bezieht sich auf Ovokaitys' Vision von der DNA vor Jahren], doch jetzt erinnert er sich an Dinge, die ihm nach und nach zugänglich werden. Meine Botschaften an Yawee über seine wichtigen Zirbeldrüsentöne kamen nicht aus dem Äther. Er wusste das bereits. Aber er brauchte sozusagen einen Anstoß, damit er es rechtzeitig und passend zur Uhr des Jahres 2012 tat. [Gelächter.] Und es hat funktioniert, und er wird rechtzeitig damit fertig sein. Aber er kannte diese Informationen bereits. Er hatte bereits eine Ahnung und Wahrnehmung der Töne und ihrer Zusammensetzung, denn er weiß um den Zyklus der Physik, über den niemand redet ..., und so werden wir das heute tun.

Der Tempel der Verjüngung

Als Yawee leitete Todd den sogenannten *Tempel der Verjüngung* in Lemurien. Viel, viel später versuchte man in Atlantis, ihn wieder zu errichten, aber das funktionierte nicht, weil Yawee nicht dabei war. Yawee hatte ein Attribut, das – wie die Lemurier wussten – ungewöhnlich war: Er lebte dreimal so lange wie sie. Er trug in sich also ein paar Geheimnisse, die mit Energie, insbesondere der DNA, zu tun hatten. Im Tempel der Verjüngung hatte er etwas entdeckt, was ihr gerade wieder am Entdecken seid. Ich habe keine Uhr. Wie bald? Ihr werdet es schon sehen.

Jetzt spreche ich also zu Yawee, um mit den Weisungen weiterzumachen: Guten Morgen, Yawee! [Hinweis: Die Tageszeit spielt keine Rolle, bei diesem Treffen ging es auf 17 Uhr zu. Viele haben das gar nicht bemerkt. Das ist Kryons Humor.]

Todd: *Guten Tag, Meister vom Magnetischen Dienst.*

Wir haben schon früher miteinander gesprochen, so wie jetzt, und auch schon im Privaten. Du wirst nicht unter Zugzwang gesetzt, denn diese Gespräche geschehen immer mit stimmiger Liebe, vielleicht um Themen anzusprechen, die bereits »im Raum« stehen, damit das zeitlich für euch passt [wieder Bezug nehmend auf die 3-D-Zeit]. Was weißt du noch über den Tempel der Verjüngung, von dem bestimmte Aspekte in dir hochkommen? Erinnerst du dich, welche Energien dort waren?

Todd: *Es wurde der innere Magnetkern der Erde eingesetzt, der in bestimmten Gegenden besonders hoch konzentriert war und durch Höhe weiter verstärkt werden konnte.*

Wie ihr euch erinnert, Ihr Lieben, die ihr hier zuhört und diese Zeilen lest, befand sich der Tempel der Verjüngung auf dem Gipfel des lemurischen Gebirges. Lemurien ist der höchste Berg des Planeten, auch heute noch, allerdings liegt er inzwischen unter Wasser und wird *Hawaii* genannt. Die hawaiianischen Inseln sind lediglich die Gipfel eines riesigen Gebirges. Vom Fuß bis zur Spitze gemessen ist es der höchste Berg auf dem Planeten. Auf dem Gipfel liegt Schnee, sogar heute noch. Könnt ihr ihn euch 6000 Meter höher vorstellen? Könnt ihr euch vorstellen, wie er aus dem Weltraum betrachtet aussah? Diesen Berg haben die Plejadier für ihre erste Ankunft auf der Erde ausgewählt. Er war so augenfällig.

Yawee, vielleicht erinnerst du dich daran, dass dir immer kalt war. Immerzu war dir kalt, denn der Tempel konnte nicht beheizt werden, die Heizung funktionierte nicht! Als du gesehen hast, was heute die Wissenschaftler machen, auf dem Bildschirm, den mein Partner mitgebracht hat [es geht um ein Video über Makroverschränkung, das Lee vorher gezeigt hat], hast du da etwas Interessantes gesehen, an das du dich womöglich erinnerst? Wir sprechen von Temperatur, von einer so großen Kälte, dass dadurch dem Fluss der Energie tatsächlich weniger Widerstand entgegengesetzt wird. Das ist der Katalysator, wodurch alles, was magnetisch ist, um das Zehnfache, Hundertfache, ja sogar Tausendfache verstärkt wird – je nach Temperatur. Das war eines der Attribute, welches es euch ermöglichte, ohne technische Ausrüstung das zu tun, was ihr in jenem Tempel getan habt. Ich möchte dich etwas fragen: Wie viel weißt du noch von dem physischen Apparat, der dazu nötig war? Ich frage dich all das nur, um zu sehen, was deine Akasha vorhat. Wie wir gesagt haben, gab es den sogenannten Ziel-Menschen [wird weiter unten erklärt].

Todd: *In diesem Moment ist das wesentliche Attribut ein Magnetantrieb mit einer speziellen Geometrie sowohl unter als auch über dem sogenannten Ziel-Menschen. Es gab also beide Formen der Magnetik – es gab einen Nullzonenpunkt, der die Verschränkung erzeugte, und es gab den Einfluss einer Gegenrotation bzw. einer Gegendrehung.*

Sehr gut! Beeindruckend. Und jetzt die große Frage: Der Mensch ist also verschränkt, oder? Womit ist der Mensch quantenhaft verschränkt? Erinnerst du dich daran? Lass mich eine Frage stellen. Wie viele Menschen sind im Raum?

Todd: *Ungefähr zehn.*

Genau. Und gibt es darunter einen besonderen Menschen?

Todd: *Den Vorlagen-Menschen* [wird ebenfalls weiter unten erklärt].

Richtig! Ja, genau. Erinnerst du dich noch an irgendein anderes Attribut des Vorlagen-Menschen, welches bemerkbar wäre, wenn du ihn hier sehen würdest? ... So weit bist du noch nicht. Und das werden wir heute in dein Gedächtnis zurückholen, wenn das für dich okay ist.

Todd: *Klar.*

Ich komme auf dich zurück, Yawee, aber jetzt muss ich einen Prozess mit euch allen durchgehen, damit ihr versteht, was passiert. Dieser Prozess beinhaltet Offenbarungen. Ich nehme euch jetzt mit zur grundlegenden Atomstruktur. Das habe ich ja schon früher gemacht, aber nie bis zu dieser Phase. Ich möchte, dass ihr euch mit mir zusammen ein Elektron anschaut, als ob ihr dort wärt, so klein wie dieses Elektron. Mach jetzt langsam, mein Partner, denn darin bist du nicht ausgebildet, und es ist wichtig, dass du die Botschaft so empfängst, wie sie dir präsentiert wird, und sie nicht ausweitest [Kryon an Lee gewandt].

Laut den Physikern drehen sich die Elektronen schnell im Kreis. Doch das tun sie nicht und können sie auch nicht. Sie haben keine Oberfläche, denn sie sind Energie. Sie drehen sich nicht, sondern haben vielmehr ein elektrisches Potenzial. Jedes einzelne Partikel auf diesem Planeten, alles, was ihr sehen könnt, alles im Universum wird mit Polarität erzeugt. Das sind jetzt neue Informationen. Alle Dinge werden mit Polarität erschaffen und sind auf Selbstbalance ausgerichtet. Und wegen der Polarität dessen, was ihr Plus und Minus nennen würdet, bewegen sie sich und versuchen, sich innerhalb eines Feldes in Balance zu bringen – alle Dinge, physische und auch andere. Doch alle Polaritäten sind anfällig für einseitige Tendenzen, etwas, was ich »Gruppendruck« nennen will. Elektronen, die eine, wie ihr das nennen würdet, bestimmte Ladung tragen (bzw. sich mit einer Polarität *drehen*) – sagen wir einmal eine positive –, sind zu denen hingezogen, die negativ sind, sodass sie sich gegenseitig aufheben bzw. annullieren. Sie suchen sich gegenseitig, um die Null der Balance zu erzeugen. Sie wollen ausgeglichen werden, und wenn das nicht passiert, dann sind sie nicht »glücklich«. Ich verwende dieses Wort nur, um auf den Zustand eines physikalischen Partikels hinzuweisen, das seine Balance nicht findet. Auch für Nichtwissenschaftler ist das nachvollziehbar.

Doch auch in Atomen gibt es nicht immer zusammenpassende Elektronenpaare, denn es gibt keine Atomregel, die besagt, dass Elektronen immer in geraden Zahlen erzeugt werden. Es gibt da also oft das *eine überzählige,* wie ich es nenne, und in diesem Fall hat das gesamte Atom eine positive bzw. negative Ladung – je nachdem, um welchen »Außenseiter« es sich handelt. Dann sucht dieses Atom nach einem anderen Atom, welches einen Außenseiter mit der entgegengesetzten Ladung hat. Das Ganze hat einen Namen: *Magnetismus.* Ich habe euch also gerade den Magnetismus erklärt. Ein Teil davon ist der Wissenschaft bereits bekannt. Doch was sie noch nicht erkannt hat, ist, dass alle Dinge eine Dualität besitzen. Die Wissenschaftler vermuten es, und es gibt Theorien, die das schon bald nachweisen werden, und ich habe euch das heute erzählt, weil es schon immer im Kopf von jemandem existiert. Vom Allerkleinsten bis hin zum Allergrößten hat also alles Dualität, sogar die Galaxie. Im Zentrum eurer Galaxie, welches ihr das *Schwarze Loch* nennt, befindet sich eine quantenhafte Zug-Druck-Maschine, und gleich erzähle ich euch, warum das so ist.

Jetzt kommt eine große Frage, ich werde sie gleich beantworten: Warum hat alles eine Polarität? Warum wurde alles so erschaffen, bis hin zum Elektron? Selbst die allerwinzigsten Dinge, sogar das sogenannte *Higgs-Boson* [Gottespartikel] und die *Quarks* …, alles hat Polarität. Ihr werdet in der Natur nichts finden, was keine Polarität hat. Warum? Ich sage euch warum. Die Physiker werden lachen …, nicht weil sie es lächerlich finden, sondern weil sie dem zustimmen: Wenn es nicht so wäre, wäre das Universum ein langweiliger, uninteressanter Ort zum Leben! Denn durch das Erzeugen einer Dualität in jedem einzelnen Partikel entsteht ein aktives Universum, das sich selbst ausbalanciert und nie zur Ruhe kommt. Wenn es nicht so wäre, wäre es etwas Statisches, Unveränderliches, Nicht-Schöpferisches. Ohne Polarität würde es also kein Leben geben. Leben entsteht durch Dualität, eine Polarität in atomaren Teilchen. Das Universum braucht Leben, um existieren zu können. Ohne Leben gäbe es keinen Grund für eine Physik …, und ihr dachtet, es wäre genau umgekehrt, nicht wahr? Dass Leben per Zufall auf einem einzigen Planeten entstand. Oh, wie dreidimensional ihr doch seid! Leben *ist* das *Design.*

Wir wollen unser Gespräch fortführen, denn es wird uns wohin führen. Yawee, du hast gerade beschrieben, wie im Tempel Makroverschränkung erzeugt wurde. Was du beschrieben hast, waren Magnetik und Nullpunkte. Sehr gut! Verstehst du vielleicht auch, dass Magnetik und Nullpunkt sogar im Zentrum eurer Galaxie vorhanden sind?

Todd: *Natürlich.*

Das bedeutet also, die Galaxie ist mit sich selbst verschränkt. Das erklärt, warum alle Konstellationen und Sonnensysteme nicht den Newton'schen Bewegungsgesetzen folgen, sondern sich stattdessen alle mit derselben Geschwindigkeit als *eins* um das Zentrum drehen, denn sie sind verschränkt. Gerade habe ich euch den Grund dafür genannt, und die Wissenschaft wird das schon bald verstehen. Bislang war das ein Mysterium, doch jetzt wisst ihr darüber Bescheid. Es gibt da also Makroverschränkung. Das Allergrößte, was ihr euch vorstellen könnt, die Galaxie, ist mit sich selbst verschränkt.

Gibt es womöglich weitere Verschränkungsprobleme, die ihr nicht seht oder erkennt oder über die ihr nichts wisst? An jedem einzelnen Tag eures Lebens? Die Antwort lautet: Ja. Lasst uns also anfangen.

Oh, ihr lieben Menschen, was ich euch als Nächstes durchgeben werde, ist wunderschön, und es hat mit der DNA zu tun, und Yawee wusste das. Er wusste, wie er etwas Magisches tun konnte. Die Blaupause der DNA ist perfekt. Der gute Doktor hier wird euch das in seiner derzeitigen Inkarnation [als Todd] sagen. Ich habe euch das schon früher gesagt. Sie ist perfekt in euch vorhanden, und doch sitzt ihr hier mit einer DNA, die nicht so gut funktioniert. Das scheint ein Widerspruch zu sein, denn sie ist perfekt und für ein längeres Leben konzipiert, und doch tut sie Dinge, die dem entgegenstehen.

DNA ist als Informationsquelle konzipiert, um die sie umgebende Energie aufzunehmen, welche vom Bewusstsein der Menschheit erzeugt wird. Dann reagiert sie auf stimmige Weise auf die Energie, in der sie sich befindet. Anders ausgedrückt: Wenn der Planet eine niedrige Energie hat, hat auch die DNA eine niedrige Energie. Sie ist eine Quantenmaschine, und wenn die vom menschlichen Bewusstsein erzeugte Quantenenergie niedrig ist, dann funktioniert sie schlecht.

Ich möchte euch eine Definition des Lebens geben; keine Definition des biologischen Lebens, sondern des spirituellen Lebens. So weit, so gut für all die Intellektuellen unter euch; bleibt dabei, denn vielen wird das nicht gefallen.

Spirituelles Leben, wie es von Spirit gemessen wird, ist, wenn ein Mensch einen freien Willen hat. Wann ist das der Fall? Dann, wenn der Mensch seinen ersten Atemzug tut. Nicht im Uterus. Manche werden sagen: *»Das ist falsch, ganz falsch. Die Seele im Kör-*

per der Frau ist lebendig!« Einen Moment bitte! Ich rede von Spiritualität, von dem, was Spirit sieht, wenn ihr von der anderen Seite des Schleiers kommt und euren ersten Atemzug macht. Ein Kind im Mutterleib hat keinen freien Willen und keine freie Wahl. Dieses Kind ist bis zu seiner Geburt an die Entscheidungen der Mutter gebunden. Es ist eine Seele, die sich auf den freien Willen vorbereitet, und es gibt viele spirituelle Attribute dahingehend, wie diese Seele reagiert (darüber haben wir bereits gesprochen). Doch jetzt rede ich vom Leben in der Polarität [Dualität], vom freien Willen.

Wir wollen kurz auf das Kind im Mutterleib eingehen, denn da gibt es einen Prozess, den ich euch nahebringen möchte. Ich möchte über die Schwangerschaft nach den ersten 240 Tagen reden. Ab diesem Zeitpunkt verfügt das Kind über *perfekte DNA.* Es hat seinen ersten Atemzug noch nicht getan. Die DNA hat noch nicht die Energie auf dem Planeten gemessen, denn sie ist noch eingekapselt. War euch das klar? Im Mutterleib ist ein perfektes Kind. Die DNA des Kindes hat alle Attribute der Akasha und jeden Elternteils, aber auf eine andere Weise, von der euch nichts gesagt wurde. Die DNA ist zu 100 Prozent so, wie sie entworfen wurde. Die Quantenanweisungen in der DNA sprechen zur Biologie des Kindes, das sich auf seinen ersten Atemzug vorbereitet. Jetzt enthülle ich dir, Todd, Yawee, was du bereits weißt.

Erklärung des Tempels der Verjüngung

Im Tempel der Verjüngung werden zwei Menschen quantenhaft verschränkt. Einer ist das »Ziel«. Der andere ist die »Vorlage« oder das »Muster«. Lebensverlängerung durch das Wissen um die DNA, welches Yawee hatte, bedeutete, das Ziel mit der Vorlage zu verschränken und bestimmte Attribute vom einen auf den anderen zu übertragen. Das könnte nur mithilfe einer DNA mit einem Quantenattribut funktionieren, und so ist es. All unsere Unterweisungen seit über zehn Jahren drehten sich darum, dass die 90 Prozent der DNA, die nicht codiert sind und als »DNA-Müll« betrachtet werden, ein Satz von Quantenanweisungen sind. Deshalb muss das DNA-Molekül Quantenattribute haben, die noch auf ihre Entdeckung warten; aber sie sind sehr real und haben mit Instruktionen für die Chemie der über drei Milliarden Teile des DNA-Moleküls zu tun. Das gilt insbesondere für die genproduzierende Chemie der proteincodierten Teile. Zwecks Vereinfachung sage ich: Die DNA ist aktiv dynamisch und kann die Realität von allem, was ihr für »normal« haltet, verändern.

Yawee, du hast die Attribute des *Ziel-Menschen,* der sich mit dem *Vorlagen-Menschen* verschränkt, sehr gut erklärt. Jetzt enthüllen wir, dass die Vorlage erstens eine Frau war und dass diese Frau zweitens schwanger ist. Ihr habt …

Todd unterbricht: … *die Quelle der perfekten DNA-Vorlage!*

Das ist richtig! Das Geheimnis des Tempels der Verjüngung besteht also aus zwei Geheimnissen: 1) Die DNA auf der Erde ist im ungeborenen Kind perfekt, und ihr könnt einige Attribute dieser Perfektion übertragen, bevor das Kind die Energie des Planeten assimiliert. 2) Ihr könnt durch Quantenkommunikation mit dem DNA-Molekül das Leben verlängern und besser heilen. Seht ihr, was das impliziert? Das weise, göttliche Feminine, das ein Kind trägt, ist das Einzige, was auf dem Vorlagentisch liegen könnte. Versteht ihr so langsam die Schönheit, die darin liegt, die Implikationen, und wohin das führt?

In der Mainstream-Wissenschaft wird alles Mögliche passieren. Erstens findet ihr einige Geheimnisse der DNA heraus, und sie haben mit dem Embryo zu tun. Achtet darauf: Die Wissenschaftler werden die Embryozellen und die ihnen innewohnende Magie entdecken! Wie ihr bereits wisst, gibt es in der Plazenta ungewöhnliche Stammzellen. Und euch ist auch bekannt, dass die vorprogrammierten Stammzellen von Erwachsenen sich nach wie vor im Körper befinden. Doch wie steht es um die DNA des ungeborenen Kindes? (Ihr Intellektuellen, bitte lest weiter, denn wenn ihr jetzt aufhört, werdet ihr nicht mehr zur Ruhe kommen!) Zweitens: Deine Arbeit heute, Yawee, wird für die »perfekte Vorlage« stehen, ohne den Einsatz dessen, was du in Lemurien verwendet hast. Deshalb bist du der Mensch, der das tun wird. Das ist ein weiterer Grund, warum du hierhergekommen bist, perfekt für das

Jahr 2012 und darüber hinaus. Diese Embryozellen des ungeborenen Kindes sind außerhalb der Reichweite der Gesellschaft. Sie könnten sich genauso gut auf dem Mars befinden, denn keine Wissenschaft wird versuchen, diese Zellen auf dreidimensionale Weise zu nutzen, und das ist derzeit ja alles, was ihr könnt. Und wenn sie es versucht, wird es sowieso nicht funktionieren.

Es gibt Quantenprozesse, über die ihr etwas erfahrt, die nicht nur nicht invasiv sind, sondern auch hilfreich und nützlich, und die es möglich machen, Attribute von einer biologischen Zelle auf eine andere, von einem Menschen auf einen anderen zu übertragen. Denkt einmal »drahtlos« [wieder Kryon-Humor]! Was eurer Meinung nach einmal 1000 Kilometer lange Kabel benötigte, wird nun über Satelliten erledigt. Das ist eine Analogie, die aufzeigt, dass ihr zu einem ganz neuen Verständnis der Energieübertragung gelangt.

Wir wollen kurz über die Mutter in dieser Vorlage sprechen: Die Frau auf dem Tisch damals, die die »Vorlage« ist, hat sozusagen in der »lemurischen Lotterie« gewonnen [Kryon ist jetzt witzig], denn sie weiß, ihr Baby, welches mit einem anderen Menschen verschränkt ist – egal, wie alt oder wie krank dieser Mensch ist –, erzeugt eine Erweiterung dessen, wer das Baby sein wird. Das ist kompliziert, aber der Prozess der Hilfestellung für den anderen Menschen wird in die Akasha des Babys eingeprägt, und das Kind wird mit einem Heiler-Attribut geboren werden. All das ist komplex und kontrovers und auch überintellektuell, denn eure 3-D-Hirne werden wie wild versuchen, daran etwas Falsches oder irgendwelche Fehler zu finden.

Alles, was ich euch sagen kann, ist: Ein Quantensystem ist nicht linear, und eure Logik wird in die Knie gehen, wenn ihr versucht, das alles zu analysieren. Könnt ihr euch Zeit in einem Kreis vorstellen? Könnt ihr euch vorstellen, wie ihr an zwei Orten gleichzeitig seid oder sogar eure Molekularstruktur willentlich verändert, um Teil eines anderen Objektes zu sein? Wenn nicht, dann ist es euch nicht erlaubt, euch ernsthaft darüber zu äußern. Denn all diese Dinge sind Teil der Quantenmöglichkeiten der DNA. Wenn ihr mir nicht glaubt, fragt einfach einmal einen Plejadier [wieder kryptischer Kryon-Humor]!

Nun, Yawee, verstehst du, was du damals gemacht hast? Brauchst du weitere Antworten?

Todd: *Na ja, brauche ich welche? Ja!*
[Gelächter.]

Yawee, wovon träumst du? Was träumst du zu wissen, was du nicht weißt?

Todd: *Ich träume von der Rekalibrierung der DNA und der kohärenten Ausrichtung, die es uns ermöglicht, uns freier zu bewegen, so, wie meiner Vermutung nach sich die Plejadier im Quantenzustand von einem Ort zum anderen bewegen.*

Natürlich würdest du diese Frage stellen, denn du siehst ein viel umfassenderes Bild aufgrund dessen, was deine Akasha-Chronik sieht und erinnert. Und du weißt auch, dass es möglich ist. Doch in der Zwischenzeit fragen sich alle hier dasselbe in Bezug auf das, was sie gerade gehört haben: *»Wo können wir eine schwangere Frau finden und das jetzt hier machen?«*

[Gelächter.]

Es geht weit darüber hinaus, und die Plejadier wussten das. All diese Informationen kamen ursprünglich von ihnen und wurden an dich, Yawee, weitergegeben. Das war für damals, nicht für die Jetzt-Zeit. Die Plejadier brauchen keine schwangere Frau, um zu tun, was sie heute tun. Auch sie haben DNA, aber sie ist in einem voll ausgebildeten Quantenzustand – einem Zustand, der das Potenzial der menschlichen Rasse darstellt.

Ich möchte euch daran erinnern, dass mein Partner euch in der Vergangenheit Botschaften über die *Haltung* der Physik durchgegeben hat. Jetzt sind wir wieder bei der Polaritätsdiskussion zu Beginn dieses Channelings. Diese *Haltung*, Yawee, ist der natürlichen Erfindung, die du entdeckt hast, eingeprägt. Physik ist aktiv und sucht nach Balance. Das heißt, jedes von dir mit deinem Prozess erzeugte Feld hat die Attribute – Achtung! – einer *perfekten DNA.* Es sieht bereits die Attribute der Blaupause des ungeborenen Kindes. Du brauchst keine schwangere Frau. Die Attribute können auf den Menschen übertragen und von diesem Menschen empfangen werden in einer beliebigen Position, die seine Zellstruktur absorbieren kann.

Du hast in deiner Arbeit ein Quantenfeld mit diesen plejadischen Attributen erzeugt, und die Zellen *lauschen,* wenn sie ihnen ausgesetzt sind. Das ist noch nicht feinjustiert, aber du wirst schließlich herausfinden, wie das geht. Und dann hast du die Regenerierungsmaschine der Zukunft, ohne einen *Vorlagen-Menschen,* sondern stattdessen mit den Attributen des *Vorlagen-Menschen.*

Dieser und weitere Prozesse werden auch von der Wissenschaft erkannt werden. Du wirst nicht allein sein. Es ist nicht stimmig, dass du als Einziger das Geheimnis des Lebens kennst, es wird also noch andere geben. Studien an Tierembryonen werden unternommen werden, um das zu enthüllen, was die Menschen in die Lage versetzt, Gliedmaßen nachwachsen zu lassen, und viele weitere Dinge, über die wir seit über 20 Jahren sprechen. Das zieht eine noch größere Frage nach sich: *»Was ist die wahre Rolle der Tiere auf dem Planeten? Werden sie wiedergeboren?«* Diese Frage wird ein andermal beantwortet. Ihr werdet sehen, solche Dinge werden schon bald geschehen, ebenso der Einsatz von erwachsenen Stammzellen auf eine viel umfassendere Weise. Und da ist es, es liegt alles vor euch und hat auf das Jahr 2012 gewartet.

Yawee, eines deiner Attribute besteht darin, dass du mit den Plejadiern *lebst.* Du bist nach wie vor mit ihnen verschränkt, und zwar nicht in 3-D. Sie wollen wieder die Töne hören, die sie vor 26.000 Jahren vernommen haben. Sie sind bereit dafür. Und wenn dieses Signal ausgesandt wird, besagt es: *»Die Menschheit ist angekommen und wird bleiben.«* [Die Rede ist von Todd Ovokaitys' Lemurischem Chor zur Wintersonnenwende 2012.]

Das ist also die Botschaft dieses Tages. Manche werden sagen: *»Zu viel Wissenschaft, Kryon!«* Andere werden sagen: *»Jawohl, die Schönheit des Systems des Schöpfers liegt auf der Hand!«* Meine Lieben, lasst euch von den wissenschaftlichen Einzelheiten nicht abschrecken! Ihr müsst das nicht wissen und verstehen, doch wir bitten euch, es zu feiern! Denn Gott der Schöpfer ist der Meisterphysiker des Universums und hat anhand dieser Werkzeuge das System des Lebens und die Balance der Liebe geschaffen. All das wird das menschliche Leben und Verständnis erweitern. Und noch einmal sage ich euch: Der Zwischenraum zwischen dem Kern und dem Elektron eines jeden einzelnen Atoms ist mit Gottes Liebe angefüllt. Das ist die Suppe des Schöpfers, gemacht für das Leben und bereit, euch an der Hand zu nehmen, wenn ihr das wollt. Das ist die Neukalibrierung des Wissens auf dem Planeten und der erste Schritt hin zu einem Quanten-Paradigma. Macht euch bereit dafür!

Ich habe keine Uhr. Ich kann euch nicht sagen, wann das passiert. Ich kann euch nur sagen, dass es bereitsteht, und das war nicht der Fall, als wir vor Jahren mit euch begonnen haben. Wir haben gemeinsam die Schwelle überschritten, und jetzt beginnt die Arbeit.

Und so ist es.

Kryon
(Boulder/Colorado, Januar 2012)

Für alle, die danach gefragt haben ...

Eine der Fragen, die für mich besonders schwer zu beantworten sind, lautet: *»Wie ist das, wenn du da auf dem Stuhl sitzt?«* Die wahre Antwort heißt: Sie würden es nicht glauben, wenn ich es Ihnen erzählen würde.

Das war bislang die Standardantwort. Es war einfach zu persönlich und zu schwierig, darüber zu sprechen (bzw. zu schreiben). Doch jetzt werde ich es tun. Es ist an der Zeit, einen kompletten Bewusstseinsstrom übernehmen zu lassen und Sie dies wissen zu lassen. Aber das ist nichts, was man so nebenbei lesen kann. Machen Sie sich also bereit.

Lee Carroll

3

Die Channeling-Erfahrung

Lee Carroll

Ich sitze auf dem Stuhl, und es ist ganz still. Es ist egal, wie viele Menschen sich im Publikum vor mir befinden. Ich habe das schon vor vielen Leuten gemacht, aber auch in der Wildnis, wo nur ein paar wenige Menschen anwesend waren. Ich habe das Gefühl, die Brücke zu überqueren, und immer ist da ein Zögern.

Gleich trete ich in einen Realitätsnebel ein, den man nicht beschreiben kann. Klar kann man das Channeln erlernen, aber niemand wird Ihnen das beibringen, was ich fühlen und sehen werde. Der Nebel ist dort, wo die Liebe ist – ein Ort, an dem man bleiben möchte. Der dreidimensionale Geist ist darauf nicht vorbereitet, und ich habe über zehn Jahre gebraucht, um zu dieser Reinheit zu gelangen, zu diesem Platz, wo ich zwischen dem hänge, was ich in 3-D weiß, und dem, was ich als Kind Gottes »weiß«. Wie erkläre ich den Dimensionswechsel jeder Zelle, der mir zugeflüstert wird? Während ich channele, verändert sich meine Zellstruktur …, oh, welches Gefühl! Ich halte die Augen geschlossen, doch plötzlich habe ich keine Augen mehr. Manche Menschen können mit offenen Augen channeln, ich aber nicht. Spirit hat die Filter der Dreidimensionalität weggenommen und mich aus meiner Realität hinausgeführt, aber ich stecke immer noch in meinem Körper. Niemand kann das lehren. Es gibt keine Möglichkeit, jemandem beizubringen, rein zu werden und alles, was man gelernt hat, hinter sich zu lassen. Man kann nicht lehren, zurückzuschauen und nur eine Seite der Dualität zu sehen. Man hat die Küste verlassen und blickt zurück auf die Essenz des Menschseins, in die man nicht mehr involviert ist.

Leserinnen und Leser, spürt die Stille, während ihr dies lest! Dort, wo ich bin, gibt es keinen Klang. Es ist das Gefühl einer Art Brise, ein flüsternder Wind mit einer Botschaft, die ich nicht entschlüsseln kann, und doch kann ich es. Eine vertraute Stimme in einer mir ach so wohlbekannten Sprache, aber ich kann mich nicht so recht daran erinnern. Noch channele ich nicht, oder doch? Es gibt keinen zeitlichen Bezugspunkt, und ich spüre etwas anderes, etwas Großes. Was ist es? Welchen Teil von mir werde ich gleich treffen?

»Wer ist da?«

Die Botschaft an meine Zellen wird auf einmal überbracht …, nicht durch Klang. Spreche ich bereits, dort auf dem Stuhl? Ist das wichtig? Werde ich in meine Realität zurückkehren? Ist das wichtig? Plötzlich höre ich eine Stimme, sie ist von mir getrennt, aber es ist Lees Stimme. Sie klingt seltsam, denn es ist nur eine von vielen Stimmen in mir. Meine Akasha wird von der Wahrheit dessen, was geschieht, zum Klingen gebracht, und die flüsternde Stimme wird lauter.

»Seid gegrüßt, meine Lieben, ich bin Kryon vom Magnetischen Dienst.«

Fange ich wirklich gerade erst an? Ich bin doch schon seit Langem im Nebel! Ich weiß, wo ich bin! Ich war schon oft hier. Müsste ich Angst haben? Das ist der Weg ins Licht, den wir letztendlich alle gehen! Viele sind auf die eine oder andere Art an diesen Ort gelangt. Das weiß ich. Wenn wir unseren letzten Atemzug tun, dann gehen wir dorthin. Alles, was real ist oder jemals real war, ist stillgelegt, und der flüsternde Wind führt uns entlang des Weges ins Licht. Doch in meinem Fall gibt es keinen Weg, denn ich habe mich einverstanden erklärt, hinein- und wieder hinauszugehen. Aber eigentlich gibt es doch eine Art Weg, wo ich anhalte und warte.

Ich spüre die Menschheit vor mir im Raum, aber ich spüre ihre Akasha und nicht ihre physischen Körper. Lee spricht jetzt. Ich höre zu und erinnere mich, das ist meine Abmachung mit Kryon. Ich bin nicht woanders. Ich bin hier bei Lee. Aber ach, diese flüsternde Stimme! Ich will nicht von hier weggehen, nie wieder.

Viele sind auf ihrem Weg zu einem anderen Ort hierhergelangt. Manche leugnen diese Realität. Manche haben das Gefühl, sie seien tot. Manche haben Angst, aber die meisten fühlen sich voller Frieden. Der Weg führt nur in eine Richtung, und die Brise bläst hin zum Licht. Manche gehen bis zum Rand des Lichts und kehren dann um. Aber wenn du einmal die Stimme dieses Windes gehört hast, bist du nie mehr derselbe.

Was geschieht mit Menschen, die auf eine Reise mitgenommen werden, wo die Realität dort, wo sie dann sind, stärker ist als die Realität des Menschseins, wie sie es kennen? Wie kann das sein? Die Antwort lautet: Sie sehnen sich nach dem »realen« Ort, auch wenn sie in ihren Körper zurückkehren. Niemand kann dich davon abbringen, denn du hast es erfahren und weißt, dass es »da draußen« ist. Du hast die Realität deines Platzes im Universum gefühlt, und das menschliche Leben wird einfach zu einem Umweg auf dem Weg dorthin.

Seit Jahren berühre ich das Gesicht des Windes, aber erst seit vier Jahren erlaubt mir Kryon, darin zu verweilen, ihm zu lauschen und von ihm verzehrt zu werden.

Der Nebel wird dichter, doch ich habe keine Angst davor. Ich übe das seit zwei Jahrzehnten und weiß jetzt, dass ich zurückgehen kann. Ich habe niemals Angst. Niemals. Lee spricht weiter, und irgendwie bleibe ich mir dessen bewusst. Die den Menschen übermittelte Botschaft ist sehr elementar. Es ist das 3-D-ABC eines Quantenalphabets, welches unendlich ist. Wie kann ich das erklären? Die Sprache wird zu etwas Größerem, fühlt sich an wie der Atem Gottes, meine Nahrung und meine Stärke, der Kern von allem, was ist. Ich will hierbleiben. Hier ist alles gut.

Kryon weiß, wann er aufhören muss. Viele Menschen können stundenlang channeln, aber ich nicht. Die meisten Kryon-Channelings dauern nicht einmal eine Stunde, manche sind sogar viel kürzer. Warum? Es liegt an meiner begrenzten Fähigkeit, im Wind zu verweilen, ohne mich dem Flüstern zu überlassen, welches mir sagt, ich bin *zu Hause.* Meine Vorfahren sind hier. Je länger ich verweile, desto mehr klart der Nebel auf. Ich kann sehen, wer ich bin und wer ich gewesen bin. Meine DNA dehnt sich aus, damit ich die Großartigkeit meiner Reise »sehen« kann. Diejenigen, die die Saat in mir angelegt haben, beginnen, mir zu erscheinen.

Lee spricht immer noch, aber das ist jetzt nicht mehr wichtig. Die flüsternde Stimme wird zur Musik. Bitte, bitte, lass mich dieses Lied hören und erkennen! Ich kenne dieses Lied! Ich bin auf einem anderen Planeten, aber ich bin nicht. Ich bin überall, aber ich bin nicht. Das Lied ist über die Maßen schön. Es ist das Zuhause. Dort ist die Herrlichkeit. Die Zellteilung hat aufgehört. Das Altern hat aufgehört. Wer weiß, was noch alles aufgehört hat? Wen kümmert es? Ich bin auf der Brücke, aber noch habe ich den Haltegurt an. Er zieht an mir, und sein Silberglanz zieht an meinem Herzen. Warum muss ich zurückkehren? Wenn ich doch zu Hause bin, warum muss ich zurückkehren? Wie lange noch hält mich der Haltegurt an meinem Menschsein fest?

Die Musik wird etwas lauter, und gerade beginne ich zu »hören«, was es sein könnte. Wie kann Licht Musik sein? Wie kann ich Licht hören? Du meine Güte!

»Und so ist es.«

Ich bin zurück. Ich sitze auf dem Stuhl. Es ist vorbei, und oft fühle ich eine Traurigkeit, die ich niemandem zeigen kann.

* * *

Diese Zeilen müssen viele Menschen lesen. Eines Tages, meine lieben Freunde, werden wir alle wieder auf diesem Weg wandeln. Auch ich, zum letzten Mal als Lee. Wenn das geschieht und der Haltegurt gelöst wird, werde ich die Musik hören und mich an alles »erinnern«. Ich werde die Stimme im Wind hören, und das Lied wird mir bekannt sein. Dann werde ich zu Hause sein. Im Tod dehnen sich die Quantenteile unserer DNA aus und berühren das Antlitz Gottes. Teile davon kehren zurück in die *Höhle der Schöpfung,* andere Teile gehen zur eigentlichen schöpferischen Quelle zurück. Unsere Seele ist lebendig, lebendiger als je zuvor, frei und nicht mehr an einen gebrechlichen Körper gebunden, den wir all die Jahre mit uns herumgeschleppt haben. Da ist Loslassen und Freude. Da ist Verständnis und unendliche Weisheit. Jeder von uns ist einmal an der Reihe, denn das ist der Lauf der Dinge – für uns alle. Woher ich das weiß? Weil ich so oft dorthin gehe, es gesehen und gespürt habe. Kryon erlaubt mir, zu sitzen und zu beobachten und zu »wissen«.

In der Zwischenzeit werden die Zurückgebliebenen von Kummer überwältigt, denn in ihrer Welt sehen sie nur den Verlust, die Trauer und die Einsamkeit. Wenn sie doch nur auf ihre eigene Akasha-Chronik zurückgreifen und sich erinnern würden …, erinnern! Der Tod hat keinen Stachel. Selbst das Wort ist klinisch, denn auf der Seelenebene gibt es lediglich einen Übergang, und der Übergang namens »Tod« ist etwas Herrliches! Das Leben ist nur das, was wir darunter verstehen, doch in Wahrheit leben wir alle auf ewig.

* * *

Oft sind meine Seminare nach einem Kryon-Channeling zu Ende. Bei kleinen Gruppen bitte ich die Leute meist, dass sie ohne mich die Gruppe auflösen; wenn sie wollen, können sie auch noch bleiben und meditieren. Das gibt mir die Möglichkeit, vom Berg »herabzuklettern« (wie sie sagen) und mich neu zu kalibrieren. Bei größeren Seminaren, in denen ich im Team arbeite, verlasse ich die Bühne oft lange vor meinen Mitarbeitern. Peggy Phoenix Dubro, Robert Coxon und Todd Ovokaitys bleiben dann häufig noch. Sie tanzen, tauschen Grüße aus und nehmen sich zehn Minuten Zeit zum Verabschieden. Ich kann das nicht. Ich höre noch immer den Wind und versuche auseinanderzusortieren, was meine Realität ist.

Dies ist das erste Mal, dass ich das überhaupt jemals zugegeben habe. Wenn Sie das im Laufe der Jahre so erlebt haben, dann kennen Sie jetzt die ganze Geschichte. Wenn Sie also sehen, wie ich schnell die Bühne verlasse, dann wissen Sie jetzt warum.

Jetzt geht es um etwas Großes!

Noch immer haben wir Januar und sind auf einem Kreuzfahrtschiff in Patagonien unterwegs, dem südlichsten Zipfel von Südamerika. Kryon erklärt uns, wie das Sonnensystem und sogar die Zeit sich neu kalibrieren.

Lee Carroll

4 Die Rekalibrierung des Universums

Seid gegrüßt, meine Lieben, ich bin Kryon vom Magnetischen Dienst. Ich möchte euch so viel sagen, aber wir werden wieder schön sanft anfangen. Wir achten die Energie im Raum. Wir erzeugen eine Blase der Weisheit um uns herum, sodass jene, die hören wollen, uns hören. Wir sprechen zu vielen, nicht nur zu jenen im Raum. Ehrt diesen Moment, denn er ist für euch. Es sind keine unnützen Informationen. Sie sind mit einem zutiefst menschlichen Stempel versehen. Das heißt: Egal, was ich euch sage, ihr habt es erschaffen. Ich bin mir bewusst, dass diese Botschaft in zwei Sprachen [Englisch und Spanisch] durchgegeben wird. Die Informationen sind komplex und doch einfach. Ihr müsst gut zuhören, um Konzepte zu verstehen, die von denjenigen auf dieser Seite des Schleiers, die wissen, wer ihr seid, im Voraus erstellt wurden.

Auf diesem Planeten geht ein Umbruch vor sich. Wenn ihr wirklich alte Seelen seid, hat das auf euch Einfluss, und jeder von euch wird auf andere Weise beeinflusst. Das heißt, jeder von euch reagiert auf andere Weise auf die Energie. Alte Seelen zeichnen sich durch etwas sehr Interessantes aus. Sie sind zwar alte Seelen, aber das bedeutet, dass jede von ihnen völlig unterschiedliche Erfahrungen aus ihren Lebenszeiten mitbringt. Jeder Einzelne von euch reagiert also ganz individuell auf die Energie des Wandels des Planeten. Doch ihr alle spürt etwas Interessantes: eine Erweiterung eurer Weisheit und eures Wissens und das Gefühl, die Energie auf dem Planeten bewege sich auf euer Bewusstsein zu und nicht weg davon.

Wir haben ja schon davon gesprochen, wie sich die Menschen rekalibrieren, und jetzt kommt etwas, was ihr nicht erwartet habt – nämlich Informationen darüber, wie sich das Universum rekalibriert. Die euch heute übermittelte Prämisse ist schwierig, denn sie umfasst Konzepte außerhalb der Dreidimensionalität. Und deshalb werde ich langsam vorgehen.

Zeit

Wir beginnen mit den Prophezeiungen über die Energie, in der ihr seid. Stellt euch eine Rennbahn mit Autos vor, und zwar eine sehr große Rennbahn. Sie ein Mal zu umrunden dauert Jahre. Die Fahrer werden müde. Manchmal steigen sie aus, und ein neuer Fahrer wird eingewechselt. Manchmal ermüdet der neue Fahrer, und der vorherige Fahrer übernimmt wieder. In manchen der Rennautos sitzen also erfahrene Fahrer, in manchen nicht. Die Fahrbahn ein Mal zu umrunden, kostet sie unter Umständen Jahre. Ein Teil der Rennstrecke ist schwierig und voller Löcher. Manche Fahrer sehen diese Löcher nicht, und die ganz neu eingewechselten Fahrer fahren in die Löcher hinein. Die älteren Fahrer wissen, wie sie sie zu umfahren haben. In eurer dreidimensionalen Wahrnehmung fällt euch eine solche Vorstellung nicht schwer. Doch das ist eine Metapher für die Zeit.

Die Rennstrecke steht für euer dreidimensionales Zeitkonzept, welches ihr euch als eine gerade Straße vorstellt. Jetzt nehmt einmal an, ihr seid einer der Fahrer in einem der Autos und seid euch des Kreises nicht bewusst. Und ihr seid die Strecke schon viele Male gefahren. Der neue Fahrer meint vielleicht, die Strecke sei gerade und höre nie auf, denn sie verschwindet am Horizont. Doch als alte Seelen wisst ihr, dass die Strecke wirklich sehr, sehr lang ist und ihr die Krümmung einfach nur nicht sehen könnt, ähnlich wie die Krümmung der Erdkugel. Als alter Seelenfahrer wisst ihr, wo die schwierigen Punkte auf der Strecke sind. Und ihr erkennt in dieser Metapher, wenn ihr weiterfahrt und vorne aus dem Auto schaut, dass ihr gleichzeitig in die Zukunft und in die Vergangenheit blickt. Das ist eine der Prämissen, die ein dreidimensionaler Geist nicht begreifen kann: dass ihr, wenn ihr die Zukunft verändert, auch hinüberfahrt und die Vergangenheit verändert. Nur diese Prämisse erklärt, wie die Prophezeiungen für das Jahr 2012 überhaupt geschehen können.

Doch das Jahr 2012 ist einfach nur eine der schwierigen Stellen auf der Fahrstrecke, und die Ahnen wussten, dass diese Stelle kommen würde. Sie konnten ein Problem auf der Strecke vor ihnen voraussagen, weil es Teil eines Kreises war. Das ist ein bekanntes Zeitphänomen, und ihr könntet es *fraktale Zeit* nennen, wenn ihr wollt. In der vergangenen Menschheitsgeschichte führten manche dieser schwierigen Stellen tatsächlich zur Auslöschung der Menschheit, andere haben zum Neubeginn des Menschseins geführt.

Die Energie, in der ihr euch jetzt befindet, hatte das Potenzial einer Dualität. Ihr hättet entweder wieder von vorne anfangen oder etwas auf dem Planeten noch nie Dagewesenes in die Wege leiten können. Vor 23 Jahren sagten wir euch: »Stellt euch auf einen Umbruch ein! Stellt euch darauf ein, dass sich das Wetter ändert!« Das ist nun geschehen, und zwar nicht, weil Kryon oder die Propheten sagten, das würde passieren, sondern wegen der alten Seelen, die die »schwierige Stelle« kommen sahen. Sie hatten den Kreis der Zeit schon einmal umrundet und wussten, wo es Probleme gab. Für sie war es »bekanntes« Terrain.

Von dem, was ich euch sagen kann, ist wohl Folgendes am schwersten zu begreifen: Während ihr diese Schwierigkeiten umfahrt und auf der Strecke weiterfahrt, verändert ihr die Energie der gesamten Fahrstrecke. Deshalb verändert ihr auf eurem Weg in die Zukunft die Vergangenheit. Dieses Konzept ist nicht einfach zu verstehen, erklärt dem linear denkenden Geist aber viel von dem, wie diese Dinge sein können. Denn in eurer dreidimensionalen Wahrnehmung meint ihr, eure Erfahrungen in der Zukunft seien ein Produkt dessen, was in der Vergangenheit geschehen ist. Ihr geht nur in eine Richtung, und eure Erwartungen sind geradlinig. Alles, was ihr habt, sind eure vergangenen Erfahrungen – und sie sind nicht gut genug. Während ihr die Strecke verändert, verändert ihr auch die Regeln der Strecke. Was ich also vereinfacht sagen will, ist dies: Es gibt ein neues Paradigma vor euch. Alte Seelen werden es als Erste sehen, und sie werden die Saat für den Rest der Menschheit pflanzen. Die jungen Menschen werden es sehen, denn sie haben es in ihrem Akasha-Erbe. Langsam wird sich die Natur des Menschen verändern und sich auf eine neue Denkweise zubewegen, bei der ihr nicht nur von dem geleitet werdet, was eurer Meinung nach in eurer Vergangenheit geschah. Das ist ein erstaunliches Potenzial. Ihr seid nicht der einzige Planet, der das erlebt hat. Doch ihr seid der einzige Planet in eurer Galaxie, der das *jetzt* erlebt.

Das umfassendere Bild

Was ich jetzt sagen werde, ist esoterisch unglaublich. Eure Galaxie weiß, was hier auf der Erde geschieht! Ich spreche nicht von Lebensformen in eurer Galaxie; es geht vielmehr um die Physik dessen, was – wie ihr meint – in Form von »Gesetzen« und Regeln vorhanden ist. Das Universum wirkt an eurem Wandel mit, es hat ihn erwartet, denn deswegen seid ihr gekommen.

Jetzt wird es schwierig mit dem Erklären. Ihr denkt, Physik sei einfach das Regelwerk für die Funktionsweise der Dinge? Ich frage euch: Wie erklärt ihr euch das, was manche Astronomen als das *intelligente Design* bezeichnen? Entgegen jeder Wahrscheinlichkeit wurde das Universum erschaffen, um Leben hervorzubringen. Physik ist angeblich etwas Willkürliches, das willkürlichen Regeln folgt. Doch so geschah das nicht. Mit zunehmend besser werdenden Instrumenten erkannten die Astronomen auch, dass dem Design Intelligenz innewohnt.

Wie erklärt ihr euch das? Sie kennen nur die Mathematik. Das, was vor euren Augen liegt, was ihr eure *Galaxie* nennt, entspricht einem Würfel, der 10.000-mal hintereinander eine Sechs würfelt! Das ergibt keinen Sinn, denn es ist nicht willkürlich und folgt nicht der sogenannten *Glockenkurve* der Natur. Deshalb sagen die Wissenschaftler das, was sie sagen.

Hinter der Schöpfung muss eine führende Kraft gestanden haben. Verändert das euer Denken über Physik oder über das, was ihr vor euch seht? Ich werde euch sagen, wie die aktuelle Physik mit euch zusammenwirkt. Dieses Zeitfraktal ist seit Langem bekannt, und ihr hättet viele verschiedene Wege einschlagen können. Anders ausgedrückt, hattet ihr viele Bewusstseinspotenziale. Betrachtet die Prophezeiungen der Ahnen, die besagten, es werde einen Weltkrieg geben und die Menschheit werde ausgelöscht. Viele spirituelle Systeme sahen das Ende der Welt kommen, wo die Seelen eingesammelt würden.

Viele Systeme wollten euch zu einem bestimmten Glauben bringen, damit ihr »vorbereitet« seid – und nichts davon ist passiert! Sagt euch das nicht etwas über die euch bevorstehende Veränderung? Es entstehen andere Paradigmen des Denkens. Diese Paradigmen werden Probleme betreffen, die ihr bislang als »unlösbar« betrachtet.

Lasst uns mit ein paar unglaublichen Dingen anfangen.

Die Magnetik des Sonnensystems

Mein Partner, bitte mach jetzt langsam – für dich und auch für den Übersetzer. Vor 23 Jahren sagten wir euch, das Magnetfeld der Erde sei entscheidend für euer Bewusstsein. Magnetik ist eine Quantenenergie, ebenso wie Schwerkraft und Licht. Ihr seid von einem Quantenfeld umgeben, dem Magnetfeld der Erde. Wir sagten euch, mit der Veränderung des menschlichen Bewusstseins würde auch eine Veränderung des Magnetfelds einhergehen. Es muss sich ändern. Es muss das Gegenstück bilden zu dem, was ihr tut. Es muss sich darauf einstellen, das zu empfangen, was ihr tut. Wie kann sich das Bewusstsein dieses Planeten erweitern, wenn die Magnetik gleichbleibt? Das geht nicht. Also muss sich die Magnetik verschieben.

Es begann also mit der Verschiebung der magnetischen Ley-Linien eures Planeten; das ist inzwischen Geschichte, und ich habe das vor über zwanzig Jahren vorhergesagt. Wie eure Kompasse euch zeigen, ist all das, was ich gesagt habe, inzwischen eingetreten. Seit 1989 hat sich eure Magnetik stark verschoben.

Nun, da muss es noch mehr geben. Was, meint ihr, könnte die Magnetik eures gesamten Planeten noch verändern? Sie muss sich rekalibrieren, und dazu ist Hilfe vonnöten. Euer Sonnensystem ist der Motor der magnetischen Veränderung dieses Planeten. Wenn ihr ein bisschen etwas über die Funktionsweise des Sonnensystems und seine Energien wisst, dann wird das für euch einen Sinn ergeben.

Der Kern eures Sonnensystems ist die Sonne. Von ihr geht der sogenannte *Sonnenwind* aus, der fast ausschließlich magnetischer Natur ist, eine magnetische Energie, die im wahrsten Sinne des Wortes von der Sonne herausbläst und nur aus dem besteht, was die Sonne erzeugt hat. Diese magnetische Energie hat einen Namen: Es ist die *Heliosphäre.* Sie »bläst« diesen Magnetwind gegen die Magnetik eurer Erde, und dadurch verändert sich der Planet. Wenn die Energie auf der Erde immer gleichbleibt, dann wird sich nur sehr wenig jemals verändern. Oder wer es lieber ein bisschen technischer haben will: Die Magnetik der Sonne bläst gegen die Magnetik der Erde, und dadurch interagieren zwei Magnetfelder miteinander, und es kommt zur sogenannten *Induktanz,* die für die Wissenschaft nach wie vor ein Rätsel ist. Sie ist die »Suppe« sich überschneidender Magnetfelder, wodurch Energie- bzw. Informationsaustausch und Verstärkung ohne eine Stromquelle möglich ist. Das kommt auf der Erde viel zum Einsatz, aber die dazugehörigen Attribute werden als etwas Mysteriöses betrachtet.

Folgendes wird passieren: Achtet auf Veränderungen eurer Sonne! Ihr nennt sie vielleicht Sonnenstürme, aber es handelt sich dabei nur um eine Rekalibrierung für euch, und das macht euch Sorgen. Denn auf und um den Planeten herum gibt es jede Menge empfindlicher Elektronik, und diese Instrumente werden reagieren. Ihr verlasst euch darauf, dass das Magnetfeld eures Planeten immer gleichbleibt, aber es kann nicht gleichbleiben, wenn ein gigantischer Sonnensturm stattfindet. Bestimmte Kommunikationseinrichtungen werden gestört. Eventuell fällt sogar das Stromnetz aus. Achtet auf die Sonne, denn sie befindet sich in einem Veränderungsprozess, und zwar durch *intelligentes Design,* die Liebe Gottes und des Schöpfers, wodurch sich euer Bewusstsein verändert. Es entwickelt sich eine neue Denkweise, und sie berührt buchstäblich das DNA-Feld eines jeden Menschen, wodurch sich die in der DNA enthaltenen Informationen verändern und der Mensch Attribute einer neuen, noch nie dagewesenen Realität aufgreifen und verstärken kann.

Jetzt werde ich noch physikalischer: Seit sehr langer Zeit ist etwas im Gange. Die Magnetik eures Sonnensystems verändert sich. Und das ist die Herausforderung: Findet diese Tatsache heraus! Ihr werdet das im wahrsten Sinne des Wortes an der Bewegung eures Sonnensystems im Weltraum sehen. Es kreuzt bestimmte Raumattribute, und dadurch verändert sich die Magnetik teilweise und ist anders als jemals zuvor. Dadurch wiederum verändert sich die Sonne. Erkennt ihr den Zyklus? Das eine verstärkt das andere in einem Fraktal zirkulärer Realität. Eure Bewegung um das Zentrum herum verändert euer Sonnensystem. Die neue Position des Sonnensystems verändert die Attribute der Sonne. Die Attribute der Sonne werden über die Heliosphäre zum Planeten geschickt, und das wirkt sich auf eure DNA aus.

Jetzt werden die Intellektuellen sagen: *»Also das ergibt doch keinen Sinn. Diese Prozesse, die sich bald auf die Erde auswirken,* *sind seit Äonen im Gange, bereit, sich mit dem Sonnensystem zu kreuzen – sie sind nicht ›einfach passiert‹. Anders ausgedrückt: Das wäre sowieso geschehen, ganz egal, ob eine Bewusstseinsveränderung stattfindet oder nicht.«* Ich akzeptiere dieses Argument, aber mit einer Erklärung. Stellt euch vor, im 17. Jahrhundert ist ein Raumschiff am Planeten vorbeigeflogen und hat Musik gesendet, hat auf den Planeten Radiomusik übertragen. Ich frage euch: War die Übertragung real? Ja, sie war real, sage ich euch. War die Musik schön und real? Jawohl. War das Raumschiff schon lange Zeit unterwegs? Jawohl. Und wie viele Menschen auf dem Planeten haben die Musik gehört? Die Antwort lautet: Kein Einziger! Weil nämlich der Radioempfänger noch nicht erfunden worden war. In diesem Beispiel war das Raumschiff schon immer unterwegs.

Seht ihr die Metapher? Die magnetischen Veränderungen wären auf jeden Fall geschehen, aber wenn die Erde nicht bereit dafür gewesen wäre, hätte kein einziger Mensch die Musik vernommen. Es gäbe keine Reaktion, und die Menschen würden genauso sein wie schon immer, wenn es überhaupt Menschen gäbe – denn wie manche sagen, wart ihr drauf und dran, euch wieder einmal auszulöschen.

Ihr verändert die Vergangenheit, indem ihr die Zukunft verändert. Ihr ordnet die Energie eures Sonnensystems neu und auch noch etwas anderes. Das ist für euch schwer zu begreifen, meine Lieben, aber wir sagen es euch trotzdem: Sehr, sehr weit von euch entfernt verändern sich die Dinge. Ihr glaubt das nicht, denn sie sind zu weit von euch entfernt, um von euch berücksichtigt zu werden, und in der Dreidimensionalität ist weit Entferntes nicht Teil eurer Realitätsblase. Aber sie sind quantenhaft mit euch verschränkt. Die gesamte Galaxie rotiert als eine einzige Scheibe, ganz gegen jede Intuition. Die Sterne und die Konstellationen kreisen nicht gemäß den Regeln der Newton'schen Physik, an die ihr in eurem Sonnensystem, in allem um euch herum, gewöhnt seid. Denn die Entfernung vom Zentrum hat keinen Einfluss. Alle Sterne rotieren mit derselben Geschwindigkeit, weil die Galaxie mit ihrem eigenen Zentrum verschränkt ist. In diesem Zustand gibt es keine Zeit und keine Entfernung. Der Bewusstseinswandel dieses Planeten hat das Zentrum der Galaxie verändert, denn das, was hier geschieht, ihr Lieben, ist dem Zentrum »bekannt«.

Für uns ist es interessant, wie eure Wissenschaft darauf reagiert. Wie ihr erkannt habt, fehlt beim »schöpferischen Geschehen«, der »Erschaffung« eures Universums, die Energie, die nötig war, damit es sich so bilden konnte, wie es sich gebildet hat. Und ihr habt auch gemerkt, auf welch ungewöhnliche Weise die Galaxie rotiert, wie ich ja gerade gesagt habe. Und ihr habt Berechnungen angestellt, die besagen, damit das alles so sein kann, muss dreidimensionale Materie fehlen, die ihr als *Dunkle Materie* bezeichnet habt. Wie lustig! Habt ihr wirklich gemeint, es könnte etwas Multidimensionales geschehen, was ihr jetzt beobachten und berechnen könnt, was von immenser Kraft ist, aber unsichtbar? Es ist überhaupt keine »Materie«, und es ist nicht dreidimensional. Es ist Quantenenergie.

Ich möchte euch etwas über Physik sagen und werde es wieder einfach machen. Alles, was eure Wissenschaftler in der Physik erkannt haben, geschieht paarweise. Im Moment gibt es in eurem dreidimensionalen Paradigma vier Grundgesetze der Physik, die zwei Paare von Energiearten repräsentieren. Doch irgendwann wird es sechs Gesetzmäßigkeiten geben. Im Zentrum eurer Galaxie gibt es etwas, was ihr ein *Schwarzes Loch* nennt, aber es ist nichts Singuläres; es ist eine Dualität. »Singularität« gibt es nicht. Man könnte sagen, es ist eine aus zwei Teilen bestehende Energie – sie besteht aus einer schwachen und einer starken Quantenkraft. Und das Seltsamste daran ist: Sie weiß, wer ihr seid. Es ist die »Schöpfermaschine«. Sie ist anders als in anderen Galaxien. Sie ist einzigartig.

Sogar die Physik eurer Galaxie richtet sich nach dem, was ihr hier macht. Die Astronomen können in den Kosmos hinausschauen und werden in unterschiedlichen Galaxien unterschiedliche Arten von Physik erkennen. Geht in den anderen Galaxien vielleicht etwas Ähnliches wie in dieser Galaxie vor sich? Diese Frage werde ich nicht beantworten.

Andere Denkweise

Liebe Menschen, das ist größer, als ihr meint! Alte Seelen, das ist größer, als ihr glaubt! Deshalb bitten wir euch inständig, auf diesem Planeten zu bleiben und eure Zellstruktur zu verändern, in eurer Akasha-Chronik zu »graben« und nach innen zu schauen! Anders ausgedrückt: Nehmt nicht die Vergangenheit her und projiziert sie auf eure zukünftige Realität, denn ihr seid nun in der Lage, Dinge zu tun, die ihr noch nie tun konntet. Gaia kooperiert. Das Universum kooperiert, und die Lichtarbeiter wechseln in ein Paradigma der Manifestation.

Körperlich werden viele von euch persönlich jünger statt älter. Ihr schafft Lösungen für Probleme, die ihr für unlösbar gehalten habt. Wie euch heute gesagt wurde, wächst eure Bevölkerung um mindestens eine Milliarde Seelen pro Jahrzehnt an. Was wird, wenn ihr die Vergangenheit betrachtet, also das Problem sein? Die globale Bevölkerungsexplosion. Und das führt, wie ihr meint, zu einem Mangel an Nahrung und Trinkwasser, zu Überbevölkerung und Hungersnöten. Eure Vergangenheit sagt euch, dass das passieren wird. Ihr lieben Menschen, lasst mich euch sagen, welche Annahme dem zugrunde liegt. Die Annahme für diese Schlussfolgerung ist, dass die Menschen einfach zu beschränkt seien, um es zu bemerken, und keine Ahnung hätten, wie sie das ändern könnten. Das ist die alte Wahrnehmung, basierend auf der alten menschlichen Natur. Passt auf, was passiert. Passt … auf …, was … passiert! Ihr werdet es schaffen und elegante Lösungen für die unlösbaren Probleme der Vergangenheit finden.

Das wird in fast allen wissenschaftlichen Bereichen geschehen und für ein längeres, gesünderes Leben ohne Krieg sorgen. Meine Lieben, es wird eine Zeit kommen, in der es auch keinen Terrorismus mehr gibt. Oh ja, es wird Ungleichgewicht geben, ihr Menschen. Das geht mit dem Leben einher. Aber nicht Land gegen Land oder spirituelle Gruppe gegen spirituelle Gruppe. Dafür legt ihr jetzt gerade den Samen, und das Universum weiß, wer ihr seid. Eure Galaxie hallt wider von eurem Sieg! Der Tod hat keinen Stachel. Ich sage euch: Ihr alle seid involviert und kommt für Äonen hierher. Alte Seelen beginnen, die neue Realität zu manifestieren. Ich habe keine Uhr. Ich kann euch nicht sagen, wie lange das dauern wird. Aber ihr habt in 18 Erdenjahren große Veränderungen bewirkt, denn das ist die Energie, die wir sehen.

Und übrigens, was geschieht mit dem Sonnensystem, wenn sich die Magnetik verändert? Jetzt erkennt ihr, wo sich auch die Astrologie verändern wird. Es wird Astrologie mit dem Quantenfilter betrieben werden. Das geschieht gerade. Und welches ist euer Quantenzeichen? Es unterscheidet sich von eurem dreidimensionalen Sternzeichen. Oh, ihr Lieben, es wird eine Zeit in der Wissenschaft kommen, da sind die Wissenschaftler in der Lage, anhand eines – wie ich es nenne – »Quantenfilters« das, was sie sehen, zu verändern. Es ist ein Filter, der für Teleskope entwickelt werden wird, wobei der eigentliche Filter unterkühlt wird. Die Astronomen werden damit in den Kosmos schauen können und zum ersten Mal Quantenattribute erkennen. Als Erstes werden sie im Zentrum der Galaxie zwei Dinge sehen, nicht eins. Als Nächstes werden sie die Farben sehen, die den Menschen umgeben. Und die Wissenschaft wird einen neuen Zweig begründen, genannt »Studium der menschlichen Aura-Energie«. All das wird kommen.

Wie lange wird all das dauern? Das hängt von euch ab. Pflanzt in der Zwischenzeit den Samen des Verständnisses, der Friedfertigkeit, der Wertschätzung und der Liebe. Lasst Wut und Drama nur langsam entstehen. Übernehmt die Attribute der Meister, und genau in diese Richtung verändern sich eure Fähigkeiten gerade. Werdet sanft in allen Dingen. Betrachtet euch mit anderen Augen. Es wird eine Zeit kommen, in der es keinen Krieg mehr gibt. Diejenigen hier im Raum und jene, die zuhören, werden wissen, dass ich recht habe. Achtet auf diese Dinge in eurer Wissenschaft. Wenn sie geschehen, erinnert euch an diesen Tag, an dem ich euch erzählte, wie es wirklich funktioniert.

Gesegnet ist der Mensch, der diese Botschaft als etwas Persönliches verstanden hat, nicht als etwas, das den Kosmos betrifft. Es geht um das innere Wesen und die Reise der Seele – und um das innere Universum.

Und so ist es.

Kryon
(Kryon Live-Channeling, Patagonien, Januar 2012)

Schwierige Themen!

In dieser Diskussion spricht Kryon davon, dass die Essenz dessen, an was wir gewöhnt sind, sich ändern muss. Licht und Dunkelheit sind etwas Absolutes … oder etwa nicht? Was können wir von den Regierungen für die Wirtschaft erwarten? Was hat das mit dem Gleichgewicht zwischen Licht und Dunkelheit auf dem Planeten zu tun? Alles! Werden Sie den Prophezeiungen Glauben schenken? Das Lustige daran ist: Diejenigen, die das in der Zukunft lesen, lachen darüber, wie viel davon schon passiert ist!

Lee Carroll

5 Die Rekalibrierung von Licht und Dunkelheit

Seid gegrüßt, meine Lieben, ich bin Kryon vom Magnetischen Dienst. Ich spreche zu jenen, deren Weisheit Eleganz hat. Ihr meint vielleicht, das seid nicht ihr, denn manche hier spüren das buchstäblich zum ersten Mal. Aber hier im Raum herrscht Eleganz, die Eleganz des Unterscheidungsvermögens, welches euch auferlegt wurde, damit ihr unterscheidet zwischen dem, was wahr ist, und dem, was nicht wahr ist – auch bei dieser Botschaft.

Auf diesem Planeten wird gerade Weisheit freigesetzt. All jene, die sich oder das, was heute geschehen ist [Kryon-Seminar], infrage stellen oder sich fragen, ob sie durch Wissen oder Energie manipuliert worden sind, sollten in sich gehen und die rohe, reine Energie der Liebe Gottes spüren. »Roh« insofern, als sie nicht durch einen Filter getrübt ist; ihr könnt sie als das sehen, was sie ist. Die Stimmigkeit aller Dinge offenbart sich, auch die eures Platzes auf der Erde, so wie ihr mit denen lebt, die mit euch leben, mit allem, was ihr gelernt habt. Eure Weisheit wird euch sagen, dass alles richtig und stimmig ist und ihr keine Fehler gemacht habt. Ihr seid weiser, als ihr meint!

Der Raum ist voller alter Seelen, und alte Seelen verändern auf diesem Planeten etwas. Mit ihrer Weisheit tragen sie energetisches Gewicht. Ihr seid diese alten Seelen, meine lieben Menschen. Aber hängt diesem Wandel keine Uhrzeit an, denn weder Spirit noch Gaia reagieren auf eure Uhr. Hängt diesem Wandel lieber das Mitgefühl Gottes an. Seht, was für euer Leben im Moment stimmig ist, dann tretet zurück und kreiert es. Hört darauf! Seht es geschehen. Macht einen Abstecher in die Zukunft, wo es passiert. Fühlt es in eurem Leben. Gesegnet sind die Menschen, die wissen, dass sie Teil des Plans und des Systems sind, denn dies sind die Menschen, die den Samen des Friedens auf der Erde pflanzen.

Die Energie der Rekalibrierung

Wir möchten mit der Reihe weitermachen, die wir »Die Rekalibrierung von allem« nennen. Wir haben euch früher bereits Informationen über die Rekalibrierung des Planeten, der Menschheit und sogar des Universums durchgegeben. Jetzt sprechen wir von der Rekalibrierung von Licht und Dunkelheit und davon, was das für euch bedeutet.

Bevor ich anfange, muss ich definieren, was ich mit Licht und Dunkelheit meine; und dann definiere ich auch, was ich unter der neuen Energie des Jahres 2012 verstehe. Wenn ich zu euch von Dunkelheit und Licht spreche, was denkt ihr dann darüber? Ich sage euch, was viele denken, weil sie es so gelernt haben: Sie denken an das Böse und das Gute. Sie versuchen, es in den entsprechenden Schubladen abzulegen, wo es – wie sie es mit ihrem linearen Denken gelernt haben – hingehört. Sie greifen auf die Mythologie zurück, die von einer Wesenheit mit einem Schwanz erzählt, welche versucht, ihre Seelen einzufangen, und von anderen geheimnisvollen Wesenheiten spricht, die für diesen Oberbösewicht arbeiten. Ich sage euch also nochmals: Diese Wesenheit, die hinter eurer Seele her ist, ist Mythologie, meine Lieben. Sie existiert in eurer Realität nicht! Aber da sagt ihr vielleicht: *»Nun mach mal langsam, Kryon. Sagst du etwa, das Böse existiere nicht?«* Nein, meine Lieben, das habe ich nicht gesagt. Was ich sage, ist: Die ganze Dunkelheit auf diesem Planeten stammt von Menschen. Ihr müsst Energie nicht einer mythologischen Kreatur zuweisen, um auf der Erde das Böse zu haben. Das Allerdunkelste kann von Menschen erschaffen werden, wenn sie sich dazu entscheiden. Dunkle Macht kann entstehen, weil die Menschen mächtig sind und sie manifestieren können. Dunkelheit zu manifestieren ist nicht besonders schwierig.

Wie wir euch aber bereits gesagt haben, geht es um das Gleichgewicht zwischen Licht und Dunkelheit auf dem Planeten. Wer Licht in den dunklen Raum trägt, wird nicht von Dunkelheit umgeben sein, denn Dunkelheit wird definiert als *Abwesenheit von Licht.* Wenn allerdings nur wenige ein Streichholz haben, dann gibt es viel Dunkelheit. Davon seid ihr abhängig, denn ihr werdet in eben der Lichtbalance herumlaufen, die von der Menschheit erzeugt wird. Man könnte es ein *System* nennen. Alles Leben – wirklich alles – wird von der Licht-Dunkelheit-Balance beeinflusst, über die die Menschheit entscheidet. Die Definition von Dunkelheit und Licht hat mit der Balance des menschlichen Bewusstseins zu tun, denn es ist der Mensch, der auf dem Planeten Licht und Dunkelheit erzeugt. Das ist ein Konzept. Und das ist demnach das

Thema dieser Botschaft: *Was wird die neue Balance der Erdenergie für euch persönlich – heute – bedeuten?*

Zweite Definition: Die Energie des Jahres 2012 ist eine Schwelle, die Wahrnehmung eines scheinbaren Zeitrahmens, den ihr jetzt schon eine Weile überschritten habt, wodurch es einem Zusammenfluss von Energie erlaubt wird, die Realität zu verändern. Die Erde, also Gaia, beginnt, sich mit euch und für euch zu verändern, und die Energie des Planeten zieht in Gegenden, in die sie noch nie zuvor gezogen ist.

Der Umzug der Kundalini der Erde

Ich habe in der Gegend, die ihr *Peru* nennt, ein Channeling durchgegeben. Wir sprachen über die Prophezeiung der Ahnen, genannt *Die Reise der Gefiederten Schlange* oder auch *Die Zentrierung der Weisheit auf dem Planeten* bzw. *Der Umzug der Kundalini.* Die Kundalini ist eine Energie, die immer mit Bewegung und oft auch mit Fortpflanzung assoziiert wird; deshalb geht es in der Metapher um die Wiedergeburt der Menschheit. Im Rahmen dieses Umzugs steht die Zivilisation auf dem Spiel, und ihr habt diese Schwelle überschritten – eine Ausrichtung, von der viele meinten, sie würde nie geschehen. Dies war eure fünfte Chance, und jetzt, meine Lieben, steuert ihr auf das Potenzial des Friedens auf der Erde zu.

Vor 23 Jahren sagten wir euch, dies könnte geschehen und es gebe starke Potenziale dafür. Jetzt kämpft alles um euch herum damit, denn die Veränderung ist da. Ich sage das immer wieder: Die alte Energie der Dunkelheit stirbt nicht so leicht, sie schreit und kämpft, um das zu behalten, was sie hatte, und sie kämpft gegen ihren eigenen Untergang an. Das ist die Energie, von der wir jetzt sprechen, und es geht um das Thema *Balance des menschlichen Bewusstseins zwischen Dunkelheit und Licht.* Das wird auch *Dualität* genannt.

Wie wirkt sich das neue Gleichgewicht auf euch aus?

Wir wollen auf der persönlichen Ebene anfangen und dann auf umfassendere und dann auf noch umfassendere Ebenen eingehen. Zum Schluss werde ich eine Prophezeiung durchgeben, die wir noch niemals zuvor gemacht haben – ein Potenzial, das erst vor Kurzem aufgetaucht ist.

Meine Lieben, ich bin Kryon. Ich gebe euch Informationen der Liebe über den Planeten und eure eigene Energie durch. Ich übermittle euch niemals Informationen, die nicht bereits vorher im Potenzial menschlichen Bewusstseins erzeugt worden sind. Ziemlich oft werden Voraussagen getroffen, und dann treten sie ein. In diesem Fall könnte man das als Wahrsagerei betrachten, aber das ist es nicht. Es ist die Energie an diesem willkürlichen, chaotischen Ort, dem ihr den Namen *Quantum* gegeben habt, das Abwägen der Potenziale dessen, was mit euren Leben und der Erde geschehen könnte. Die Zukunft wird also getrieben von den Potenzialen, die ihr in eurem eigenen Bewusstsein als Zivilisation auf dem Planeten erschaffen habt – das ist keine Wahrsagerei, sondern eine Messung dessen, was ihr kreiert.

Vor 23 Jahren sahen wir die Potenziale der Jetzt-Zeit, denn ihr hattet damit begonnen, diese Dinge zu entwickeln, und es wurden die Samen gelegt für das, was ihr jetzt seht. Das ist wunderschön und gleichzeitig schwierig. Wandel geht immer mit Schwierigkeiten einher.

Ein optimal ausgeglichener Mensch wird sagen: *»Ich habe mein Gleichgewicht gefunden, und damit geht es mir gut.«* Da kommt jemand daher und sagt: *»Jetzt werden wir Veränderungen in die Wege leiten.«* Dann schreit der ausgeglichene Mensch: *»Nein! Ich bin im Gleichgewicht! Ändere bloß nichts!«* Denn Veränderung bedeutet, ihr legt ein Gewicht in die eine Waagschale und müsst lernen, es so zu verschieben, dass ihr wieder zentriert seid. Das ist immer unangenehm und mit viel Arbeit verbunden. Aber dieses Mal tut ihr das nicht. Dieses Mal ist es sogar noch schwerer! Das nennen wir Rekalibrierung.

Um euch zu erklären, was das bedeutet, gebe ich euch eine kurze rückblickende Zusammenfassung einer kürzlich übermittelten Botschaft [Channeling]. In einer älteren Energie seid ihr herumgelaufen und habt euch vor der Dunkelheit geschützt. Wenn ihr Heiler wart, habt ihr euch selbst vor denjenigen geschützt, die womöglich im Ungleichgewicht waren, psychische Probleme oder auch körperliche Krankheiten hatten. Ihr unternahmt dann eine Reihe von Maßnahmen, die euren Schutz gewährleisteten. Dafür gab es einen Prozess, ein Vorgehen. Jetzt sage ich euch: Diesen Prozess gibt es nicht mehr.

Wenn ihr ständig Licht erzeugt, dann hat die Dunkelheit keine Chance. Das haben wir immer wieder gesagt, und jetzt kommt das zu euch persönlich zurück: Wohin ihr auch geht, die Dunkelheit kann euch nicht berühren. Hört ihr mir zu? Sie kann euch nicht berühren! Die Essenz eures Lichts ist die Liebe Gottes, und ihr sendet sie aus, ihr Lichtarbeiter, ihr sendet sie aus! Nichts Dunkles kann hereindringen, solange ihr Licht aussendet!

Und jetzt sage ich euch, wie ihr garantiert damit *aufhören könnt, Licht auszusenden,* und zurückgeht anstatt voranzuschreiten, nämlich indem ihr sagt: *»Das kann ich nicht. Wer bin ich denn schon? Ich bin nicht würdig.«* Viele spirituelle Führer werden euch sagen, ihr seid nicht würdig und wäret schmutzig geboren worden, unwürdig, zu Gott zu sprechen. Sie erzählen euch, ihr müsstet leiden, um Gottes Aufmerksamkeit und Zustimmung zu erlangen. Doch Gott ist in euch, und die Meister der Liebe haben euch das auch gesagt. Deshalb seid ihr nicht schmutzig geboren, sondern voller Herrlichkeit! Wenn Gott in euch ist, dann ist das Licht in euch!

Wir wollen zu Punkt zwei weitergehen: Drama, Wut, Frust. Davon gibt es jede Menge. Wie viele von euch werden dabei mitmachen, wenn ihr diesen Raum verlasst? Es hängt von der Dualität ab, nicht wahr? Wenn ihr Lichtarbeiter seid, Leuchttürme auf diesem Planeten, die überall, wo sie hinkommen, das Gleichgewicht des Lichts verändern, dann werdet ihr direkte Macht über Wut, Frust und Drama haben. Ihr habt Macht darüber! Ihr könnt eure Mitmenschen nun einmal nicht ändern, das geht einfach nicht. Sie werden um sich schlagen und tun, was immer sie wollen, vielleicht auch wütend werden und ein Drama veranstalten oder versuchen, bei euch »die Knöpfe zu drücken«. Ich denke, ihr wisst, wen ich meine. Ich weiß, wer hier ist und wer dies liest. Das machen sie, um die Kontrolle über euch zu gewinnen, und wenn sie Einfluss auf euch ausüben können, dann seid ihr »zu Boden gegangen«, nicht wahr? Wenn sie dramatisch und ärgerlich genug werden können, um eure Knöpfe zu drücken, dann haben sie den Kampf zwischen Licht und Dunkelheit gewonnen. Dieser Kampf wird seit Jahren geführt, denn das Gleichgewicht zwischen Dunkelheit und Licht schwankt schon immer hin und her, aber oft neigt es sich dann Richtung Dunkelheit. Die Dunkelheit war einfach und blind. In diesen Jahren mussten Lichtarbeiter schwer daran arbeiten, für sich selbst die Oberhand zu gewinnen, um nicht von der anderen Seite beeinflusst zu werden. Ich hoffe, ihr versteht, was ich sage. Für die Lichtarbeiter war das ein Schwimmen gegen den Strom!

Mit dem Umbruch auf der Erde wird euch jetzt Energie zur Verfügung gestellt; damit wird es für euch Lichtarbeiter viel einfacher, eure Emotionen unter Kontrolle zu halten, egal, was um euch herum vorgeht. Ihr steht da mit all den Engeln auf eurer Seite, und die anderen versuchen alles Mögliche, um euch zu beeinflussen, aber ihr müsst nicht reagieren. Ich fordere euch auf, das zu tun, denn einige von euch gehen vielleicht in ein paar Tagen zur Arbeit und müssen sich einer Herausforderung stellen. So funktioniert es in 3-D. Das alte Gleichgewicht ist noch immer da und versucht, sich auf alte Weise zu behaupten, ohne sich darüber im Klaren zu sein, dass ihr euch verändert habt. Wie also werdet ihr reagieren? Schafft ihr es, eure Macht anzunehmen?

Was passiert, wenn eine Person die Schnellstraße nimmt? Auch die andere Person will irgendwann auf diese Straße! Sie ist gut beleuchtet und attraktiv. Indem ihr Licht erzeugt, ändert ihr nicht nur euch selbst. Was ihr auf diesem Planeten tut, wird von allen gesehen. Jeder einzelne kleine Sieg daheim oder auf der Arbeit unterstützt euch dabei, friedlich zu sein, wo ihr das vorher nicht wart. Dieser Sieg wird von allen gesehen, und ihr scheint in einer besseren Balance zu sein. Wir alle auf dieser Seite wissen, was ihr getan habt! Hört zu, wie wir applaudieren, wenn ihr irgendwo weggeht und wisst, dass ihr es geschafft habt: Dieses Mal seid ihr nicht zu Boden gegangen, ihr lasst euch nicht mehr beeinträchtigen. Einige von euch wissen, wovon ich rede. Wut, Frust, Drama – das muss keineswegs Bestandteil eures Lebens sein!

Auf eurem Weg von einem Ort zum andern habt ihr vielleicht beschlossen, wegzuziehen, eine Beziehung zu beenden, einen Job aufzugeben, damit sich die Dinge für euch regeln. Lasst uns diese Vorstellung einmal kurz überdenken. Was passiert, wenn sich für euch persönlich etwas verändert und das, was euch früher aufgeregt hat, es jetzt nicht mehr tut? Das verändert die Bedingungen, nicht wahr? Dieselben Situationen wie früher sind auf einmal völlig anders für euch. Ihr seid nicht mehr frustriert. Ihr ärgert euch nicht mehr, auch wenn die anderen weiterhin in Drama und Unruhe rotieren. Ihr dagegen seid dadurch weiser geworden und könnt besser manifestieren. Ich sage euch, was irgendwann eventuell passiert: Diese »rotierenden« Menschen sehen euch, treffen euch dann irgendwann privat und sagen: *»Wie machst du das bloß? Ich wünschte, ich müsste nicht so viel rotieren. Wie ich sehe, hast du dich verändert. Aus irgendeinem Grund ärgerst du dich nicht mehr. Aus irgendeinem Grund lächelst du, und ich kann den Frieden Gottes in dir sehen und möchte das auch. Du tratschst nicht herum. Du setzt andere nicht ins Unrecht. Du respektierst alle Menschen, wenn du den Mund aufmachst und etwas sagst. Ich kann das hören. Etwas in dir hat sich verändert, und ich würde sehr gerne wissen, was das ist.«* Dann, ihr lieben Menschen, und nur dann, solltet ihr euch öffnen und sagen: *»Ich habe etwas gefunden, von dem ich nie gedacht hätte, dass es existiert. Ich habe Gott in mir gefunden.«* Das ist etwas sehr Machtvolles, und eure Taten beweisen es.

Nummer drei: Seid ihr euch bewusst, wie euer Körper sich verändert? Er lässt nicht nur zu, dass ihr euch selbst heilt, sondern ihr fühlt euch dabei auch besser. Dadurch entsteht eine Kommunikation auf der Zellebene, wodurch ihr nicht mehr so schnell altert. Euer Körper bleibt jünger, wenn die Chemie nicht mit der Angst fertig werden muss.

Die Balance auf dem Planeten

Eine Zusammenfassung: Die Balance dessen, was die Menschen im Laufe der Zeiten getan haben, verbleibt hier auf diesem Planeten und wird quantenhaft im sogenannten *Kristallgitter* aufgezeichnet. Alles, was durch die Menschen hier stattfindet, verbleibt hier als Energie. Jede Situation, in der Energie erzeugt wird, verbleibt im Kristallgitter. Erzeugen die Menschen dunkle Energie, strahlt das Kristallgitter Dunkelheit aus. Gibt es lichte Energie, strahlt es Licht aus.

Seit 23 Jahren und insbesondere im Laufe der letzten 18 Jahre verändert ihr das Licht-Dunkelheit-Verhältnis von Gaia, wobei sich eure DNA verändert. Sie *wird quantenhaft auf das Kristallgitter eingestimmt.* Das heißt, sie verändert sich nicht nur in euch, sondern auch in jedem neugeborenen Baby. Man könnte sagen, das menschliche DNA-Feld »schaut sich« bei der Geburt um und übernimmt die Energie, die ihm vom Kristallgitter bereitgestellt wird. Das ist dann die Ausgangsenergie für das neue Leben. Was ihr jetzt tut, wirkt sich also auf die Energie der Erde und auch auf das Bewusstsein der Menschheit aus, die auf diesen Planeten kommt. Denkt darüber nach. Seit Äonen hat sich nichts verändert. Die menschliche Natur war immer dieselbe, und deshalb saht ihr nichts anderes als Krieg und Frustration. Das verändert sich nun nach und nach, und die Lichtarbeiter auf dem Planeten haben das bewirkt.

Die Kinder verändern sich, sie sind anders. Manche übernehmen Quantenattribute. Viele Erwachsene lachen über dieses Konzept. Dabei sitzen sie hier und kommen in den Genuss einer besseren Erde, erkennen den starken Wandel, der vor ihren Augen abläuft, aber nicht an, denn sie sind in ihrer Realitätsschublade gefangen. Aber genau das passiert, und zwar, weil sich das Gleichgewicht zwischen Licht und Dunkelheit auf der Erde auf die DNA der Neugeborenen auswirkt. Die Geschichte wiederholt sich nicht mehr, und anstatt dass die Bevölkerung des Planeten sich weiterhin spaltet, versucht sie langsam, sich zusammenzufinden. Das wird ein paar Generationen dauern, ist also nicht so offensichtlich, wie wenn etwas von einer Woche zur nächsten passiert, was die Menschen mit ihrer Ungeduld und ihrem intellektuellen Streben nach einer schnelllebigen Wirklichkeit mehr im Blick haben. Das bedeutet: Egal, was man euch gesagt hat, ihr könnt länger hierbleiben. Ein längeres Leben ist für euch zum Greifen nah – ein viel längeres Leben.

Das ist an jemanden gerichtet, der das hören musste. Wir haben Anweisungen gegeben, wie reine Absicht zu erzeugen ist. Wir haben euch gesagt: »Wenn ihr einen Prozess des Glaubens einleitet, wobei ihr euch im wahrsten Sinne des Wortes nach innen wendet und *eins werdet mit eurem angeborenen Selbst* [angeboren bedeutet die Quantenintelligenz der Biologie], dann entwickelt ihr euch zu einem stärker multidimensionalen Menschen, der wahren Realität aller Materie im Universum.« Dreidimensionalität ist keine normale Realität, sondern die Realität einer geschlossenen Denkweise, die nur das erzeugt, was sie kennt, anstatt weiterzuschreiten zu dem, was sie sich vorstellen kann.

Angeborene Intelligenz? Wozu würdet ihr denn mit Kinesiologie arbeiten, wenn ihr nicht etwas wissen wolltet, was ihr nicht wisst? Angeboren ist die Energie, mit der ihr euch verbindet, wenn ihr den Muskeltest macht. Angeboren ist der Schlüssel. Das Gleichgewicht zwischen Licht und Dunkelheit auf dem Planeten beginnt, sich hin zu mehr Licht zu verschieben; dann wird es für euch einfacher, euch mit eurer Zellstruktur zu verbinden und einen von alleine ablaufenden Prozess einzuleiten, solange ihr euch nach Licht in eurem Leben sehnt.

Keine Macht mehr einer äußeren Kraft

Es ist an der Zeit, anstatt dem Allmächtigen im Außen Anerkennung zu zollen, dem Allmächtigen im Inneren diese Anerkennung zu schenken, so wie es die Meister getan haben. Und wenn die wahre Göttlichkeit und Macht auf dem Planeten nicht bei den Engeln im Himmel oder in großen Gebäuden mit beeindruckenden Fassaden stecken, sondern verborgen in den Menschen zu finden sind? Die Menschen geben gerne ihre Macht an andere ab, sowohl an andere Menschen als auch an andere Kräfte, denn die meisten Menschen haben zu sich selbst kein Vertrauen.

Aber was wäre, wenn ihr eine ausgewogene Gesundheit haben und den Alterungsprozess stoppen könntet? Meine Lieben, ihr solltet 200 Jahre leben, mindestens! Ihr verjüngt euch! So seid ihr angelegt, doch dieses Design ist nicht voll leistungsfähig, und zwar wegen der Balance zwischen Dunkelheit und Licht, die seit Äonen auf dem Planeten herrscht. Doch jetzt verändert sie sich.

Im Laufe der nächsten und übernächsten Generation werdet ihr etwas erkennen: längeres Leben ohne Wissenschaft. Es wird automatisch passieren und für die Biologen ein Rätsel sein. Warum leben die Menschen auf einmal so viel länger? Sie werden sagen: *»Das hat vielleicht mit der Ernährung zu tun. Vielleicht hat es mit diesem oder jenem zu tun. Vielleicht liegt es daran, dass es weniger Krankheit gibt, weil wir sie heilen.«* Sie werden alle eine ganze Reihe von Gründen anführen, aber nichts davon ist wirklich zutreffend, denn sie wissen nichts von der Energie, die ihr bewirkt habt und die sich auf die DNA ausgewirkt hat. Trotz all der Umweltverschmutzung werden die Menschen länger leben.

Regierungen

Ich möchte etwas über Regierungen sagen, denn da wird sich einiges verändern. Werft zunächst einmal einen Blick auf die Geschichte: Seit Jahren, auch während eurer Lebenszeit und der Lebenszeit eurer Großeltern, haben Länderregierungen beschlossen, sich gegenseitig zu erobern, einfach weil sie dazu in der Lage waren! Es herrschte eine unausgesprochene barbarische Einstellung vor: *»Wenn wir mächtiger sind, dann haben wir es uns verdient, die Schwachen zu erobern und uns ihr Land anzueignen.«* Das ist Geschichte und noch nicht allzu lange her.

Ich möchte euch in Erinnerung rufen: 30.000 Jahre eurer vergangenen Geschichte sind voll davon. Es ist im wahrsten Sinne des Wortes die Geschichte der *Menschheit.* Wer am mächtigsten war, überfiel die weniger Mächtigen, ist euch das aufgefallen? Die Starken hatten nicht einmal einen Grund dafür. Wenn ein Land keine Armee hatte, dann gab es irgendwann auch das Land nicht mehr! Das ist euch bzw. den meisten Regierungen heutzutage nicht mehr so bewusst. Doch es passiert immer noch ab und zu, und wenn ihr das seht, dann seid ihr empört, auch wenn es nur im kleinen Rahmen passiert, oder nicht? Diese Einstellung scheint nicht mehr zu gelten, und wenn ihr es dann seht, dann seid ihr schockiert.

Herrschaft wird nicht mehr respektiert, und die Vorstellung der Eroberung gehört der Vergangenheit an.

Regierungen verändern sich. Einstellungen verändern sich. Ihr könntet also sagen: »*Das haben wir geschafft. Dieses Ziel haben wir erreicht.*« Und ihr hättet recht, denn der Planet hat sich in dieser Hinsicht wirklich verändert. Und nun? Was steht als Nächstes an? Inwiefern unterscheiden sich Regierungen demnächst stark von dem, was euch als »normal« vermittelt wurde? Ihr werdet im Regierungsverhalten eine Veränderung bemerken. Ob ihr es nun glaubt oder nicht, es wird mehr Integrität geben. Manche fordern eine solche Integrität, andere schrecken davor zurück, und dort werden die Kämpfe stattfinden.

Vielleicht erlebt ihr sogar noch, dass sich bei den Wahlen die Kandidaten nicht mehr gegenseitig beschimpfen! Das wäre doch eine tolle Sache, wenn ein Kandidat aufsteht und sagt: »*Ich habe eine andere Meinung als mein Gegner, aber er ist ein Patriot, und ich sehe, dass er sein Land genauso liebt wie ich. Ich bin nicht seiner Meinung, und ich sage euch auch, warum und wofür ich stehe.*« Das ist mehr als nur der Weg über die Schnellstraße. Das ist ein neues Denkparadigma. Derzeit würde es wohl eher heißen: »*Mein Gegner ist ein Bösewicht. Schaut nur, was er gemacht hat und welche Fehler er begangen hat und wie unehrlich und böswillig er ist!*« Das ist ein altes Paradigma, meine Lieben. Haltet Ausschau nach dieser Veränderung! Derjenige, der das als Erster auf der größeren politischen Bühne so macht, wird frischen Wind in die Politik bringen, und das System wird niemals wieder dasselbe sein. Diejenigen, die diese Dinge studieren, werden das neue Paradigma als praktikabel betrachten. Wenn ihr das in diesem Bereich seht, werdet ihr wissen, dass es real ist.

Ihr steht vor einem Wahljahr [dieses Channeling erfolgte im Februar 2012]. Erwartet keine großen Veränderungen, denn die alte Energie ist stark. Vielleicht dauert es weitere vier Jahre, bis ihr einen Unterschied erkennt, vielleicht sogar nochmals vier Jahre. Aber es wird jemand kommen, der neue Maßstäbe setzt, die so anders sind, dass jedermann weiß, es funktioniert wirklich.

Wenn die Indigo-Kinder sich um Ämter bewerben, wird ihre Kandidatur anders verlaufen, und sie werden mehr Integrität an den Tag legen. Sie haben etwas begriffen und sehen, dass in ihren Gesprächspartnern Bewusstsein reagiert; das können die Älteren derzeit nicht. Wir sagen euch also, das Gleichgewicht zwischen Licht und Dunkelheit verändert … was? Es wird schließlich verändern, wen ihr wählt! Und dafür ist es wirklich an der Zeit. Erwartet das nicht sofort, aber es wird kommen. Haltet Ausschau nach Wahlkampagnen, bei denen gesunder Menschenverstand vorherrscht und der alte, seit 200 Jahren vorherrschende Stil aufgegeben wird.

Die Finanzwelt

Dies ist eine Zusammenfassung zu diesem Thema: Ihr habt im Laufe der letzten fünf Jahre eure Finanzsysteme angegriffen und versucht, sie gerecht zu gestalten und die Gier weitestgehend auszumerzen. Wie euch zeitgenössische Historiker sagen werden, wäre das in der Vergangenheit unmöglich gewesen, denn an das »große Geld« konnte damals – wie man meinte – nicht gerührt werden. Aber ihr habt das Nest gestört und damit begonnen, die Samen für ein besseres System zu legen. Die derzeitige Rezession ist eine Rekalibrierung des Großkapitals. Ihr habt an sie appelliert, und wir haben euch fast ein Jahr, bevor es so weit war, gesagt, dass das geschehen würde. Wir haben euch sogar gesagt, wer zuerst fallen würde [eine Versicherung], und zwar eine der größten Versicherungsgesellschaften auf dem Planeten [und so war es auch].

Denkt also einmal kurz darüber nach. Wir konnten das kommen sehen, denn so ist es mit Energie. Sie erzeugt langsame, starke Potenziale, die vorhergesagt werden können. Es ist noch nicht vorbei, denn das alte System muss sich neu erschaffen. Wie ihr vielleicht bemerkt habt, sind eure Banker verwirrt (ist euch das aufgefallen?). Es ist egal, was die Regierung ihnen erlaubt oder wie viel Geld sie dafür bekommen. Sie tun es einfach nicht! Sie sind im Scheinwerferlicht eines neuen Paradigmas festgefroren und wissen einfach nicht, wie sie arbeiten sollen. Das sollte euch sagen, wie neu und unsicher dieser Wandel ist – und anders als alles, was ihr bislang gesehen habt.

Das, meine lieben Menschen, ist eine Verlagerung von Dunkelheit und Licht. Seht ihr das? Integrität hat über Überfluss und Macht den Sieg davongetragen, und das System wird verändert. Vielleicht verändert es sich noch einmal, aber es wird der Tag kommen, an dem diejenigen, die das Geld zum Verleihen haben, Win-win-Situationen erzeugen müssen anstatt weiterhin Systeme, die auf Gier beruhen. Ihr habt diese neuen Systeme noch nicht gesehen, aber sie werden kommen. Manche der Ideen, die die Indigo-Kinder über ein Bankensystem haben, bei dem alle gewinnen, werdet ihr nicht glauben; es wird niemand mehr außen vor bleiben und sich am Kopf kratzen und sich fragen müssen: *»Was ist denn mit meinem Haus passiert?«* Neue Systeme sind am Kommen, und ihr werdet davon nichts in euren Wirtschaftsfachbüchern finden.

Die Ökonomie des Planeten

Es wird eine Zeit kommen, da gibt es wahrscheinlich höchstens noch fünf Währungen auf dem Planeten. Einheit ist der Weg aller Dinge; sie ist die Struktur, welche Integrität, Handelskraft und einfaches Arbeiten schafft. Ganze Kontinente werden sich in Handelsgruppen zusammenschließen; es wird viel weniger Regeln und Kleinkram geben, durch die man sich durchkämpfen muss, und deshalb wird das effizient ablaufen und weniger Bankherren involvieren. Dadurch wird es auch immer weniger ganz Arme geben, denn die Ärmsten der Armen werden dann stärker in das involviert sein, was in ihrem Land passiert. Das ist das, wozu die Erde erwacht. Es dauert vielleicht zwei Generationen, bis das in die Wirklichkeit umgesetzt und als zutreffend erkannt wird, aber eines Tages werdet ihr aufwachen und erkennen, was ihr getan habt. Ihr bringt die Dinge zusammen, anstatt sie auseinanderzureißen. Das läuft dem alten Prozess des Menschen intuitiv zuwider!

Im Laufe der nächsten zwei Jahrzehnte wird jemand erwachen und sagen: *»Hey, wir hatten keinen Weltkrieg! Ist das nicht toll? Und wir werden auch keinen mehr haben, denn jeder treibt mit jedem Handel. Vielleicht haben wir tatsächlich ein funktionierendes Gleichgewicht geschaffen!«*

Vielleicht wird sogar die »Weltuntergangs-Uhr« umbenannt, denn sie scheint rückwärts zu laufen. Das sind die unverbesserlichen Optimisten, nicht wahr? Das denken viele und meinen, das sei dumm. Es wird immer Menschen geben, die argumentieren und sagen: *»Kryon, das ist nicht zutreffend, und es ist naiv. Es ist nur eine Frage der Zeit, bevor wir uns selbst auslöschen und das Armageddon kommt. Das ist schließlich das, was die Menschen tun.«* Nun ja, meine Lieben, das ist das, was die Menschen früher immer getan haben! Es ist eure Sache, ob ihr auf diejenigen hört, die für den »früheren Weg« stehen, oder nicht. Sie werden sagen: *»Die Erde ist dem Untergang geweiht.«* Manche werden sogar bis zum letzten Moment sagen, am 21. Dezember [des laufenden Jahres 2012] werde die Erde untergehen.

Hier habe ich etwas für euch, was ihr für sie tun könnt: Ruft sie nach dem 22. Dezember 2012 einfach an und erinnert sie daran, dass ihr Drama vorbei ist und die Erde immer noch existiert. Dann können sie vielleicht mit euch gemeinsam die Saat des Friedens auf der Erde ausbringen, anstatt sich weiterhin in dem zu suhlen, was Spannung, Furcht und Angst erzeugt. Manche werden sich euch vielleicht anschließen. Andere werden das Drama vermissen und nach etwas anderem Ausschau halten, wovor sie sich fürchten können. Es wird immer jede Menge Verschwörungstheoretiker und Schwarzseher geben. Ihnen wird die Kryon-Botschaft nicht gefallen.

Prophezeiung

Und jetzt noch eine Prophezeiung: Ich würde euch die nachfolgenden Informationen nicht durchgeben, wenn das nicht bereits in die Wege geleitet wäre. Ich kann euch für diese Vorhersage keinen Zeitrahmen nennen, denn Spirit hat keine Uhr. Wir wissen nicht, wie viel Uhr es ist. Zeit ist ein dreidimensionales Konstrukt, das ihr selbst erschaffen habt. Sie dient eurem Überleben, und es muss sie geben. In 3-D könnt ihr ohne Uhr nicht von A nach B gelangen. Im Quantenzustand gibt es kein A nach B. Im Quantenzustand seid ihr immer gleichzeitig an beiden Orten, es gibt also keine Uhren. Gott hat keine Uhr. Deshalb müsst ihr dann, wenn Spirit euch mitteilt, ihr solltet in eurem Leben etwas tun, auf Synchronizitäten warten und könnt nicht losrennen und versuchen, es *jetzt gleich* zu tun. Spirituelle Offenbarungen implizieren nicht, ihr solltet das *jetzt gleich* tun. Vielmehr enthüllen sie Potenziale, die ihr zu eurer Zeit durch die Menschen, die ihr trefft, und die Synchronizitäten, die ihr schafft, erleben werdet.

In eurem Land gibt es etwas, was nicht stimmig und angemessen ist. Es ist groß und hat mit dem großen Geld zu tun, und es wird fallen, und zwar vielleicht auf ungewöhnliche Weise. Ich kann euch nicht sagen, wann, aber ich sage euch, es ist reif für potenzielles Versagen.

Vor Jahren sagte ich euch, wenn jeder mit jedem sprechen kann, kann es keine Verschwörungen mehr geben. Vor Jahren habt ihr dieses Attribut in einer anderen Branche gesehen, ihr nennt sie die Tabak-Branche; das war ein Riesengeschäft. Doch wie man sagen könnte, fehlte es »unter der Haube« an Integrität, denn sie machte junge Menschen von ihrem Produkt abhängig; das wirkte sich schädlich auf die Gesundheit einer ganzen Bevölkerung aus und führte sogar zu einem verfrühten Tod. Das wiederum führte dazu, dass in eurem Land das Produkt nicht mehr *en masse* gekauft wurde, und heute überlebt diese Branche durch den Verkauf ihres Produkts an Länder, die noch nicht darüber Bescheid wissen, was ihr herausgefunden habt. Hier hat *die Macht der Integrität über das Geld gesiegt.*

Wir weisen darauf hin, um euch zu zeigen, was sehr gut erneut passieren kann, denn das ist die Prophezeiung. Die mächtige Pharmaindustrie [die amerikanischen Pharmafirmen] muss sich schon sehr bald verändern oder sie wird zusammenbrechen. Eine Branche, die die Menschen weiterhin krank hält, um Geld zu verdienen, kann in dem neuen Bewusstsein nicht überleben. In diesem geschlossenen Kreislauf steckt unheimlich viel Geld, und so nach und nach wird sich der Mangel an Integrität zeigen. Die Leben, die »um des Profit willens« verloren gingen, werden gezählt werden, und dann wird es verlegene Gesichter und sogar den ein oder anderen Selbstmord geben. Die Vorstellung von einer Branche, die die Menschen eigentlich heilen sollte und sie stattdessen weiterhin absichtlich krank macht, wird eine Wunde im Gewebe dessen sein, was richtig und zum Wohle der Menschheit ist.

Sie werden also fallen, und ihr werdet ihre Namen kennen, und sie werden ganz schön zu kämpfen haben, um mit dem Rest der Welt mitzuhalten, der vielleicht nicht so stark der Gier anheimgefallen ist, durch die sie gefallen sind. Dadurch verändert sich womöglich auch die Wahrnehmung dahingehend, welche Länder die besten Erfindungen und Lösungen für die Gesundheit haben, und viele Menschen aus diesem Land werden sich nach Übersee wenden, um Lösungen für ihre gesundheitlichen Bedürfnisse zu finden. So lautet die Prophezeiung. Wenn es passiert, meine Lieben, was vielleicht durch den Film ausgelöst wird [der in Arbeit und geheim ist], dann erinnert euch bitte daran, von wem ihr das zum ersten Mal gehört habt. Vielleicht verfestigen diese Vorab-Informationen euren Glauben daran, dass das hier real ist; dass das Channeling, das ihr heute hört, von der Quelle kommt, aus der es – wie wir sagen – kommt: der Quelle in euch.

Wenn ihr nicht hier seid, seid ihr bei mir. Ich kenne euer Gesicht, und ich weiß, wer ihr wirklich seid. Ich kenne euren wahren Namen, nicht denjenigen, den ihr gerade tragt. Das ist die Wahrheit des Tages. Rekalibrierung findet für euch auf so viele Arten statt. Wir machen mit diesen Informationen, diesem Zyklus der Offenbarungen weiter, und es werden noch viele weitere Dinge enthüllt werden. Es ist an der Zeit. Das ist die Energie des Jahres 2012.

Und so ist es.

Kryon
(San Antonio/Texas, Februar 2012)

Wenn ihr mit eurem Höheren Selbst in Verbindung steht, seid ihr mit all euren Teilen verbunden. Manchmal meinen die Menschen, sie empfangen Botschaften von Engeln, und diese Engel bekommen Botschaften von anderen Engeln und so weiter und so fort. Die Menschen sehen in allem eine hierarchische Autorität, weil es das in ihrer Realität gibt. Doch Gott kennt so etwas nicht, denn die Weisheit Gottes ist eine einzige Weisheit, die immer dieselbe und jederzeit da ist, überall. Die Wahrheit ist die Wahrheit, und weil ihr in euch ein Stück Gottes tragt, werdet ihr, wenn ihr spirituell erwacht, euch einer absoluten Wahrheit bewusst. Aus diesem Grund kann ein erwachter Mensch aus einem anderen Teil der Welt, der euch fremd ist und eine andere Sprache spricht, zur selben Wahrheit wie ihr gelangen. Der Gott in euch ist derselbe wie der Gott in ihnen.

Kryon
(aus Kapitel 14: Die drei Winde)

Kontroverse!

Sollte ich dies oder das tun? Wie sollte ich Gott verehren oder mit den »richtigen« Leuten zusammen sein? Wie steht's mit den »richtigen« Nahrungsmitteln oder mit Ärzten und Medikamenten? Was ist richtig? Kümmert es Gott wirklich?

Manche der Antworten auf diese Fragen werden Sie vielleicht überraschen. Es hat alles mit der Rekalibrierung der Einstellung zu tun!

Lee Carroll

6 Die Rekalibrierung der »Solls«

Seid gegrüßt, meine Lieben, ich bin Kryon vom Magnetischen Dienst. Spürt ihr es schon? Eure Wahrnehmung ist anders, dadurch fällt es euch leicht, mit mir gemeinsam an einen Quantenort zu gelangen. Das Schiff [Kreuzfahrtschiff] isoliert euch gerade genug vom Land, um die Realität eures Alltagslebens »außer Kraft« zu setzen. Wenn diese Kreuzfahrt zu Ende ist, werdet ihr euch mit der Familie durch die Energie der Freude verbunden haben. Es wird ein paar Lösungen geben, ein paar Erleuchtungen, und gerade jetzt gibt es Potenzial für drei Heilungen. Manchen wird Frieden geschenkt, der die Angst ablöst. Auch manche Zukunftspläne werden klarer, und all das, weil ihr heute mit mir hier sitzt. Eure Bereitschaft dazu erzeugt einen Zustand mit einem anderen Paradigma, einer anderen Seinsweise, einem Zulassen klareren Denkens. Je öfter ihr das tut, desto öfter werdet ihr den Wandel spüren. Genießt also bitte diesen Augenblick und entspannt euch in dem Wissen, dass das sicher, stimmig und richtig ist. Ihr Lieben, öffnet heute eure Herzen und lasst uns ein paar Übungen in spiritueller Logik praktizieren!

Das wird kein langes Channeling, aber ich übermittle euch ein paar Informationen. Ich nenne dies die *Rekalibrierung der »Solls«* – eine Rekalibrierung all der Dinge, die ihr eurer Meinung nach tun oder nicht tun solltet, gemäß denjenigen, die die Verantwortung tragen. *»Die Verantwortung wovon?«*, könntet ihr da fragen. Nun ja, sie tragen die Verantwortung für die »Solls«, und ihr wisst, wer sie sind. Sie – das sind die Tradition, die spirituellen Autoritäten, die Geschichte und das Lernen über die Vergangenheit. Die von mir durchgegebenen Informationen betreffen die *einzelnen Solls,* was aber nicht unbedingt das ist, was ihr gelernt habt.

Die Dinge verändern sich, und mit der Rekalibrierung der Energie auf dem Planeten verändert sich auch das Rätsel, an dem ihr als Lichtarbeiter so lange gearbeitet habt. Es gibt heute nur wenige Fragen über die »Solls« zu beantworten, und diese Fragen sind leicht zu beantworten, werden aber ziemlich oft gestellt. Sie betreffen viele verschiedene Themen.

Anbetung

Lasst uns mit einem spirituellen Thema beginnen. Gott ist der Schöpfer der Welt, richtig? Ja, das ist er. Ja, das ist sie. Sollte der Schöpfer dann nicht verehrt und angebetet werden? Diese Tatsache hat die gesamte Menschheit erkannt und deshalb ihre Vorstellung von Gott seit Anfang an in vielen Formen verehrt. In der esoterischen *New Age*-Bewegung gibt es keine Gottesanbetung. Es gibt wahrhaftig keine großartigen Altäre oder Gebäude, keinen Ort zum Niederknien und der Danksagung an Gott für alles. Und deshalb werden euch manche konfrontieren, mit dem Finger auf euch zeigen und sagen: *»Ihr verehrt Gott nicht so, wie ihr solltet!«* Wie lautet die Antwort darauf? Was würdet ihr sagen?

Ich habe die Metapher schon früher verwendet: Glaubt ihr daran, dass ihr ein Teil des Schöpfers seid? Die Meister, die auf dem Planeten wandelten, haben euch das gesagt. Einer der neueren Meister, Christus, hat sich selbst so bezeichnet: *»Ich BIN der Sohn Gottes.«* Dann schaute er auf und sagte: *»Und auch du bist ein Sohn Gottes.«* Es ist also das große ICH BIN in euch, doch das ist schwer zu erkennen und zu verstehen, denn die Menschen suchen in der Göttlichkeit nach Größe. Sie suchen nach dem, was ihrer Erwartung nach Gott im Himmel ist, sehen aber dieses Attribut nicht in sich selbst.

Lasst uns also das ICH BIN neu definieren und festlegen, was der Begriff *Gottessohn* oder *Gottestochter* bedeutet. Er bedeutet, ihr seid mit dem Schöpfer verwandt. Er bedeutet, dass der Schöpfer sehr wohl ein Familienmitglied sein kann. Er bedeutet, ihr verfügt innerlich über die Informationen und das Verständnis, dass ihr tatsächlich ein Familienmitglied seid. Wenn ihr daran denkt, was da in euch ist, dann seid ihr in Ruhe, ohne Drama und in Sicherheit.

Das, was sich im Menschen befindet, wird also nicht unbedingt als die Größe des Schöpfers gefühlt, sondern als die *Familie* des Schöpfers. Da frage ich euch: Wie geht ihr mit eurer biologischen Familie um? Welches Familienmitglied habt ihr vor Kurzem angebetet? Die Mutter? Den Vater? Die Schwester? Den Bruder? Ihr würdet antworten: *»Nein, wir beten uns nicht gegenseitig an. Wir achten einander. Wir freuen uns über das Zusammensein mit* *bestimmten Familienmitgliedern, Schwestern und Brüdern. Es gibt kein Drama, sondern vielmehr erwarten wir oft, dass wir Spaß und Freude zusammen erleben. Wir kümmern uns umeinander. Wir lieben uns.«* Und das, meine Lieben, ist die Antwort auf dieses »Soll«! Statt Anbetung gibt es Wertschätzung, Anerkennung, Zeremonien des Dankes und der Liebe. Das ist ein großer Unterschied zu der »Anbetung auf den Knien«, seht ihr das nicht? Warum verhaltet ihr euch nicht entsprechend den Worten des Meisters? Wenn ihr ein Sohn oder eine Tochter Gottes seid, dann betet Gott nicht an, sondern seid lieber Teil der Familie! Schätzt das, was in euch ist. Fühlt euch dem Schöpfer nahe, wenn ihr auf dem Stuhl sitzt, und überhöht nicht das, was nicht überhöht werden sollte. Liebt stattdessen das, was in euch ist.

Gemeinsames Leben für mehr Stärke

Ein weiteres Thema: Manchen von euch wurde gesagt, es wäre für Lichtarbeiter sinnvoller, sich zusammenzuschließen, denn daraus würde logischerweise mehr Licht entstehen. Es wäre sinnvoller, weil Lichtarbeiter ähnlich denken und als Gruppe zusammenkämen und als Gruppe zusammenleben würden. Dann wäre es ihnen besser möglich, als Gruppe diese Stadt zu erbauen, die auch das *Licht auf dem Hügel* genannt wird. Außerdem könntet ihr durch die Gruppenbildung besser kommunizieren, lehren und euch gegen die älteren Energien der Erde und all das schützen, was euch auf dem Weg des wahren Lichtarbeiters im Weg steht. Ist daran etwas Falsches? Ich sage euch jetzt: Diejenigen, die euch so etwas sagen, befinden sich in einem alten, linearen Paradigma. Sie suchen nach dem, was ihrem Gefühl nach ein besseres Leben ermöglicht, haben aber das, was ein Lichtarbeiter wirklich tut, aus den Augen verloren.

Ihr lernt, autarke Schöpfer des Lebens zu sein. Ihr könntet hinaus in die Wildnis gehen und alles, was ist, in euch enthalten. Das ist der Kern der Aussage »ICH BIN, was ICH BIN.« Es heißt nicht »Ich bin, was ich bin, solange sie sind, was sie sind.« Versteht ihr? Ihr seid ein autarker Leuchtturm! Wann habt ihr das letzte Mal eine große Menge an Leuchttürmen auf einem Felsen gesehen? Sie brauchen sich gegenseitig nicht! Wann habt ihr das letzte Mal eine Zusammenkunft von Leuchttürmen gesehen?

»Na ja, das ist doch dumm«, könntet ihr da sagen, *»Leuchttürme sind fest auf Felsen verankert. Sie können nicht herumlaufen und sich gegenseitig besuchen.«* Das stimmt, aber sie können sich gegenseitig Licht senden, oder etwa nicht? Dafür ist ein Leuchtturm schließlich ausgestattet. Vielleicht können Lichtarbeiter sogar miteinander quantenhaft *verschränkt* sein, und dann wäre die Entfernung egal? [Von Quantenverschränkung war im Seminar die Rede.] Vielleicht ist es für euch an der Zeit, das Paradigma eurer Vorstellung eures Platzes auf dem Planeten zu verändern. Braucht ihr Schutz? Ist euer Licht in Gefahr?

Wenn ihr diesen Ort verlasst und das Schiff, auf dem ihr euch befindet, zum letzten Mal auf eurer Kreuzfahrt im Hafen einläuft, dann werdet ihr euch in alle Richtungen und in die ganze Welt zerstreuen. Manche werden nicht gehen wollen und haben Tränen in den Augen; sie werden sagen: *»Mir hat das gefallen. Ich möchte hierbleiben und damit weitermachen.«* Ich aber sage euch: Sich überhaupt traurig zu fühlen hat mit einem alten Paradigma zu tun! Wenn ihr erst einmal das Herz eines anderen Menschen berührt habt, dann ist das, wenn ihr es möchtet, etwas Lebenslanges. Wenn ihr wollt, könnt ihr euch miteinander verbinden und in Verbindung bleiben. Durch dieses Treffen hier entsteht vielleicht ein Netzwerk aus Licht, wenn ihr zu all den Orten zurückkehrt, wo ihr euch auf eurem eigenen Felsen verankert und – ganz alleine – Licht an einem dunklen Ort erzeugt, an dem ihr vielleicht lebt. Versteht ihr? Ihr solltet nicht als Gruppe zusammenleben. Wenn ihr das tätet, bliebe der Rest des Planeten im Dunkeln! Das ist unglaublich eigennützig und hilft außer der Gruppe niemandem. Wer das tut, will sich einfach nur gut miteinander fühlen, dem Planeten hilft das nicht. Das ist das zweite *»Soll«.*

Spirituelle Nahrung – welche Nahrungsmittel sind für euch geeignet?

Jetzt wollen wir das Thema wechseln. *»Kryon, was sollte ich als Lichtarbeiter essen? Ich habe dazu alles Mögliche gehört. Manche essen Fleisch, andere nicht, manche essen keine industriell bearbeiteten Nahrungsmittel mehr, andere doch. Manche essen gar nichts mehr und atmen nur noch Luft! Was sollte ich zur Ehre Gottes und meines Körpers essen?«* Da werden manche sogleich auf die vielen spirituellen Schriften verweisen und sagen: *»Dies und das solltest du tun.«* Andere, weniger spirituell orientierte Menschen verabreichen euch vielleicht reine Chemie zur Reinigung, als Diät oder für die Gesundheit. Wieder andere halten sich an die Traditionen eures Familienerbes und denken darüber nach, wie integer es ist, Tiere zu essen. Worin also liegt die Wahrheit? Vielen erscheint das logisch und sinnvoll.

Ihr Lieben, was ist das Ziel? Besteht es darin, gesund zu sein und gleichzeitig Gott zu ehren? Die meisten würden diese Frage bejahen. Okay, jetzt ist es Zeit für ein bisschen spirituelle Logik. Frage: Wo befindet sich, wie wir gesagt haben, Gott? Antwort: Der Schöpfer ist in euch. Und wie ehrt ihr diesen göttlichen Plan in euch? Die Antwort lautet: Indem ihr so lange wie möglich am Leben bleibt! Damit ihr, so lange ihr könnt, das Licht halten könnt. Wie also könnte ich euch ein für euch alle geltendes ernährungstechnisches »Soll« nennen, wo ihr doch so einzigartig und unterschiedlich seid? Und wenn wir schon dabei sind: Wie könnte jemand eine allgemeingültige Anweisung zu einer »richtigen Ernährung« für so viele unterschiedliche menschliche Körpertypen geben? Und doch wird genau das gemacht.

Hier ist die Antwort: In jedem von euch gibt es etwas *Angeborenes.* Das Angeborene ist die *Körperintelligenz.* Diese angeborene Intelligenz ist die Energie des Körperbewusstseins, welches ihr beim »Muskeltest« [dem kinesiologischen Muskeltest] einsetzt. Sie weiß, was auf der Zellebene eures Körpers passiert und was ihr nicht wisst. Die angeborene Intelligenz ist das Bewusstsein eurer DNA. Es ist die letztendliche Quelle für eure »Körperbewusstheit«. Die angeborene Intelligenz kennt das sogenannte *Akasha-Erbe,* das

Wissen, *wer* ihr in vergangenen Leben wart. All eure Ernährungsbedürfnisse, um ein längeres, gesundes Leben zu führen, basieren auf einer Zellstruktur, die *weiß,* was sie will und braucht, und sie braucht das, woran sie gewöhnt ist, meine Lieben. Es ist egal, wer ihr seid und wo ihr lebt. Wenn ihr auf diesem Planeten ankommt und früher in Indien gelebt habt, wollt ihr wie ein Inder essen – auch wenn ihr in Montana lebt! Wenn ihr viele Leben in Asien verbracht habt und heute aus Brooklyn kommt, dann möchtet ihr vielleicht immer noch wie die Asiaten essen. Eure Chemie »erinnert sich« und begehrt jenes, was für eine effiziente Verdauung und Gesundheit sorgt. Euer Akasha-Erbe ist viel stärker, als ihr ihm zugesteht. Die Energien aus vergangenen Leben sind *nicht* in der Vergangenheit! Sie sind eine *aktuelle und jetzige* Quantenenergie eurer spirituellen Struktur, etwas, was ihr als Teil eures ganzen Selbst auch in diesem Leben mit euch herumtragt. Sie haben Einfluss auf euch! Wenn ihr ihn fragt, wird euch euer Körper genau das sagen. Eure Zellstruktur schreit nach dem, was ihr gewöhnt seid, und entspannt euren Körper, wenn sie die »Chemie« erhält, die sie gewohnt ist.

Wenn ihr in dieser Kultur neu seid und die letzten fünf Leben in einer anderen Kultur verbracht habt, dann wundert euch nicht, weil ihr ein starkes Verlangen nach der Ernährung dieser anderen Kultur habt! Die vegetarische Ernährung ist für euch nützlich und sinnvoll, wenn ihr in Kontakt mit eurer Akasha seid. Ihr esst das, was eurer Zellstruktur guttut, und nicht, was ihr, wie euch jemand sagt, essen sollt, um spiritueller zu werden.

Achtet auf eure Körperintelligenz, denn sie erzählt euch vieles darüber, wer ihr gewesen seid. Es gibt kein *»Soll«* außer einem: Ihr sollt am Leben und gesund bleiben. Hört auf eure Zellstruktur, und sie wird euch sagen, was ihr essen sollt. Ist das für euch keine spirituelle Logik? Versucht nicht, andere zu einer »richtigen« Ernährungsweise zu bekehren. Achtet das Akasha-System und erkennt, dass die angeborene Intelligenz in euch viel besser weiß als ihr selbst, was für euch funktioniert. Mein Partner probiert gerade die »glutenfreie« Ernährung aus … [Kryon-Humor].

Ärzte und Medikamente oder spirituelle Methoden?

»Lieber Kryon, ich habe gehört, man sollte natürlich bleiben und sich nicht mit der Wissenschaft des Planeten heilen. Zu einem Arzt zu gehen dient nicht der Ehre Gottes. Sagst du nicht immer, wir können mit unserem Geist heilen? Warum also sollten wir jemals zu einem Arzt gehen, wenn wir das doch selbst können? Und nicht nur das. Mein Arzt ist nicht erleuchtet, er hat also keine Ahnung von meiner angeborenen Intelligenz oder den spirituellen Bedürfnissen meines Körpers. Was soll ich machen?«

Zunächst einmal, ihr Menschen, warum wollt ihr so vieles in Schubladen stecken? Nach wie vor wollt ihr ein Ja oder ein Nein als Antwort auf komplexe Situationen hören, weil ihr fast alles dreidimensional und linear betrachtet. Lernt, über die 3-D-Schublade hinauszudenken! Werft einen Blick auf diesen Abschnitt [vorne]. Die Frage lautet, ob du das *eine* oder das *andere* tun sollst. Sie geht bereits davon aus, dass du nicht *beides* tun kannst, weil die beiden Möglichkeiten scheinbar im Widerspruch zueinander stehen.

Lasst uns spirituelle Logik anwenden: Hier ist eine hypothetische Antwort: »Geh nicht zum Arzt, denn du kannst alles mit deinem Geist heilen!« Da frage ich euch: Wie viele von euch können das hier in diesem Raum jetzt sogleich machen? Wie viele Leser können das effizient auf der Stelle machen? Ihr seid alle alte Seelen, aber seid ihr wirklich dafür bereit, das zu tun? Wisst ihr, wie das geht? Habt ihr wirklich gute Ergebnisse damit erzielt? Könnt ihr euch derzeit auf mentale Weise von Krankheit und chemischen Ungleichgewichten befreien? Ich werde euch eine Wahrheit sagen, ob ihr sie nun hören wollt oder nicht: Ihr seid nicht bereit dafür! Ihr seid noch nicht so weit, die Aufgabe vollständigen Heilens mit euren spirituellen Mitteln zu übernehmen. Die Lemurier konnten das, weil es ihnen von den Plejadiern beigebracht wurde! Es ist eines der Versprechen Gottes, dass eure DNA eines Tages so effizient funktioniert und dass ihr fähig sein werdet, chemische Arzneimittel und die medizinische Industrie für immer hinter euch zu lassen, denn dann arbeitet die Schöpferenergie hundertprozentig. Genau so, wie ihr es bei den großen Meistern gesehen habt, die auf der Erde wandelten.

Das wird auf der *aufgestiegenen* Erde möglich sein, die ihr erwartet, meine Lieben. Habt ihr in letzter Zeit Nachrichten geschaut? Blickt aus dem Fenster. Seid ihr schon so weit? Wir sagen euch: Die Energie geht in diese Richtung, aber ihr seid noch nicht da! Lasst diejenigen, die das Gefühl haben, sie könnten sich selbst heilen, damit beginnen, zu lernen, wie das geht. Viele Menschen werden die Tatsache anerkennen, dass ihr dieses Talent jetzt schon teilweise besitzt. Lasst den Prozess seinen Anfang nehmen, aber glaubt nicht für einen Augenblick, dass ihr schon an einem Punkt angekommen seid, wo ihr jedes Gesundheitsproblem aus eigener Kraft heilen könnt. Ihr seid Schüler eines großartigen Prozesses, der euch irgendwann zu eigen sein wird, wenn ihr auf quantenhafte Weise zu euren Zellen sprechen wollt. Manche werden das gut können, und manche werden nur die Saat dafür legen.

Jetzt möchte ich euch sagen, wie Spirit arbeitet und welche Potenziale für die nächsten paar Jahre vorhanden sind: Wir werden den Ärzten auf dem Planeten neue Erfindungen und neue Wissenschaft an die Hand geben, und zwar wichtige Entdeckungen über den menschlichen Körper und dessen Quantenattribute.

Schaut, was bereits geschehen ist, denn manches aus dieser Wissenschaft wurde euch schon übermittelt, und ihr setzt das heute auch ein. Stellt euch eine Wissenschaft vor, die ein Herz verpflanzen kann, weil das ursprüngliche Herz nicht mehr gut arbeitet. Natürlich! Viele solcher Operationen werden auf dem Planeten pro Monat durchgeführt. Diese Informationen kamen vom Schöpfer, war euch das klar? Das fiel nicht aus dem Regal einer Bücherei mit dunkler Energie, um auf böse Weise eingesetzt zu werden. Wenn du, Lichtarbeiter, also ein neues Herz brauchst, solltest du dann zum Arzt gehen oder geistig selbst ein neues Herz erschaffen? Solange du nicht sicher bist, dass du dein Herz selbst durch ein neues ersetzen kannst, könntest du eventuell in Betracht ziehen, die gottgegebenen Informationen zu nutzen, die in der Hand des Chirurgen liegen. Das wird dein Leben retten und zu einer Situation führen, in der du weiterhin auf der Erde bleiben und dein Licht ausstrahlen kannst! Erkennt ihr, was wir da sagen?

Ihr könnt auch die Medizin [Arzneien] verändern und einen Prozess mit einem spektakulären Design einleiten, welcher allerdings nicht sehr dreidimensional ist. Ich fordere euch auf, das zu nutzen, was ich *das homöopathische Prinzip angewandt auf »richtige« Medikamente* nennen würde. Diejenigen unter euch, die vielleicht Medikamente einnehmen, um eure Chemie zu verändern, um besser und länger zu leben, meinen vielleicht, sie hätten keine Wahl. *»Na ja, das hält mich am Leben«,* sagt ihr vielleicht. *»Ich verfüge noch nicht über die Fähigkeit, das über mein Bewusstsein zu tun, deshalb nehme ich Medikamente ein.«*

In dieser neuen Energie gibt es noch etwas, was ihr ausprobieren könnt, wenn ihr zu dieser Kategorie gehört. Tut Folgendes mit Sicherheit, Intelligenz, gesundem Menschenverstand und Logik. Hier ist die Herausforderung: Das Prinzip der Homöopathie besteht darin, eine fast unsichtbare Tinktur einer Substanz einzunehmen, die von eurer angeborenen Intelligenz erkannt wird. Sie *erkennt,* was ihr zu tun versucht, und passt in Reaktion darauf dann die Körperchemie an. Deshalb könnte man sagen, ihr sendet dem Körper ein »Balance-Signal«. Die eigentliche Tinktur ist nicht stark genug, um eine chemische Wirkung zu erzielen – und doch funktioniert sie! Der Körper [die angeborene Intelligenz] erkennt, was ihr zu tun versucht, und kooperiert. In gewissem Sinne könnte man sagen, der Körper heile sich selbst, weil ihr ihm über die homöopathische Substanz Anweisungen erteilen konntet, was zu tun ist.

Warum das nicht auch mit richtigen Medikamenten tun? Beginnt, die Dosis zu reduzieren und mit euren Zellen zu sprechen, und seht dann, was passiert. Wenn ihr keine Erfolge verzeichnet, hört auf mit dem Reduzieren. Mit der Zeit werdet ihr zu eurer eigenen Überraschung jedoch oft Erfolg haben. Ihr könnt die gewohnte Dosis eventuell auf ein Viertel reduzieren. Das ist das homöopathische Prinzip; damit könnt ihr den Zweck des Medikaments weiterverfolgen, es aber auf einen Bruchteil der gebräuchlichen 3-D-Dosis reduzieren. Ihr nehmt es immer noch ein, aber jetzt funktioniert es nicht nur auf chemische Weise, sondern sendet auch ein *Signal* aus. Das Signal wird gesendet, der Körper kooperiert, und ihr reduziert unerwünschte Nebenwirkungen.

Wenn es um das großartige System von Spirit geht, könnt ihr die Dinge nicht in die Ja- oder Nein-Schublade stecken. Stattdessen könnt ihr anhand spiritueller Logik sehen, was Gott euch im Rahmen von Erfindungen und Prozessen auf dem Planeten geschenkt hat. Lasst euch operieren, rettet euer Leben, steht auf und sagt: *»Danke dafür, Gott, und danke dafür, dass ich dort geboren worden bin, wo so etwas möglich ist.«* Dieses Thema ist kompliziert, nicht wahr? Ihr seid alle so unterschiedlich! Du wirst wissen, was zu tun ist, mein Lieber. Mach dir mit dieser Entscheidung keinen Stress, denn deine angeborene Intelligenz wird dir sagen, was für dich stimmig ist, wenn du bereit bist zuzuhören.

»Gott verändert sich nicht. Bleib der Tradition treu!«

Und nun zum letzten Thema. Manche werden euch sagen, Gott sei immer derselbe, gestern, heute und auf immerdar. Sie werden auch sagen, ihr solltet euch deswegen nicht einer *New Age*-Bewegung anschließen, denn Gott würde sich nie verändern und die Energie Gottes würde immer gleich bleiben. Deshalb seien eure Vorstellungen von sich verändernder Energie und einem sich verändernden Gott dumm und närrisch. Dann werden sie euch warnen und sagen: *»Bleib diesem* New Age-*Zeug fern und halte dich stattdessen an die Traditionen und die Systeme der Religion und des spirituellen Lernens, die bereits stehen und denen Milliarden Menschen auf der Erde gefolgt sind!«*

Diese gesamte Argumentation beruht auf einem Missverständnis, meine Lieben. Ich möchte folgende Aussage treffen: Gott ist derselbe gestern, heute und auf immerdar. Das ist wunderschön, denn Gott der Schöpfer wird sich niemals verändern. Doch was sich verändert, ist die Beziehung des Menschen zu einem unveränderlichen Gott. Was sich verändert, ist die Fähigkeit des Menschen, eine ältere Energie hinter sich zu lassen und mit einer neuen Energie seinen inneren Schöpfer kennenzulernen. Der Mensch verändert sich, nicht Gott.

Eure Umwelt [Gaia] kooperiert, damit ihr ein besseres Verständnis eines Gottes entwickelt, der gestern, heute und immerdar derselbe ist. Bei der *New Age*-Bewegung geht es für die Menschen darum, zu verstehen, dass ihre Beziehung zu Spirit sich verändert und in ihrem Leben realer wird. Das bedeutet, die Menschen können jetzt so nach und nach den inneren Schöpfer auf neue, profunde Weise erkennen. Neue spirituelle Werkzeuge sind zur Hand, und allmählich steigt eine Bewusstheit des Selbst. Die Menschen verändern sich! Gott ist derselbe. Gebt die Traditionen auf, denn sie halten euch nur in einem Gefängnis gefangen, das ihr euch selbst gebaut habt und in dem ihr euch an der Mythologie festklammert und niemals die Herrlichkeit eurer eigenen Seele erkennt.

Das EINZIG wahre »Soll«

Man könnte sagen, es gibt ein Attribut, das allen »Solls« eigen ist. Ihr solltet in allem immer spirituelles Unterscheidungsvermögen walten lassen! Steckt die Energien um euch herum nicht in Schubladen (das möchte euer linearer Geist immer gerne tun)! Verschmelzt lieber alles zu einer Suppe aus spiritueller Logik, die für euer Leben einen Sinn ergibt. Wendet eure Regeln nicht auf andere Menschen an, sondern findet lieber heraus, was für euch funktioniert, und feiert das durch mehr Gesundheit.

Ihr Lieben, ich bin Bruder/Schwester Kryon. Ich kenne euch. Es ist egal, ob ihr in dieser Gruppe zu den Jungen oder den Älteren gehört. Ihr alle seid alte Seelen, die sehr lange zusammen sein werden. Denkt daran. Der erste Monat des Jahres 2012. Der Beginn von viel Neuem.

Und so ist es.

Kryon
(Kryon Patagonien-Kreuzfahrt, Januar 2012)

Prophezeiungen!

Jeder liebt sie … Gehen Sie in diesem Kapitel zum Abschnitt »Spiritualität«!

Wir verlieren bald einen Papst? Hey, das ist bereits geschehen! Nur zwölf Monate nach diesem Channeling trat Benedikt XVI. zurück, und Franziskus wurde zum Papst berufen. Vielleicht sind deswegen jetzt einige der anderen Prophezeiungen ein bisschen interessanter? (Lächeln.)

Lee Carroll

7 Die Rekalibrierung des freien Willens

Seid gegrüßt, ihr Lieben, ich bin Kryon vom Magnetischen Dienst. Zu diesen Treffen mit Menschen, die auf meinen Besuch warten, kommen hauptsächlich alte Seelen. Das war so vorausgesehen. Vor über zwanzig Jahren, als mein Partner anfing, kamen zu den Treffen neugierige Seelen. Es hat sich also weiterentwickelt. Es ist die Ernsthaftigkeit der alten Seelen, die sie in einen Raum wie diesen oder an einen Ort wie diesen führt, wo sie zuhören oder lesen können. Spirit reagiert auf meiner Seite des Schleiers auf Potenziale, und noch einmal sage ich: Wir haben keine Uhr. Wir erblicken den Leser ebenso wie die Person, die heute hier auf dem Stuhl sitzt. Wir sehen Potenzial als etwas Reales. Diese Realität, die wir jetzt sehen, hat euch dazu gebracht, das hier auf Papier oder auf einem elektronischen Gerät zu lesen. Uns erscheint das alles im selben Zeitrahmen, den ein paar von euch bei diesem Treffen beim Zuhören erleben. Eure Zukunft ist also jetzt.

Wir sehen in eurer Realität keine empirischen Regeln, sondern Potenzialitäten der Existenz. Das heißt, wir wissen, wer ihr seid – zuhörend, lesend oder hier auf dem Stuhl sitzend. Ihr meint, ihr wisst, wie viele hier sind, aber ihr wisst nicht wirklich, was *hier* bedeutet, denn es sind viel mehr hier, als ihr denkt. Gehört zu eurem *Hier* auch die Zukunft? Gehören zu eurem Hier auch die nachfolgenden Generationen? Ihr seht, jeder, der jemals diesen Worten lauscht oder sie hört, egal wann, ist ein Potenzial, das in unserem Jetzt existiert. Darüber wollen wir heute sprechen, und wir nennen das *die Rekalibrierung des freien Willens.*

Lasst uns einen Moment innehalten. Es gibt jetzt gerade eine »Befreiung«, egal, worum es bei der Weisung geht, egal, welche Worte gesprochen werden. Hört zu, Leser: Ich weiß, wer ihr seid. Für euch gibt es jetzt eine »Befreiung«: Bevor ihr euch von eurem Stuhl erhebt, auf dem ihr gerade sitzt, könntet ihr euch verändern, und zwar, weil ihr eine Energie empfangt, die von uns ausgesendet wird, egal, wie viel Uhr es eurer Meinung nach ist oder wo ihr seid – sie wird direkt an die Quanteninformationen eurer DNA gesandt, das Muster eurer Seele. Die Akasha eures Höheren Selbst und eure Seelenenergie sind daran beteiligt. Dieses Erwachen wird den Rest eures Lebens andauern, denn heute trefft ihr eine Entscheidung. So tiefgehend ist der freie Wille für einen Menschen.

Der Mensch kann eine *Kehrtwende* vollziehen. Betrachtet doch nur eure Geschichte! Schaut, was ihr in den letzten Jahren vollbracht habt. Ungeeignete Regierungen sind gestürzt (oder stürzen gerade), ungeeignete Finanzsysteme sind gefallen. Und doch fragt ihr immer noch: *»Wo verändert sich denn etwas?«* Die Veränderungen finden überall um euch herum statt, meine Lieben, aber es geschieht langsam und ist nicht in den letzten paar Wochen passiert. Also seid geduldig und lasst die Räder des Wandels sich in ihrer eigenen Geschwindigkeit drehen!

Die Freiheit der Wahl ist nicht so einfach

Die Freiheit der Wahl scheint etwas Einfaches zu sein. Für einen Menschen bedeutet das den freien Willen, um das zu wählen, was er sich wünscht. Doch so ist es keinesfalls. Ihr könnt euch nur für etwas entscheiden, das ihr begreift, oder für etwas, von dem ihr *meint,* ihr könntet es verändern. Ihr könnt euch nicht für etwas entscheiden, das für euch nicht wählbar erscheint.

Ratten in einem Labyrinth haben beispielsweise die freie Wahl. Sie können überall hingehen, wo sie wollen. Doch eine Wahl, die einer Ratte nie in den Sinn kommt, besteht darin, die Matrix zu entfernen. Das ist nicht in ihrem Bewusstsein bzw. ihrer Realität, weil sie solide Wände vor sich hat, die das Labyrinth darstellen. Also entscheidet sie sich für eine Richtung innerhalb der Wände und des Rätsels, das vor ihr liegt.

Die Menschen leben in einer dimensionalen Wahrnehmung, ganz ähnlich, wie wenn man in Schwarz-Weiß statt in Farbe leben würde. Man könnte sagen, sie hatten in Schwarz-Weiß schon immer die freie Wahl, sind sich aber der Farbe nicht bewusst. Und wenn man keine Farbe hat, dann entscheidet man sich auch nicht für Rot oder Blau oder Grün. Versteht ihr?

Jetzt stellt euch einmal kurz vor, diese Farben wären eine multidimensionale Realität. Deshalb kann eine Person (obwohl sie die Wahlfreiheit hat) die Dinge, die sie geistig nicht erfassen kann, auch nicht begreifen. Sie wählt also keine Farbe, denn sie weiß nicht einmal von der Existenz dieser Farbe.

Das, meine Lieben, verändert sich. Ihr erkennt so nach und nach Konzepte, die bislang nie Konzepte waren! Also stellt euch auf Farbe ein!

Ich werde euch eine kleine Liste dessen geben, was zu erwarten ist; manche von euch werden diese Dinge schon bald erkennen, manche brauchen noch eine Weile. Ich gebe euch einen Überblick ohne Uhr. Wenn ihr also sagt: *»Lieber Kryon, wann wird das denn nun passieren?«*, dann werde ich sagen: Ja! Oh, ihr Lieben, sie werden geschehen, denn wir sehen das Potenzial all dieser Dinge geschehen, was bedeutet, wir sehen, dass ihr bereits manifestiert habt.

Spiritualität

Nummer eins: Spiritualität. Die spirituell konzipierten Systeme auf eurem Planeten beginnen, sich zu verändern. Das soll nicht heißen, bestimmte Systeme würden verschwinden. Sie verändern sich einfach. Manche der größten spirituellen Systeme auf dem Planeten – was ihr »organisierte Religion« nennen würdet – verändern sich, weg von der äußeren hin zur inneren Autorität. Letztendlich wird Gott anders verehrt werden; die Regeln verändern sich langsam, die Grunddoktrin bleibt dieselbe.

Bei der Doktrin von Christus ging es schon immer darum, Gott im Innern zu finden. Die Lehren waren klar. Die Wunder wurden beispielhaft vollbracht, um aufzuzeigen, wozu Menschen in der Lage wären, und nicht, um einen Mann als Gott zu verehren. Wenn das so übernommen und verstanden wird, können die Lehren von Jesus die Lehren von Jesus bleiben. Es verändert sich einfach die Interpretation. Bei den Lehren der großen Propheten aus dem Nahen Osten (die alle miteinander zusammenhängen) geht es um Einheit und Liebe. Wenn die heiligen Worte erst einmal mit neuer Weisheit neu definiert werden, dann verändert sich der Mensch, nicht das Wort der Propheten. Die Propheten werden dann sogar von noch größerer göttlicher Inspiration getrieben sein, und ihre Weisheit wird noch profunder.

Schon bald werdet ihr einen Papst verlieren [siehe Lees kurze Einleitung zu diesem Kapitel]. Ich habe keine Uhr. Was für uns bald ist, kann für euch heute und morgen sein. Derjenige, der nachfolgt, wird vielleicht für Überraschungen sorgen, denn seine Organisation befindet sich zu diesem Zeitpunkt im Überlebensmodus. Das heißt, immer weniger Menschen sind daran interessiert, Priester zu werden. Immer weniger junge Leute interessieren sich für diese Organisation, und der neue Papst muss etwas verändern, um seine Kirche am Leben zu erhalten. Das bedeutet, seine Organisation bleibt bestehen, aber ihre Ansichten zu dem, was euch allen in einer neuen Energie bevorsteht, werden moderner.

Es geht nicht um den Zusammenbruch der Kirche, sondern um die Rekalibrierung der inneren Göttlichkeit, die zu der Verehrung passt, die weiterhin stattfindet. Es ist eine Win-win-Situation. Der neue Papst wird eine schwierige Zeit haben, denn die alte Wache ist immer noch da. Eventuell wird sogar ein Anschlag auf ihn verübt, denn die Wege der alten Energie sterben nur schwer aus. Achtet darauf. Das ist eine Veränderung der Funktionsweise von spirituellen Systemen, eine Neuausrichtung von spirituellen Systemen, die auf eine stärkere Wahrheit ansprechen, die vom Menschen und nicht von Propheten getrieben ist.

Drama

Nummer zwei: Entgegen dem, was ihr für die menschliche Natur haltet, werden die Menschen nach und nach anders auf Dramen reagieren. Im Moment ist Drama etwas Attraktives. Eure Medien schnappen gerade ein letztes Mal nach der Realität und setzen euch »Reality Shows« vor, damit ihr euch Dramen reinziehen könnt, als ob ihr davon nicht schon genug zu Hause hättet. Bitte achtet auf diese Veränderung, denn sie wird euch darauf hinweisen, dass sich die menschliche Natur von Grund auf verändert. Irgendwann wird das, was jetzt aktuell so beliebt ist, gar nicht mehr attraktiv sein. Überhaupt nicht mehr attraktiv! Irgendwann werdet ihr zurückblicken auf die Zeit, als ihr euch diese Art von Unterhaltungsshows angesehen habt, und werdet sagen: *»Wie barbarisch das war!«* Es wird sich verändern. Das bedeutet: Es steht eine Veränderung der Unterhaltungswünsche bevor, eine Veränderung dessen, was die

Menschen in ihrem Leben und in ihrer Freizeit erleben wollen. Es geht verstärkt hin zu einer Unterhaltung, die die Seele beruhigt, anstatt sich Dramen anzuschauen, die die Seele durcheinanderbringen. Was die Menschen sich in der alten Energie »reingezogen« haben, wollen sie sich nicht mehr anschauen. Wenn ihr euch eine Fernsehshow aus den 1950er-Jahren anschaut, wie gefällt euch die? Kommt sie euch in ihrer Unschuld abgedroschen und lächerlich vor? Jawohl, und zwar wegen eurer heutigen Realität, die sich verändert hat. Es wird sich also die Reaktion der Menschen auf Dramen verändern.

Euer Interesse an Dramatischem wird schwinden, stattdessen interessiert ihr euch mehr für Informatives und Herzerwärmendes. Das wird kommen. Ich weiß, einige von euch werden sagen: *»Das bezweifle ich, denn die Menschen sind nun einmal Menschen.«* Manche werden sogar behaupten: *»Na ja, Kryon, wie du ja selbst gesagt hast, sind die meisten Menschen keine alten Seelen. Sie werden sich also nicht gemeinsam mit uns verändern. Wie kann sich denn dann der Großteil der Menschheit verändern?«* Ich sage euch: Manches betrifft die ganze Welt, manches *nur alte Seelen.* Ihr werdet schon sehen. Doch zunächst einmal wird die Saat in euch angelegt. Was ihr fühlt und was ihr tut, wird sich schließlich auch in der normalen Bevölkerung zeigen.

Wie fühlt ihr alten Seelen euch derzeit bei dem, was im Fernsehen läuft? Ihr habt da bereits etwas dagegen! Ihr erkennt bereits, wie barbarisch das ist. Ihr seht bereits die fehlende Integrität mancher Journalisten, die euch in Angst und Schrecken versetzen wollen, anstatt euch zu informieren. Das wird sich verändern. Ihr werdet diese Forderung stellen. Betrachtet das folgendermaßen: Die alten Seelen sind die Samen, die eine Energie pflanzen, welche wächst und den Boden für neue Samen bereitet. Schließlich werden auch die jungen Seelen auf dieses *Samenerbe* einen Anspruch haben, welches durch die neue Energie der Erde zur Verfügung steht. Das war Nummer zwei.

Nummer drei: Das hier ist ein Rückblick. Wir bringen das immer wieder zur Sprache, weil die Menschen es einfach nicht glauben. Wenn ihr länger lebt, dann – so fürchten manche – werdet ihr ein Problem mit der Überbevölkerung haben. Ihr habt gesehen, wie das bisher läuft, und die geometrische Progression der Mathematik ist etwas Absolutes, und ihr könnt das nicht verändern. Wenn ihr also die Erdbevölkerung und deren Zunahme in den letzten zwei Jahrzehnten anschaut, dann macht euch das Angst. Wodurch könnte sich diese Progression verändern? Die Antwort ist einfach, erfordert allerdings einen anderen Denkansatz. Sie lautet: Durch eine *Zivilisation auf dem Planeten, die ein neues Überlebensszenario begriffen hat.* Anstelle einer Grundbevölkerung, der man gesagt hat, sie müsse viele Kinder in die Welt setzen, um den Fortbestand der Rasse zu sichern [das alte Überlebensdenken], werden die Menschen allmählich die Logik eines neuen »Szenarios« begreifen. Im Zuge eines veränderten Überlebensszenarios wird sich langsam die uralte Akasha-Weisheit zeigen. Nicht jede Frau wird sich mehr sagen: *»Die Uhr tickt.«* Sie kann stattdessen sagen: *»Ich war vierzehn Mal hintereinander Mutter. Jetzt setze ich einmal aus.«* Das ist dann eine Frau, die versteht, dass sie dadurch nichts verliert und sich nicht schuldig fühlen muss. Sie spürt vielmehr, dass das neue Attribut des Überlebens lautet: die Familie klein belassen oder gar nicht überleben! Wie wir bereits früher gesagt haben, werden zudem auch diejenigen, die derzeit nichts von Geburtenkontrolle wissen (wollen), irgendwann kapieren, warum Babys geboren werden [Kryon-Scherz].

Zum *neuen Afrika* gehören auch Bildung und Heilung und schließlich ein Nullwachstum der Bevölkerung, so wie das bereits in einigen Nationen der »Ersten« Welt der Fall ist. Diejenigen, die derzeit noch an eine spirituelle Doktrin gebunden sind, werden erleben, wie sich diese Doktrin im Hinblick auf die menschliche Geburt verändert – achtet darauf! Dann können sie eine freie Wahl treffen, die stimmig ist, auch im Rahmen der organisierten Religion.

Ihr seht, die Dinge werden sich verändern, wo der gesunde Menschenverstand sagt: *»Vielleicht wäre es für den Planeten nütz-*

lich, wenn ich keine Kinder oder nur ein Kind hätte.« Und dann das Offensichtliche: »*Vielleicht bin ich wirtschaftlich besser dran, und es wäre klüger, nur ein Kind zu haben. Das wird diesem einen Kind zugute kommen!«* Achtet auf diese Veränderungen! Und diejenigen unter euch, die tief den traditionellen Doktrinen verhaftet sind und sagen würden, das klinge unerhört und vollkommen unmöglich, verweise ich an den neuen Papst [Kryon lächelt]. Denn diejenigen unter euch, die meinen, unkontrollierte Fortpflanzung sei unumgänglich, fordere ich auf, sich Statistiken anzuschauen, die euch bislang nicht vorlagen oder die ihr euch nicht anschauen wolltet, und die aufzeigen, was manche Länder der »Ersten« Welt bereits von alleine erreicht haben, ohne irgendwelche Vorschriften. Das geschieht bereits. Das war Nummer drei.

Energie (wieder einmal)

Nummer vier: Die natürlichen Rohstoffe des Planeten sind begrenzt und werden euer Tun nicht weiter unterstützen. Das sagen wir schon seit zehn Jahren. Achtet auf mehr wissenschaftliche Forschung und die verstärkte Finanzierung von alternativen Möglichkeiten der Stromerzeugung (endlich!). Achtet auf die Unternehmen, die am meisten zu verlieren haben; sie werden das finanzieren. Das ist der erste Schritt hin zur umfassenden Erkenntnis, dass ein Umdenken bevorsteht.

Ihr könnt von Gaia anstelle der physischen Ressourcen Dinge nehmen, die Energie sind. Hier ist erneut die Rede von Geothermik, Gezeiten- und Windenergie. Und erneut bitten wir euch inständig, nicht *zu* techniklastig heranzugehen. Denn das ist eine Sache, die Menschen in einem technologischen Zeitalter gerne tun: das Einfache technisch *zu* kompliziert zu gestalten. Schaut euch nur einmal die Atomkraft an – die technisch komplizierteste und teuerste Dampfmaschine, die es gibt!

Eure aktuellen Vorstellungen der Energiegewinnung aus der Bewegung der Gezeiten und der Wellen müssen keine technischen Wunderwerke sein. Denkt einmal an Schaufelräder an einem Pier mit Wellen, die Energie in beiden Richtungen erzeugen [eingehende und abgehende Wellen] und an einen Generator angeschlossen sind, der Dutzende von Häusern in der Nachbarschaft, wenn nicht sogar ganze Städte, mit Strom versorgen kann. Denkt einfach und dezentralisiert euer Konzept der Stromerzeugung und -versorgung. Dasselbe gilt für Windenergie und Geothermik. Überlegt einmal die Möglichkeit von Energiedienstleistern, die Gruppen von Häusern mit Energie versorgen. Das Stromnetz kann nicht ausfallen, wenn es kein Stromnetz gibt. Das ist der Weg der Zukunft, und ihr werdet das tendenziell eher früher als später haben, wenn ihr das denn macht, und es wird nicht so viel kosten.

Wasser

Wir haben euch gesagt: Eine der größten Ressourcen auf dem Planeten, die sich verändern wird und für euch voller Geheimnisse steckt, ist Trinkwasser. Trinkwasser ist das nächste Gold der Zukunft, ihr Lieben! Wir haben euch auch Hinweise und Beispiele dafür gegeben, und wir bitten euch nochmals: Lernt, wie ihr Wasser heute schon ohne Hitze entsalzen könnt, bevor es potenziell an Trinkwasser mangelt! Es ist bereits möglich, und es ist machbar, im Labor wird das bereits getan. So kann kostengünstiges Trinkwasser für den Planeten erzeugt werden.

Die Einstellung verändert sich. Nach und nach werdet ihr das erkennen, und dem stehen nur die Unternehmen mit dem großen Geld im Weg, die derzeit im Besitz des alten Systems sind. Doch auch das wird sich verändern. »Das große Geld« will immer in die Dinge Geld stecken, die – wie es weiß – als Nächstes kommen, aber es will auch diese nächsten Entwicklungen auf Basis dessen schaffen, was es bereits »auf dem Regal vorrätig« hat, also Erdöl, Kohle, Wasserdämme und die Nutzung nicht erneuerbarer Rohstoffquellen.

In den letzten hundert Jahren hat sich daran nicht viel verändert, nicht wahr? Doch jetzt werdet ihr erleben, wie sich der freie Wille verändert und in den Vorstandsetagen Entscheidungen getroffen werden, bei denen den Unternehmensführern noch vor zwei Generationen die Haare zu Berge gestanden hätten. Doch jetzt ist das

»Schlimmste, was sie tun könnten«, vielleicht das »Beste, was sie tun könnten«. Das, meine Lieben, ist eine Veränderung des Konzepts des freien Willens. Wenn die Denker von morgen Optionen erkennen, die früher nie zur Wahl gestanden hätten, dann ist das eine umwälzende Veränderung. Das war Nummer vier.

Integrität, die vielleicht überraschend kommt ...

Nummer fünf: Manche meinen, es sei unmöglich, in allem nach Integrität und Fairness suchen zu wollen. Anders ausgedrückt: Die Menschen werden nicht einfach mehr das akzeptieren, was ihnen als Status quo vorgesetzt wird. Sie werden es sich anschauen und sagen: *»Nun ja, ich denke, das könnte besser sein. Ich werde nach etwas mit mehr Integrität und Fairness suchen.«* Oh ja, da werden manche sagen: *»Schau, die Institutionen halten sämtliche Trümpfe in der Hand, und du musst das nach ihren Regeln angehen. Wenn du eine Krankenversicherung oder einen Bankkredit für dein Haus haben willst, dann solltest du das lieber entsprechend ihren Regeln tun.«* Ich habe Neuigkeiten für euch: Selbst das wird sich verändern! *»Was kann man schon machen?«*, fragen da die Menschen. *»Sie haben die ganze Macht!«*

In der Vergangenheit konntet ihr nichts unternehmen. Doch jetzt nenne ich euch die Potenziale. Ihr werdet hinsichtlich dieser Frage über die Mauern des Labyrinths hinausschauen und dann sagen: *»Na gut, dann gründe ich eben meine eigene Institution.«* Genau das werden manche auch tun! Die neuen Institutionen sind auf Integrität gegründet und werden über die alte Energie hinwegfegen. Anders ausgedrückt: Die heutige Jugend wird ein neues Bankwesen in Angriff nehmen, ein neues Gesundheitswesen und ein neues Versicherungswesen. Und wenn ihr diese Pläne dann seht, werdet ihr sagen: *»Warum ist uns das nicht schon früher eingefallen?«*

Habt ihr in den letzten zehn Jahren Innovationen und Erfindungen gesehen, bei denen über die Schubladen der alten Realität hinausgedacht werden musste? Oh ja, das habt ihr tatsächlich. Ich kann euch nicht sagen, was kommt, weil ihr daran noch nicht gedacht habt! Doch die Potenziale zeichnen sich deutlich ab.

Ich will euch ein Beispiel nennen. Stellt euch vor, vor zwanzig Jahren hättet ihr vorhergesagt, es würde so etwas wie das Internet auf einem Gerät geben, das ihr eigentlich nicht habt, und mit Technologie funktionieren, die ihr euch nicht vorstellen könnt. Ihr würdet komplette Bibliotheken, mit Büchern gefüllte Gebäude, in eurer Hand halten – eine weltweite Enzyklopädie mit allem Wissenswerten, in der ihr sofort nachschauen könnt! Und nicht nur das, dieser Nachschlagservice würde euch keinen Cent kosten! Ihr könntet Freunde anrufen und sie über einen Video-Stream sehen, und auch das würde nichts kosten! Egal, wie lange ihr diesen Dienst in Anspruch nehmt oder wie stark ihr ihn nutzt – der eigentliche Dienst würde kostenlos sein. Nun, jeder, der das damals von euch gehört hätte, hätte wohl gesagt: *»Selbst wenn wir den technologischen Teil, den wir für unmöglich halten, für wahr hielten, dann kostet doch alles Geld. Da müssen Gebühren anfallen! Wie würden diese Dienstleister sonst Geschäfte machen können?«* Die Antwort lautet: Neue Erfindungen gehen mit neuen Geschäfts-Paradigmen einher. Ihr wisst nicht, was ihr nicht wisst, also beschließt nicht schon im Voraus, was auf Basis einer Welt der alten Energie eurer Meinung nach kommen wird.

Das Undenkbare ...
Politik (noch einmal)

Die Menschen werden nach Integrität und Fairness Ausschau halten, und das passiert dort, wo ihr es niemals erwartet hättet. Ich habe das letzte Woche schon gesagt, das ist also eine rückblickende Wiederholung. Es wird eine Zeit kommen, wo genau das in der Politik gefordert wird: Fairness und Integrität. Wenn sich die Kandidaten also gegenseitig beschimpfen, werdet ihr euch von ihnen abwenden, und sie werden keine Stimmen erhalten. Sie werden das echt schnell kapieren, meint ihr nicht? Wie findet ihr das?

Ich will euch ein weiteres Potenzial nennen. Dieses Land, in dem ich mich gerade befinde [USA], wird für dieses spezielle Attribut die Form gestalten. Ich habe keine Uhr. Habt die jungen Leute im Blick! Sie werden das in Bewegung setzen, ja, das werden sie, denn sie sind die Wähler der Zukunft, und sie wollen die Energie der Gegenwart nicht mehr. Für manche von ihnen ist sie so fürchterlich, dass sie sich in dieser Energie nicht einmal zur Wahl registrieren lassen. Das wird schon bald geschehen. Und das war Nummer fünf.

Die Nachrichten

Nummer sechs: Ich will es kurz machen. Achtet darauf, wie sich eure Nachrichtensendungen verändern. Sie werden sich verändern müssen. Wenn die Medien erkennen, dass die Menschen ihre Sehgewohnheiten verändern, dann werden sie auch andere Sendungen für euch produzieren. Schließlich wird es so etwas wie den »Gute-Nachrichten-Kanal« geben, und der wird wirklich sehr attraktiv sein. Denn er wird real sein und ein Gegengewicht zu dem Drama bilden, das heute so anziehend ist. Das werden die Familien abends in gemeinsamer Runde sehen wollen. Dabei wird eine Situation dann umfassend dargestellt und nicht nur über die dramatischen Teile berichtet werden. Ihr werdet von Geschehnissen auf dem Planeten hören, über die heute niemand berichtet, und wenn das geschieht [wir haben keine Uhr, ihr Lieben], wird das stark mit dem Drama konkurrieren. Ich sage euch das immer wieder. Die eigentliche menschliche Natur wird bunt sein anstatt bloß schwarz-weiß. Achtet darauf! Das war Nummer sechs.

Vorhersagen

Es gibt noch zwei weitere Punkte. Erst vor Kurzem machten wir eine prophetische Vorhersage, die wir jetzt noch einmal wiederholen. Derzeit ist auf dem Planeten etwas im Gang, was die großen Pharmaunternehmen in die Knie zwingen wird, ähnlich wie es in der Tabakindustrie der Fall war, wo erkannt wurde, dass es an Integrität fehlte, wo Alarm geschlagen wurde und die Entrüstung groß war. Ihr habt eine Industrie gesehen, die wissentlich junge Menschen süchtig machte und Tod verursachte, und das wurde bekannt. Und es hat nicht so lange gedauert, nicht wahr? Wir sagten das vor nicht allzu langer Zeit, und ich wiederhole es: Wenn ihr eine ganze Branche seht, die aus Profitgier bereit ist, die Menschen krank zu halten, dann wird das eher früher als später ihren Fall herbeiführen. Die ersten Anzeichen werden schon sehr bald zu sehen sein.

Die Menschen werden hinsichtlich ihrer Gesundheit eine andere Betrachtungsweise einnehmen. Wisst ihr, was die wahre Antwort auf die Frage nach langfristiger Gesundheitsvorsorge ist? Nicht nur in diesem Land, sondern weltweit? Ich gebe euch einen Hinweis: *Werdet nicht krank!* Und das, ihr lieben Menschen, steht, wie ich euch sage, kurz bevor! Der Körper wird auf eine Weise verstanden werden, wie das früher nicht der Fall war. Eure DNA ist darauf ausgerichtet, sich zu regenerieren und Hunderte von Jahren zu überleben. Derzeit seid ihr einen Augenblick hier, und dann sterbt ihr.

Die entsprechende Forschung gibt es bereits. Die ersten Schritte hin zu einem längeren Leben sind bereits gemacht. Die Menschen werden sich auf die Suche nach dem machen, was natürlich ist, und nach Prozessen, die es schon immer gab, und das wird möglich werden durch den Niedergang der Pharmaindustrie. Und ihr werdet euch fragen, warum ihr das nicht früher erkannt habt, werdet zurückblicken und peinlich berührt sein, so wie euch heute die Werbung der 1950er-Jahre zusammenzucken lässt, mit lächelnden Ärzten, die eine bestimmte Tabaksorte empfehlen.

Ich habe keine Uhr, ihr Lieben. Ich kann euch nicht sagen, wann das passiert. Ich kann euch lediglich garantieren, dass es geschehen wird. So große Systeme können ohne Integrität in der neuen Energie nicht existieren. Versteht ihr? Manche werden sagen: *»Hoffentlich passiert das, solange ich noch lebe.«* Oh, das wird geschehen. Ihr seid vielleicht nicht die Person, die ihr heute seid, aber ihr werden dabei sein, ihr alten Seelen. [Kryon lächelt.] Das war Nummer sieben.

Das Ende von Krieg

Nummer acht: Das letzte Thema ist das beste. Seit Jahrtausenden führen die Menschen auf diesem Planeten Krieg gegeneinander. Wenn man sich die Gründe für diese Kriege anschaut, wird man schnell erkennen: Es waren nie gute Gründe, aus denen Krieg geführt wurde: Land, Bodenschätze, Gier, Macht. Das sind keine Gründe. Das ist eine Beschreibung der alten Energie. Das sind keine Gründe. Gründe wären eventuell die Verteidigung gegen einen Aggressor. Aber was wäre, wenn es das Bewusstsein des Aggressors nicht mehr gäbe?

Als ich vor über zwanzig Jahren in das Leben meines Partners trat, sagte ich ihm im Privaten, die ersten Botschaften von uns würden unglaublich sein. Wir würden ausgelacht werden. Wir sagten ihm, die menschliche Natur und das menschliche Bewusstsein würden sich verändern, die Saat des Friedens werde ausgebracht werden, und es werde eine Zeit kommen, in der es keinen Krieg mehr gibt. Und es gab tatsächlich großes Gelächter, denn die Menschen werfen einen Blick auf die Geschichte und erkennen Muster, die in einer absoluten Energie, genannt »die menschliche Natur«, gründen. *»Unmöglich! Es muss immer Krieg geben. Es hat immer Krieg gegeben. Und deshalb wird es auch immer Krieg geben.«* Das seid ihr, in einer Schublade, in einem Schwarz-Weiß-Potenzial, wo ihr lediglich das Schwarz und Weiß der Gegenwart und das Schwarz und Weiß der Vergangenheit sehen könnt. Ihr habt keine Ahnung von den Farbnuancen in eurem Bewusstsein und der Schönheit der Liebe Gottes.

Nordkorea steht kurz vor einer Veränderung, wie wir euch gesagt haben. Was war dazu erforderlich? Der Tod der alten Energie, und ich möchte, dass ihr beobachtet, wie das stattfindet. Die Berater des jungen Führers werden sich nach Kräften bemühen, ihn zurück in eine alte Energie zu ziehen. Diese freie Entscheidung seines freien Willens wird ganz anders ausfallen als die seines Vaters, denn er sieht ein bisschen Farbe. Achtet darauf. Es wird länger dauern, als euch lieb ist, aber es ist der Beginn des Beginns.

Ihr werdet eher früher als später eine neue Vereinigung in Südamerika erleben, wegen dem, was da potenziell noch in diesem Jahr in Venezuela passiert. Ihr werdet im Iran Veränderungen erleben. Wir haben keine Uhr. Das sind die Potenziale. Sie können sich aufgrund des freien Willens verändern. Das sind keine Prophezeiungen. Es findet eine Realitätsveränderung statt, ihr Lieben, Nummer acht ist also die Tendenz, keine Kriege mehr zu führen.

Das ist das, was die Menschen in Zukunft wollen. Das ist auch das, was die Regierungen in Zukunft wollen. Auf dem Planeten wird sich ein Weisheitsfaktor manifestieren, der größer ist als das, was ihr für möglich haltet. Denn was denkt ihr bei einem Blick auf die Regierungen? Heute seht ihr Funktionsstörungen, und ein Axiom besagt, je mehr Menschen versuchen, zusammen etwas zu erreichen, desto schlimmer wird es. Es läuft alles auf den kleinsten gemeinsamen Nenner hinaus. Doch ich sage euch, selbst das wird zu Konzepten der alten Energie. Stattdessen werdet ihr sehen, wie Weisheit zum stärksten Potenzial wird. Das ist Nummer acht.

Ich habe keine Uhr. Ich kann euch nicht sagen, wann das passiert. Ich kann euch nur sagen, es ist bereits in Arbeit, und schon bald könnt ihr die daraus entspringende Saat sehen – jetzt sogleich, in jeder der acht Kategorien, die ich euch aufgezeigt habe. Manche werden sagen: *»Kryon, du machst viel mehr Prophezeiungen als früher.«* Ich möchte euch sagen, was vor sich geht, ihr Lieben. Ich sage nichts vorher. Ich sage euch nur, was bereits in der Potenzialsuppe eurer Realität vorhanden ist. Das tun die Menschen auf diesem Planeten, und wer an diese Kommunikation glaubt, der sollte einen Seufzer der Erleichterung ausstoßen und sagen: *»Na endlich, es ist aber auch Zeit!«*

Ich werde bald wieder gehen, aber zuvor spreche ich noch diese Ermahnung aus: Samenpflanzer, ihr habt 18 Jahre, diese neue Saat auszubringen. Sie wird schneller wachsen, wenn ihr das jetzt statt später macht. Eure Rolle besteht darin, in diesen Bereichen zu Hause und in der Arbeit ein höheres Bewusstsein zu haben und euren Mitmenschen zu zeigen, was ihr durch eure Weisheit wisst. Zeigt ihnen die Liebe Gottes in eurem Leben, indem ihr sie so behandelt, wie ihr euch selbst behandeln würdet: langsam ärgerlich werden und schnell verzeihen. Erzeugt um euch herum Trost, eine Blase des Friedens, die so begehrenswert ist, dass die Menschen bei euch sein möchten. Verurteilt nicht. Das sind die Samen, die das Kristallgitter dieses Planeten verändern werden, und eure Kinder und deren Kinder werden das erben, was ihr heute tut. Bei dieser Veränderung geht es um einen Bewusstseinswandel; deshalb seid ihr hier. Das ist die Wahrheit dieses Tages, und ich sage es noch einmal: Alles geht vielleicht erst einmal ein Stück zurück, bevor es vorangeht, aber das ist der Gang der Dinge, und das war schon immer so. Wenn ihr einen Blick auf die letzten 50 Jahre werft, werdet ihr erkennen, wie sehr sich die menschliche Natur verändert hat. Doch das ist nichts, verglichen mit dem, was ihr noch sehen werdet.

Ich bin Kryon. Vor 23 Jahren ließ mich mein Partner in sein Leben treten. Ich wusste, er würde vier Jahre brauchen, um sich darauf einzulassen, und so war es. Vor 18 Jahren nahm die Ausrichtung ihren Anfang, und zu diesem Zeitpunkt begann die Arbeit. Ich bin hier wegen dem, was die Menschheit getan hat. Kryon war schon immer auf dem Planeten, doch erst während der letzten 18 Jahre ging es um profunde Botschaften über die Veränderung. Die Gruppe zur Ausrichtung des Gitters kam im Jahr 1989 an und ging wieder im Jahr 2002, und die Magnetik wurde eingestellt. Dann begann die Veränderung des menschlichen Bewusstseins, wie wir ja gesagt hatten.

Das ist unsere heutige Botschaft. Verlasst diesen Ort anders, als ihr gekommen seid!

Und so ist es.

Kryon
(Dallas/Texas, Februar 2012)

Haben eure Eltern oder Großeltern erwartet, dass sich das geopolitische System des Kalten Krieges so dramatisch und schnell verändern würde, wie das in den 1980er-Jahren geschah? Das war gegen jede Wahrscheinlichkeit und gegen jede Logik und auch entgegen allen Prophezeiungen über den Planeten. Warum bezweifelt ihr, dass solche Veränderungen erneut geschehen könnten? Habt ihr gesehen, wie euren früheren Feinden aus dem Zweiten Weltkrieg vergeben wurde und wie viel Entgegenkommen da war? Wenn das in nicht einmal zwei Generationen passieren kann, warum bezweifelt ihr dann, dass auch Religionen zu so etwas in der Lage sind?

Glaubt ihr wirklich, ihr werdet einen Planeten haben, auf dem jahrtausendealte spirituelle Lehren einfach so verschwinden? Das ist nicht praktikabel, oder? Geht lieber davon aus, dass sie sich in etwas Kooperativeres und Wunderschönes verwandeln! Geht davon aus, dass Unterschiede verstanden und geachtet werden, statt deswegen Krieg zu führen! Es ist höchste Zeit dafür, und es signalisiert spirituelle Weiterentwicklung und die Weiterentwicklung des Bewusstseins auf dem Planeten Erde.

Das ist der neue Mensch, und das ist die Zukunft. Ihr seid dabei, im Jahr 2013 und danach »die Kurve zu kriegen«, und ich habe euch gerade einen Schnappschuss von dem gezeigt, was möglich ist und was, wie wir sagen, geschehen kann.

Kryon

Die Verbindung zu Gaia

Dieses Thema erfordert eigentlich ein eigenes Kryon-Buch! Aber Moment, genau das gibt es ja! (Siehe S. 34 f.) Wenn wir uns rekalibrieren und die Gaia-Energie unmittelbar auf uns reagiert, dann rekalibriert sich auch Gaia. Genau so ist es, und die meisten alten Völker haben das vorhergesagt. Wie also funktioniert das? Lesen Sie weiter …

Lee Carroll

8 Die Rekalibrierung von Gaia

Seid gegrüßt, ihr Lieben, ich bin Kryon vom Magnetischen Dienst. Die Familie, die da vor mir sitzt, ist mir bekannt, und ich sage nochmals: Es ist kein Geheimnis, wer hier sitzt und wer vielleicht zuhört und wer das schließlich liest. Es kommt in einem zeitlosen Zustand zusammen, der anders ist als die Realität, die ihr derzeit gemeinsam habt. Meine Realität ist ein Ort ohne Zeit in einem Quantenzustand, voll der Potenziale derjenigen, die – wie ich weiß – diese Botschaft hören und lesen. Auch wenn für euch im Raum dies als Jetzt erscheint, ist für mich doch alles jetzt.

Ich wünschte, ich könnte euch ein paar Tausend Jahre zurückführen. Während die Zeit rückwärts läuft, würden die Gebäude langsam verschwinden, alles würde zu Staub zerfallen, und die Urvölker würden auftauchen. Wie euch ein Blick auf die Urvölker der damaligen Zeit zeigen würde, standen bei ihnen zwei Dinge im Mittelpunkt, zwei Dinge, die alles ausmachten, was für sie wichtig war: zum einen die Verehrung der Ahnen und zum zweiten die Verehrung von Gaia. Die Urvölker konzentrierten ihre Energien auf das Land; aber nicht nur auf das Land, welches ihnen Wasser oder Nahrung lieferte, sondern auf die eigentliche Energie des Erdbodens. Viele von euch, die das Leben der Urvölker studiert haben, wissen, wovon ich spreche. Das ist bei allen Urvölkern auf der Erde gleich, denn sie wussten intuitiv, dass Gaia die Energie der sogenannten *Mutter Erde* ist. Die Menschen einer Gesellschaft, die lange nicht so komplex wie die eure war, und Gaia waren aufeinander eingestimmt. Sie erlebten die überwältigenden Energien dieses Bündnisses mit dem Planeten und den Ahnen, die vor ihnen gelebt hatten.

Ich erzähle euch das, weil das Thema der Lektion des heutigen Tages davon handelt, inwiefern dieses Bündnis auch heute noch lebendig ist und sich verändert. Ihr seht das vielleicht nicht so wie diese Urvölker, aber das Bündnis existiert noch immer, und zwar auf eine für euch geheimnisvolle Weise. Ich werde euch darüber aufklären und das System und seine Funktionsweise beschreiben. Wundert euch also nicht und erschreckt nicht, wenn ich auf der Molekularebene des menschlichen Wesens beginne. Das muss ich, denn dort liegen die Geheimnisse verborgen.

Die Verbindung zwischen Gaia und dem Menschen

Hier ist die Prämisse, meine Lieben: »So wie sich das Bewusstsein entwickelt, entwickelt sich auch Gaia. Wo Gaia hingeht, dorthin geht auch die DNA.« Hier geht es um eine Partnerschaft, die mehr ist, als ihr meint. Die Urvölker beteten nicht um Regen. Sie beteten auch nicht um eine gute Ernte und verehrten keine Gottheit. In ihrer Realität *fühlten* sie den Planeten und wussten, dass er Teil von ihnen war. Das war alles. Sie waren also immer eins mit dem Planeten, und das Auftreten von Regen oder Ernten geschah im Bündnis mit Gaia. Sie hatten Einstimmungszeremonien, keine Bittgebete. Wenn sie nicht bekamen, was sie wollten, dann, so wussten sie, waren sie nicht eingestimmt. Dieses Attribut geht euch heute ab, doch der Prozess dieser Einstimmung ist nach wie vor lebendig und funktioniert.

Jetzt wollen wir wieder einmal über die DNA sprechen. Das DNA-Molekül ist einzigartig und einmalig. Es ist in allem einzigartig, denn in ihm gibt es ein Ergänzungsstück des Göttlichen, das die Tiere nicht haben. Bestimmte Tiere haben so vieles – bestimmte Tiere können sogar reinkarnieren, sie tun das für euch Menschen. Doch sie haben keine Seele wie ihr, und sie besitzen nicht den göttlichen Funken wie ihr. Ihr Zyklus ist ein Zyklus der Liebe zu eurer Unterstützung.

Die Reinkarnation von Haustieren - ein Gaia-System

Ich rede jetzt über etwas, was ich nur selten anspreche; ihr solltet Folgendes wissen: Alle Systeme des Planeten drehen sich um euch. Es ist ein Unterstützungssystem für die Menschen, um ihr Leben einfacher und besser zu machen, während Gaia auf das reagiert, was sie ihr geben. Wenn ihr ein Tier liebt, dann ist euch wahrscheinlich bewusst, dass das Leben dieses Tieres kurz ist – zu kurz.

Ich möchte euch ein paar Informationen zukommen lassen, und wenn ihr glaubt, dass dieses Channeling real ist, dann glaubt auch dies: Jene Tiere, denen ihr in Liebe verbunden wart, kommen zu euch zurück. Die Seele führt diese Liebesgeschichte weiter, und wenn ihr das wollt, dann ist das Tier da, sodass ihr es erneut finden könnt. Das ist ein Unterstützungssystem des Mitgefühls, welches die Göttlichkeit in jedem Menschen ehrt. Wusstet ihr, dass ihr in eurer DNA ein Quantenattribut habt, über das wir schon seit vielen Jahren sprechen? Mein Partner ist erst gestern darauf eingegangen.

Die DNA besitzt ein Quantenfeld

Wie die Wissenschaft inzwischen erkennt, verfügt das DNA-Molekül möglicherweise über Attribute, die der Drehung der Quantenstruktur im Universum Informationen zukommen lassen. Das bedeutet, die DNA ist eine Quantenmaschine. Jetzt möchte ich das Bild für euch weiter ausbauen, denn die DNA ist kein Einzelding. Sie ist eine Familie, und im Körper eines einzigen Menschen besteht diese Familie aus über 100 Billionen »Mitgliedern«. Doch da steht ihr vor einem Rätsel, dem die Wissenschaft noch nicht einmal einen Blick gewidmet hat: Wie »weiß« die gesamte DNA-Familie alles? Zurzeit ist der Wissenschaft noch nicht einmal die Notwendigkeit bewusst, die Kommunikation der DNA-Moleküle untereinander zu erforschen. Sie haben das Feld noch nicht erkannt; sie haben die Struktur noch nicht erkannt; und sie haben die Schatten noch nicht erkannt. [Anmerkung von Lee: Die »Atomschatten« wurden einen Monat nach diesem Channeling entdeckt.]

Die DNA muss im menschlichen Körper zusammenarbeiten, damit die – wie wir das nennen – *angeborene Intelligenz* des menschlichen Körpers funktioniert. Die gesamte DNA muss als eins zusammenarbeiten. Vom Scheitelpunkt bis hinunter zu den Zehen müssen diese Moleküle als ein einziger Satz an Anweisungen agieren. Das sind einzigartige Informationen, denn kein Mensch auf dem Planeten hat dieselbe DNA wie ein anderer. Deshalb müsst ihr zugestehen, dass etwas in eurem Körper die gesamte DNA miteinander verbinden muss. Sonst könntet ihr nicht funktionieren. Es muss Kommunikation zwischen den DNA-Molekülen geben. In ihnen werden die Gene produziert, und in diesen sitzen die Informationen, die euer Höheres Selbst ausmachen. Das ist die

Akasha-Chronik, und sie muss als eines schwingen, Billionen von Teilen, die als eines schwingen. Das sagen wir euch, damit die Physiker das erkennen können und schließlich die *Verschränkung** der DNA des Menschen verstehen. Das heißt, sie ist in einem Zustand »fixiert«, und die Teile verhalten sich als eines. [*Verschränkung ist ein Attribut der Quantenphysik, welches gerade auf der Makroebene erforscht wird. Manche Arten der Verschränkung erzeugen eine »Quantenfixierung«, andere nicht. Im Fall der DNA sind die Informationen der DNA-Moleküle untereinander durch die Quantenattribute des Feldes »fixiert«.]

Die verschränkte DNA des menschlichen Körpers

Es gibt ein physikalisches Attribut, welches noch nicht erkannt worden ist und wovon noch nicht die Rede war; ich spreche hier das erste Mal davon, damit ihr ein bisschen besser versteht, wie es funktioniert. Und darüber hinaus werdet ihr euch daran erinnern, wo ihr das gehört habt, wenn es dann entdeckt wird. Wenn um die Moleküle herum mehrere Quantenfelder existieren, müssen sich diese folglich überschneiden. Die Felder überlappen also miteinander, und ihr verfügt bereits über die Wissenschaft, die aufzeigt, was dabei passiert – es treten mehrere überlappende magnetische Felder auf. Magnetik ist eine Quantenenergie, die Resultate der DNA sind also ähnlich. Es findet etwas Magisches namens *Induktanz* statt, was auch die Wissenschaft nicht versteht. Im Alltag könnt ihr das sehen, wenn ihr das Magnetfeld der Sonne betrachtet, die sogenannte *Heliosphäre,* und den Solarwind, der sich auf das Magnetfeld der Erde auswirkt, auf das Magnetgitter. Da entstehen Funken! Die *Aurora Borealis.* Das passiert, wenn sich Magnetfelder überlappen. In diesem Zustand werden Informationen übertragen, und die elektronischen Eigenschaften dieses Attributs sind euch wohlbekannt und kommen tagtäglich zum Einsatz.

Wenn man nun kein Magnetfeld, sondern ein Quantenfeld um jedes Molekül herum hat, dann, so sage ich euch, entstehen keine Funken, sondern es kommt zu einem *geplanten und konstruierten verschränkten Zustand.* Überlappende Quantenfelder sind Attribute, die bislang nicht untersucht, erkannt oder gemessen worden sind. Wenn es so weit ist, wird man die Mechanik eines verschränkten Zustands erkennen, der wiederum ein Gesamtfeld um den Menschen herum schafft, welches viel größer ist, als ihr vielleicht erwartet. Was könnte in diesem acht Meter breiten Feld sein? Und war es das schon einmal? Die Antwort lautet: Ja! Es steht in euren heiligen Schriften, im Alten Testament der Bibel, im Zweiten Buch der Könige. Wir sagen euch erneut: Elisa sah den Meister Elias aus freiem Willen in den Himmel aufsteigen, und sein Feld glühte auf dem Boden. Es leuchtete, und er verließ den Planeten in einer Lichtblase, einem Wagen, der ihn mitnahm. Elisa gab diesem Wagen einen (hebräischen) Namen, der so viel wie »fahren« bedeutet: die *Merkaba.* Jetzt habt ihr also einen Namen dafür, der nicht nur von den Alten in spirituellen Ländern anerkannt wird, sondern bis zum heutigen Tag auch von denjenigen, die das zweite Gesicht haben. Das ist das Quantenfeld des Menschen – die Merkaba.

Die Merkaba ist also eigentlich ein Quantenfeld, welches voller Informationen steckt; diese Informationen erscheinen euch unstrukturiert, aber in Wirklichkeit sind sie – mit unseren Augen betrachtet – ziemlich strukturiert. Das ist die Matrix der Vorlagen für den Menschen; sie wartet in Bereitschaft darauf, von einem anderen Quantenfeld verändert zu werden, und dieses Feld wird *Bewusstsein* genannt. Bislang habe ich Gaia noch nicht erwähnt, oder? All das führt mich dazu, euch etwas zu erzählen, von dem ich bislang nur angedeutet habe, wie es funktioniert.

Da sitzt also der Mensch, und all das, was ihr nicht sehen könnt und wovon wir euch gerade erzählt haben, ist intakt. Nichts Greifbares, nichts Messbares wird von der Wissenschaft lächerlich gemacht. Energiefelder um die Menschen herum? Wenn das nächste Mal ein Wissenschaftler von euch weggeht, fragt ihn doch nach seinem Mitgefühlsmesser oder Angstmesser oder Liebesmesser. Wie bitte? So was hat er nicht? Heißt das, keine dieser die Chemie verändernden Emotionen existiert? Nein. Sie existieren nicht nur, sondern, jawohl, man kann sie sogar messen – aber eben noch nicht. Vielleicht verändert sich das Paradigma »Was man nicht messen kann, kann auch nicht existieren« in der nahen Zukunft.

Das menschliche Quantenfeld und das angeborene System

Um jeden Menschen herum gibt es ein wunderschönes Feld, das manchmal als magisch bezeichnet wird, denn in diesem Feld befindet sich nicht nur eure Akasha-Chronik, sondern es enthält auch die Attribute eures Höheren Selbst (der Seele). Es ist das Echo dessen, was sich im eigentlichen DNA-Molekül befindet, und wenn ihr Quantenaugen hättet, könntet ihr einen Menschen betrachten und ablesen, wer er war und was seine Themen sind. Ihr würdet das sehen, was wir die *angeborene Intelligenz* des Menschen nennen, die Intelligenz der Zellstruktur.

Manche hier im Raum verfügen über diese Sicht, das sind die sogenannten intuitiven Heiler, Reinkarnationstherapeuten etc. Die Heiler, die in diesem Raum sind, müssen sich auf dieses zweite Gesicht verlassen, damit sie all das um den Menschen herum sehen. Das ist nichts Mysteriöses, keine Zauberei, sondern Wissenschaft. Ich habe noch immer nichts von Gaia gesagt, stimmt's? Aber gleich.

Die angeborene Intelligenz des Menschen stellt die Brücke zwischen der Intelligenz eurer Zellstruktur (und eurer DNA) und eurem dreidimensionalen menschlichen Bewusstsein dar. Manche der hier im Raum Anwesenden praktizieren die sogenannte *Kinesiologie.* Kinesiologie ist eine Möglichkeit, zur angeborenen Intelligenz zu sprechen. Der Mensch ist clever, aber seltsamerweise nicht clever genug, um zu wissen, was in seinem eigenen Körper vor sich geht. Das haben wir schon früher gesagt, und das ist mysteriös, nicht wahr? Da entwickelt sich vielleicht eine Krankheit in eurem Körper, und ihr lächelt einfach und habt keine Ahnung davon, bis es wehtut. Ist das nicht seltsam? Aber die angeborene Intelligenz weiß darüber von Anfang an Bescheid. Ihr müsst vielleicht einen Muskeltest durchführen (Kinesiologie), um herauszufinden, auf was ihr allergisch reagiert oder was in eurem System vorgeht – ein Ja/Nein-Prozess. Interessant, dass ihr das machen müsst, um zu entdecken, was in eurem eigenen Körper passiert, oder? Ihr könntet euch also fragen: *»Vielleicht fehlt etwas? Eigentlich sollten wir doch sofort wissen, was in unserer eigenen Zellstruktur los ist!«* Damit hättet ihr völlig recht. Es sollte eine Brücke zwischen all diesen

Informationen und eurem Bewusstsein geben, die quantenhaft ist. Ja, ihr hättet recht. Ich habe noch immer nichts von Gaia gesagt, nicht wahr? Und an diesem Punkt kommen die guten Neuigkeiten.

Die Gaia-Energie wird von der Menschheit getrieben

Gaia arbeitet mit der Menschheit zusammen. Gaia misst ständig die Attribute der Menschheit als Gruppe. Als es nur wenige Menschen auf dem Planeten gab, die mit Gaia in Verbindung standen, hat Gaia reagiert und ebenso eure DNA. Gaia hat der DNA Hinweise darauf gegeben, wie gut sie funktionierte. Die DNA, die Blaupause eines Menschen, ist darauf ausgelegt, mit Gaia zusammenzuarbeiten, und Gaia ist darauf ausgelegt, auf das menschliche Bewusstsein zu reagieren. Sie bilden ein geschlossenes System, das eine wirkt sich immer auf das andere aus. Die DNA ist darauf ausgelegt, dem Menschen ein sehr langes Leben zu verleihen, und sie ist auch auf Verjüngung und Selbstheilung ausgelegt. Die DNA ist so geschaffen, dass die Brücke zwischen euch und der angeborenen Intelligenz *immer* da ist. Aber so ist es nicht, oder?

Ihr habt von den Menschen in alter Zeit gehört, die sehr viele Jahre gelebt haben. War das ein Druckfehler in der Heiligen Schrift? Oh nein! Wodurch konnten manche Menschen damals so viel mehr Jahre in Gesundheit leben? Entspricht das mit dem hohen Alter der Wahrheit? Ich werde es euch sagen: Ja, es stimmt, und zwar aus folgendem Grund: Das Feld um euch und andere Menschen herum ist so auf Gaia abgestimmt, dass ihr mit Gaia kooperiert und euch verändert und umgekehrt. Die Ahnen wussten das, deshalb waren sie *eins mit dem Planeten.* Auch ihr werdet das entdecken.

Gaia erhält Hinweise vom menschlichen Bewusstsein hinsichtlich der für den Planeten *zu erzeugenden Energie.* Das erzählen wir euch seit 23 Jahren. Es geht auch umgekehrt, denn eure DNA als Ganzes reagiert auf das sogenannte *Kristallgitter* des Planeten. Das ist ein esoterisches »Gedächtnisgitter«, in welchem Energie und Ereignisse der Menschheit gespeichert werden.

Wir haben schon früher über das Kristallgitter zu euch gesprochen; man könnte sagen, es ist eine Schale um den Boden der

Erde herum, die unsichtbar ist, aber alle Energien und die gesamte Geschichte aller Menschen bewahrt, die jemals auf dem Planeten gelebt haben. Wenn ihr geboren werdet und euren ersten Atemzug tut, schaut das Quantenfeld eures Menschseins auf das Kristallgitter und passt seine Effizienz an die Energie des Planeten an. Die Menschheit wurde in der Zeit, in der sie hier gewesen ist, in dieser Energie geschaffen.

Zurzeit steckt die Energie dieses Planeten voller Jahrtausende mit Krieg, kämpfender alter Energie, Machismo und Intoleranz. Das ist demnach das, an was sich die DNA bei eurer Geburt anpasst. Ihr seid auf 100-prozentige DNA-Effizienz ausgelegt, doch derzeit beträgt die Effizienz gerade einmal 30 Prozent. Und das, meine Lieben, verändert sich gerade, denn die DNA beginnt, mit einer höheren Effizienz zu operieren, weil ein Bewusstseinswandel vor sich geht. Natürlich erkennt ihr das als Erstes in den Menschen, die gerade geboren werden. Bei ihrem ersten Atemzug beträgt ihre Effizienz jetzt 35 Prozent, und das entspricht einem Menschen, der in einem viel jüngeren Alter viel bewusster ist und mehr begreift. Es ist fast so, also ob diese Menschen über eine instinktmäßige Bewusstheit des gesamten Menschseins verfügen, anstatt alles wieder von vorne lernen zu müssen, wie ihr das musstet.

Wir haben euch von diesen neuen Kindern erzählt; deshalb sind eure Kinder so ungewöhnlich – und das sind sie, wie ihr wisst. Viele hier im Publikum, die Enkel haben, sehen das; die Kinder sind anders. Ihr könntet also sagen: *»Zu schade, dass wir nicht selbst unsere DNA-Effizienz erhöhen können.«* Aber genau das könnt ihr! Denn die Energie des Planeten ist wachsam und bereit, das Signal an die alten Seelen zu senden, die bereit sind zu verstehen, dass sie ihre eigenen Felder durch die in ihnen schwebenden Vorlagen verändern können. Durch Bewusstsein, reine Absicht und durch Mitgefühl. Ihr könnt den Quanten-»Abdruck« der DNA durch Mitgefühl verändern! Das haben wir euch von Anfang an gesagt, lasst es mich deshalb in einfachen, unwissenschaftlichen Worten zusammenfassen. Mach langsam, mein Partner, und sei präzise! [Kryon zu Lee.]

Neue Anpassung der DNA an die neue Gaia-Energie

Wenn ihr geboren werdet, passt sich eure DNA an das an, was auf der Erde passiert ist. Sie hat eine Realität für euch geschaffen, die ihr »die menschliche Natur« nennt. Die Erde verändert sich, und jetzt ist das Kristallgitter dabei, den Schleier ein wenig zu lüften; eure DNA beginnt, darauf zu reagieren. Die erste Reaktion wird sich in euren Kindern zeigen, und sie kommen bereits mit einem anderen, begreifenden menschlichen Attribut auf die Welt. Sie denken nicht so linear wie ihr. Habt ihr das bemerkt?

Mit der Zeit wird sich das mehr und mehr verändern. Schließlich wird die DNA viel effizienter sein und die fehlende Brücke zwischen der angeborenen Intelligenz und dem normalen menschlichen Gehirn kreieren. Das bedeutet, ihr werdet mehr intuitive Gedanken dahingehend haben, was in eurer eigenen Zellstruktur falsch und richtig ist. Manche von euch werden zum ersten Mal andere Essgewohnheiten für sich entdecken, und ihr werdet auf eine Zellstruktur abgestimmt sein, die sagt: *»Wenn ich dies und das verändere, werde ich länger leben.«* Das resultiert in instinktiven Veränderungen der Essgewohnheiten, für die ihr keine Erklärung habt. Eure angeborene Intelligenz beginnt zu kommunizieren. Jahrelange Gewohnheiten werden nach und nach wegfallen, weil eure Zellstruktur euch dabei unterstützt, sie zu eliminieren, weil sie weiß, dass sie nicht zu euch passen. Seid nicht überrascht, wenn zum Beispiel jemand, der unter Esssucht leidet, durch die Anpassung seines Stoffwechsels es schafft, sein Körpergewicht ohne unangenehme Extremdiäten zu reduzieren. Andere geben Suchtmittel auf, und dank dieses Prozesses könnt ihr länger leben.

Ihr werdet euch wundern, wie stark sich eure Zellstruktur regeneriert. Heilung geht schneller vonstatten, und ihr merkt das. Ihr werdet weniger krank sein als jemals zuvor in eurem Leben. Die vorherrschende 3-D-Weisheit wird euch sagen: *»Nun ja, ihr seid jetzt älter, also werdet ihr öfter krank werden.«* Aber das wird nicht der Fall sein, und ihr werdet wissen, dass sich etwas verändert. Wir sagen euch also, ihr Lieben: Ihr könnt genauso gesund sein wie die Jungen! Ihr erwacht nach und nach zu einer neuen Energie auf diesem Planeten, die es euch ermöglicht, länger zu leben. Eure

DNA beginnt, effizienter zusammenzuwirken. 35 Prozent? Vielleicht sogar 40 Prozent, ihr alten Seelen? Es geht hin zu einer noch viel höheren Effizienz.

Der Prophet Elias, der Meister Jesus Christus, Buddha, Mohammed, Paramahansa Yogananda und viele weitere hatten eine DNA mit einer Effizienz von 90 bis 100 Prozent. Sie alle entschieden selbst, wie sie sie einsetzen wollten, und man konnte es ihnen ansehen und es spüren. Der Prophet Elias entschied sich, den Planeten durch Aufstieg nach seinen eigenen Vorstellungen zu verlassen. So viel Macht steckt darin. Jesus Christus beschloss dasselbe, aber auf seine Weise, aus Gründen, die für die Menschen in seinem Umfeld, deren DNA nicht so gut funktionierte, Sinn ergaben.

Im Menschen gibt es Energien, die als Katalysatoren für die Erleuchtung dienen. Eine davon ist Mitgefühl, und das habt ihr heute gespürt, nicht wahr? [Das bezieht sich auf die von dem Lehrer Jorge Bianchi zuvor an diesem Tag erzählten Ereignisse um die 33 verschütteten Bergleute in Chile im Jahr 2010.] Das hat euer Herz berührt. Was, würdet ihr sagen, war das für eine Energie im Raum, welche Farbe hatte sie, und wie dicht war sie? Viele von euch würden wohl sagen, sie hatte gar keine Farbe. Manche könnten fragen: *»Was meinst du mit ›dicht‹, Kryon?«* Als ihr da auf den Stühlen saßt, legte sich Energie auf euch, und ihr habt gespürt, wie euer Herz ein bisschen eng wurde. Ihr habt Empathie empfunden für die Menschen, denen ihr Leben zurückgegeben wurde, und ihr habt gesehen, wie die Herzen ihrer Verwandten überquollen und sie vor lauter Freude weinten. Davon spreche ich – etwas war unsichtbar und doch »dicht« vor Emotionen. Ihr könnt um euch herum etwas Profundes erzeugen, was die Leben derjenigen im Raum verändern wird. Gaia kennt euch, und jeder Moment des Mitgefühls wird aufgezeichnet.

Manche von euch sind dieses Wochenende gekommen, um geheilt zu werden, und das weiß ich. Jetzt wäre also ein sehr guter Zeitpunkt, um Heilung zu empfangen. Auch bei den Lesern dieser Zeilen ist es nicht anders, und vielleicht sitzt auch du aus diesem Grund auf dem Stuhl. Es ist eine Gefolgschaft hier; es gibt Mitgefühl hier; es gibt profunde alte Seelen hier; das ist eine Quantensuppe der Möglichkeiten, ihr Lieben. Warum nehmt ihr sie nicht sofort für euch in Anspruch, sodass ihr von eurem Stuhl aufsteht und die Saat in euch eingepflanzt ist? Einfach weil ihr das so entschieden habt, um der Gesundheit willen, um die ihr gebeten habt. Macht die Anfänge der Heilung für euch geltend, die – wie ihr wisst – immer für euch da gewesen ist, denn ihr seid jetzt in Kontakt mit der Intelligenz eurer eigenen Merkaba.

Spirituelle Organisationen sind voller Wundergeschichten. In Krankenhäusern werden sogenannte *Spontanremissionen* dokumentiert, die Zellstruktur macht also plötzlich etwas, das die Wissenschaft nicht erklären kann. Eine Krankheit bildet sich vollständig zurück, manchmal praktisch über Nacht. Doch ich sage euch, was das ist: Die DNA funktioniert vorübergehend für einen Augenblick zu 100 Prozent und reinigt den Körper von der Krankheit. Ihr habt das schon gesehen, aber wusstet nicht, was es war. Warum also macht ihr das nicht jetzt auf der Stelle? Wenn ihr es euch vorstellen könnt, dann könnt ihr es auch haben. Seht euch in reiner zellulärer Gesundheit. Das dient der Erde, meine lieben Menschen, denn ihr lebt länger, als ihr zu leben meint. Wir brauchen euer Licht. Warum also nicht jetzt?

Ihr alle hier im Raum, kommt gleich jetzt in mitfühlendem Bewusstsein in einem Quantenzustand zusammen, der mit allen Anwesenden und allen Lesern verschränkt ist, und sendet heilendes Mitgefühl denjenigen, die es brauchen (auch ohne ihre Gesichter oder ihre Namen zu kennen). Das ist wunderschön. Eines Tages, wenn ihr geheilt aufsteht und geht, werdet ihr sehen, was eine gemeinsame Zeremonie bewirken kann! Warum nicht? Wenn ihr zu einem Treffen gehen könnt und jünger als vorher wieder weggeht …, warum nicht? Dann werdet ihr sehen, dass alles, was ich euch heute gesagt habe, stimmt und der Wahrheit entspricht. Es ist gegen jede Logik des vorherrschenden wissenschaftlichen Denkens, aber sehr wohl im Bereich der Liebe Gottes.

Wir verlassen diesen Ort und doch auch nicht. Es wird niemals wieder ein Treffen wie dieses stattfinden, mit genau der gleichen Anzahl von Seelen, mit den Namen, die ihr tragt, mit der Akasha, die ihr habt; es ist also ein einmaliges, einzigartiges Treffen, so wie auch ihr einzigartig seid. Geht von diesem Ort als andere Menschen weg, als ihr gekommen seid. Und wisset: Kryon existiert nicht in dem Menschenwesen, welches hier auf der Bühne sitzt. Kryon existiert in der Quantensuppe, die Gott ist. Diese »Suppe« geht heute mit euch in die Welt hinaus, wenn ihr euch dafür entscheidet.

Wenn ihr euch dafür entscheidet.

Und so ist es.

Kryon
(Melbourne/Australien, März 2012)

Ich sage es nochmals: Die alte Energie stirbt nur schwer aus, und in der nächsten Zukunft dürften Verbesserungen eventuell kaum zu sehen sein, denn so geht Wandel vor sich.

Lichtarbeiter, ihr alten Seelen, fürchtet euch nicht vor den durch euch bewirkten Veränderungen! Ihr habt Hunderte von Leben gelebt, um das zu schaffen, und es ist an der Zeit, dass der Umbruch stattfindet. Ihr seid zum richtigen Zeitpunkt im richtigen Leben! Bleibt damit im Fluss, versteht es, feiert es täglich und dankt Gott dafür, dass ihr Teil davon seid, denn das ist die Verwirklichung und Erfüllung all eurer Taten und Erwartungen, und genau deshalb ist Kryon hier. Kein Wunder, dass wir eure Füße waschen! Denkt über diese Dinge nach, denn ihr habt sie geschaffen!

Kryon

Die Rekalibrierung des Selbst – Teil 1

Jetzt geht's los. Ihnen war ja klar, dass bei all dem ganzen Gerede über diese neue Energie auch irgendwann die Aufforderung kommen würde, uns selbst zu verändern. Das ist sogar die wichtigste Rekalibrierung überhaupt, und sie wird in drei Kapiteln abgehandelt werden.

Es gibt immer Informationen, die sich überschneiden. Stellen Sie sich also auf ein paar Wiederholungen von bereits Gelesenem ein. Es macht Sinn, dass wir unsere Wahrnehmung der Dinge verändern müssen, um in dem, was kommt, einen Sinn sehen zu können. Hier nun also Teil 1.

Lee Carroll

9 Die Rekalibrierung des Selbst

Teil 1

Seid gegrüßt, ihr Lieben, ich bin Kryon vom Magnetischen Dienst. Alles, was in der heutigen Botschaft folgt, dreht sich um die Menschen und um das, was im wahrsten Sinne des Wortes das Paradigma ihrer Realität verändern wird. Der Tag war voller Beispiele für ein Umdenken [Bezug nehmend auf das Seminar], und auch in dieser Botschaft wird es um dieses Thema gehen. Seit der ersten Botschaft dieses Jahres haben wir euch immer wieder Informationen durchgegeben dahingehend, wie sich die Dinge verändern, und euch gesagt, ihr solltet nach dem Ausschau halten, was wir eine »Rekalibrierung von allem« nennen.

Ich spreche zu euch gerade auf lineare Weise über eine Art der Kommunikation, an die ihr gewöhnt seid. Das geht aufgrund der Erfahrung und Übung, die mein Partner im Laufe der Jahre entwickelt hat. Er kann intuitiv diese multidimensionale Kommunikation von meiner Seite des Schleiers in eure Kommunikation übersetzen. Channeling ist das Übersetzen spiritueller Botschaften durch einen Menschen. Doch in diesem Prozess sind nach wie vor die dreidimensionalen Filter dieses Menschen da. Die Kultur, die Sprache, die Gedankenabläufe gibt es dabei immer noch. Deshalb gehört zum genauen und korrekten Channeln dazu, dass das Channel-Medium *beiseitetritt* und die Informationen so ungefiltert wie möglich durchlässt. Beim Channeling geht und ging es nie um die Übernahme des freien Willens eines Menschen. Das wäre so etwas wie Besitzergreifen, und so ist es nicht. Es ist vielmehr eine aus Liebe entstehende Vereinigung, um Informationen, Energie und Kommunikation aus einer liebevollen Quelle an euch weiterzugeben.

Ich erzähle euch das, weil diese Lektionen schwierig zu kommunizieren sind. Wenn ihr eine bestimmte Art der Realität nicht erlebt habt, dann ist es für mich schwierig, euch darin zu unterweisen. Ihr könnt damit nichts anfangen, habt keine Beziehung dazu. Und doch mache ich das heute, in dem Wissen, dass es schwer zu verstehen ist. Ich gebe hier auf diesem Stuhl eine Botschaft in drei Teilen durch. Heute geht es um Teil eins. Doch jede dieser Botschaften ist in sich selbst vollständig. Diese Botschaft wird also in sich selbst komplett sein und die anderen ebenso. Doch zusammengenommen sind diese drei Botschaften größer als die Summe ihrer Teile. Hier ist die dritte Sprache am Werk [im Kryon-Buch

Der Gaia-Effekt wird die Sprache der Götter als die »dritte Sprache« bezeichnet], und an der Geschichte ist mehr dran als die Worte, die ihr vernehmt.

Wenn ihr diesen Dingen ein offenes Bewusstsein entgegenbringt, meine Lieben, dann werdet ihr bereits verstehen, dass euer Körper erkennt, was los ist. Ihr jungen Menschen werdet einen Planeten erben, der ganz anders ist als der euren Eltern bekannte Planet. Die Energie verändert sich und kalibriert sich neu. Viele von euch verstehen so nach und nach, was Neues auf den Lichtarbeiter zukommt. Ich nenne diese Botschaft die *Rekalibrierung des Selbst.* Das sollte nicht mit der *Rekalibrierung des Menschen* verwechselt werden, wovon vorher die Rede war. Hier geht es um die Rekalibrierung eures innersten Wesens.

Energie – ein missverstandenes Konzept

Energie ist an sich schon einmal sehr schwer zu definieren bzw. zu erklären. Wenn Menschen über Energie reden, dann beziehen sie sich oft auf das, was linear durch die Kabel eines Mehrphasensystems pulsiert, beispielsweise eure Elektrizität. Doch das ist nicht das, was wir damit meinen. Die Energie, über die wir reden, ist keine singuläre Information, und sie ist nicht dreidimensional. Sie stellt vielmehr ein multidimensionales Attribut eines Zusammenfließens von Erde und Bewusstsein um euch herum dar, und sie bringt das mit sich, was ihr *Manifestation* nennt. Ihr wurdet in eine bestimmte Energie hineingeboren. Wir sprechen von den *Gittern* des Planeten, die eine bestimmte Energie aufweisen, aber das ist nicht gut definiert. Ihr könntet in ein Zimmer gehen und sagen: *»Also die Energie hier drinnen fühlt sich heute nicht gut an.«* Und an einem anderen Tag geht ihr hinein und sagt: *»Wow, habt ihr die Energie hier heute gespürt?«* Wenn man euch drängen würde, das zu definieren, hättet ihr vielleicht ein Problem damit. Und doch benützt ihr dieses Wort für Positives wie Negatives, denn so wie ihr es versteht, ist es etwas Polarisiertes.

In dieser Anweisung beziehe ich mich auf die *Energie,* an die ihr auf der Erde gewöhnt seid, was immer das für euch bedeutet.

Das ist die Energie, in der ihr lebt, arbeitet, meditiert und Gott verehrt – und diese Energie verändert sich gerade. Das wirkt sich auf das aus, was ihr als »normal« betrachtet, denn das steht für eure Komfortzone. Wenn wir euch also irgendwie einen Rat zur Energie geben könnten, würden wir sagen: »Erwartet eine Veränderung des Normalen!« Das ist allerdings schwierig. Der Mensch überlebt durch sein Wissen darüber, was angeblich normal ist und wie sich das anfühlen sollte. Wenn ihr von A nach B geht, dann habt ihr bestimmte Erwartungen – die Luft, die ihr atmet, die Schwerkraft, die ihr erlebt, die Magnetik, an die eure Zellen über das Gitter gewohnt sind. Und wenn ich euch nun sage, dass vieles davon nicht mehr dasselbe sein wird? Ihr als Menschen aber seid euch eigentlich nur einer Sache klar bewusst: *Etwas ist anders.* Manche laufen vielleicht umher und sagen: *»Die Energie fühlt sich heute aber komisch an.«* Sie ist nicht nur komisch. Sie rekalibriert sich.

Veränderungen am Kristallgitter – die Vergangenheit wird geändert

Wir wollen mit dem anfangen, was sich für euch anders *anfühlt.* Hier ist ein Beispiel einer Rekalibrierung, eine Zusammenfassung von dem, was wir euch vor nicht allzu langer Zeit über die Gitter durchgegeben haben: Wie wir euch gesagt haben, verändert sich das Kristallgitter dieses Planeten (ein esoterisches, unsichtbares, multidimensionales Attribut von Gaia). Und wir sagten euch auch, dass dieses Kristallgitter die Erinnerung an die Taten der Menschheit darstellt. Es erinnert sich an die Menschen und an das, was sie tun; es ist sozusagen ein »Gedächtnisgitter« menschlichen Tuns. Das Kristallgitter ist also mit Gaia verbunden und für die sogenannten *Portale* verantwortlich, aber auch für das, was ihr als alte, negative Energie bezeichnet. An manchen Stellen, an denen Kriege stattgefunden haben, ist es sehr stark, denn es spiegelt eine Erinnerung dessen wider, was die Menschen im Kampf getan und erlebt haben. Es reagiert auf menschliche Emotionen. Das ist das Kristallgitter, und Kristall ist eine Metapher für alles, was Erinnerungen und Schwingungen bewahrt. Stellt euch also ein unsichtbares

Gitter um den Planeten herum vor, welches sich daran erinnert, was die Menschen getan haben. An Plätzen, die sich dunkel anfühlen, fanden womöglich Kriege über Kriege statt, oder auf Schlachtfeldern, die ihr lieber nicht betreten wollt … Lichtarbeiter *fühlen* oft das Elend von Tod, Furcht und Angst. Das verbleibt im Boden, und ihr wisst, dass ich etwas sage, was viele schon erlebt und wovon sie euch berichtet haben. Auf dem Gitter gibt es auch Stellen, die Portale der Heilung und der Freude darstellen und auch das, was mein Partner den Mutterleib von Gaia nennt – einen Ort, zu dem ihr hingehen könnt, um dort in dichtem menschlichen Mitgefühl zu baden.

Vor einiger Zeit erzählten wir euch etwas über die Macht der Menschheit, nämlich dass die Menschen für den *energetischen Zustand* bzw. die Energiequalität des planetaren Gitters verantwortlich sind. Doch wie Energie nun einmal läuft, betrachtet ihr dieses System typischerweise als *lineares Erinnern,* meint also, dass sowohl Positives als auch Negatives erinnert und im Gitter auf derselben Ebene gespeichert würde. Aber so ist es nicht, und ihr wisst alles darüber. Was seht ihr in den Nachrichten? Wohin geht die Tendenz, wenn es um Freude und Horror geht? Dieses Gleichgewicht ist die menschliche Natur, und das Gitter spiegelt genau dieses Attribut des Menschseins wider. Negativem wird eine viel höhere Bedeutung beigemessen.

Bislang, meine Lieben, hat die Erde dunkle Energie auf nicht lineare Weise erinnert und den Plätzen mehr Bedeutung beigemessen, wo viele Menschen gestorben sind und wo es großes Leid gegeben hat. Das Gitter erinnert sich an die Schrecken des Kampfgetümmels sehr viel besser als an die Geburt eines Kindes. Es ist für das verantwortlich, was ihr *Spuk* und *Geister* nennt, für all diese Erscheinungen, die immer wieder dasselbe Band abspielen – das ist das Kristallgitter.

Wenn ihr euch den Planeten anschaut und fragt, welche Schwingung heute vorherrscht, dann gibt die Messung des Kristallgitters die Antwort auf diese Frage. Auf den Taten der Menschheit in der Gegenwart und der Vergangenheit basiert die Schwingung des Planeten. Und dann erzählten wir euch, die Art und Weise, wie sich das Gitter *erinnert,* würde sich verändern.

Jetzt habt ihr also eine Antwort auf eine Quantenfrage: Wie kann zukünftiges Handeln die Vergangenheit verändern? Genau das passiert gerade, denn das, was ihr *jetzt* tut, verändert die Linearität des »Erinnerungssystems« des Gitters. Jetzt passiert Folgendes: Positives bringt eine viel stärkere Energie in das Gitter ein. Deshalb *überschreibt* es alles, was darin stand, genannt die »Energie der Vergangenheit«. Eines Tages werdet ihr auf das Schlachtfeld gehen und sagen: *»Ich spüre nichts.«* Weil Menschen auf diesem Pfad gewandelt sind, die Lichtarbeiter sind, und mit jedem Schritt veränderten sich die Attribute des Feldes, in das sie traten.

Dic neue Energie ist also in der Lage, es den jetzt lebenden Menschen zu ermöglichen, die Vergangenheit umzuschreiben! Nun, das liegt außerhalb eurer Realität. Ihr seid nicht mit mir dabei. Ihr wollt einen linearen Speicherprozess, aber dem ist nicht so. Und so sagen wir, es findet eine *Rekalibrierung des Selbst* statt – also eine Rekalibrierung dessen, was ihr als real erwarten würdet. Nichts könnte persönlicher werden. Stellt euch vor, welche Energie die Menschheit hätte, wenn sich die Energie der Geschichte verändern würde!

Wenn das Gitter das menschliche Bewusstsein widerspiegelt und sich neu kalibriert, dann rekalibriert sich auch der Mensch auf dieselbe Weise. Die menschliche Natur folgt dem Modell des Geschehens im Gitter. Mit der Zeit wird die Menschheit dann weicher und sanfter, legt Wert auf Schönheit anstatt auf Horror.

Stellt euch vor, wenn Öl mit Wasser vermischt wird, würde es nicht oben schwimmen. Da könntet ihr sagen: *»Aber Öl bleibt doch immer an der Oberfläche! Dass muss so sein, wegen seiner Molekülbindung und seiner Dichte, es schwimmt immer oben!«* Und wenn wir nun sagen würden, dass eines Tages die Physik selbst die Realität von allem, was ihr kennt, verändern würde? Wenn die Dichte des Öls der des Wassers ähnlicher würde und es deshalb einfach in der Mitte wäre und nicht oben? Dann würdet ihr sagen: *»Das ist ja gespenstisch! Da ist irgendetwas verkehrt.«* Ihr würdet es nicht verstehen, und das ist genau der Punkt. In eurer Realität neigt ihr zu dem, was es schon immer gab; sie lässt das, was sein könnte, nicht zu. Wie würdet ihr reagieren, wenn sich etwas so sehr verändern könnte, dass all das, was ihr bisher für wahr und richtig gehalten habt, auf den Kopf gestellt würde? Wie würdet ihr damit umgehen, ausgehend von euren stärksten Überlebenserfahrungen und dem, was ihr auf dem Planeten gelernt habt? Könntet ihr euch neu darauf einstellen, euch rekalibrieren und sagen: *»Ich verstehe, dass es früher so war, und jetzt ist es anders«*, und voranschreiten? Oder würdet ihr euch das anschauen und sagen: *»Ich frage mich, wann es wieder so wird wie früher ...?«* Das, meine Lieben, ist die Krux dieser Botschaft, denn mit dem Wandel der Energie auf diesem Planeten werden selbst alte Seelen versucht sein zu sagen: *»Klar, Kryon, das ist wunderbar. Es ist gut. Ich finde es toll. Ich werde damit arbeiten.«* Doch dann, in ihren dunkelsten Stunden, werden sie sagen: *»Ich hab das Ganze satt! Wann wird es wieder so sein wie früher?«* Denn ihr seid in einer Energie aufgewachsen, in der die Dualität eine Möglichkeit war, doch jetzt kommt etwas anderes!

Die Rekalibrierung des Selbstwertgefühls

Jetzt sprechen wir darüber, wer der Lichtarbeiter ist. Die Rekalibrierung des Selbst wird eine Rekalibrierung des Selbstwertgefühls darstellen. Wie wir ja schon kurz angesprochen haben, hat der Lichtarbeiter Angst vor der Dunkelheit, denn die Dunkelheit hat euch in all euren Leben schlimme Schläge versetzt, nicht wahr? Wir sitzen heute in einem Raum voller alter Seelen, die sich auch in diesem Leben wieder davor fürchten, was die dunkle Energie ihnen antun könnte. Doch trotzdem seid ihr gekommen, und zwar ohne zu wissen, was passieren wird. Viele Propheten haben gesagt, ihr würdet die Schwelle des Jahres 2000 nicht überschreiten. Jetzt befindet ihr euch im Jahr 2012! Jedes Mal, wenn ihr auf dem Planeten ankommt, scheint sich die dunkle Energie gegen euch zu wenden.

Als ich zum ersten Mal hierherkam und mich meinem Partner vorstellte, war das kurz nach der *Harmonischen Konvergenz*. Ich sagte meinem Partner, ich sei hier wegen dem, was die Menschheit getan hat. Ich erzählte ihm, ich wäre sonst nicht hergekommen, denn es hätte nichts gegeben, was ich euch hätte lehren können, ihr hättet es nicht geschafft. Hat es einen Sinn, dass ich hierherkomme und euch zwanzig Jahre lang unterweise, und dann sterbt ihr alle auf fürchterliche Weise? Nein! Ich kam wegen der Potenziale dessen, was gerade geschieht.

Wer wach war und gespürt hat, wie die Kryon-Energie auf den Planeten kam, wusste auch, warum ich kam. Ich stand für ein ganzes Gefolge, das gekommen war, um den alten Seelen die guten Neuigkeiten zu überbringen, ihnen Beifall zu spenden, denn sie hatten die Energie des Untergangs umgekehrt. Entgegen jeder Wahrscheinlichkeit hatte sie sich verändert. Die Sowjetunion war gefallen – ein geopolitisches Ereignis riesigen Ausmaßes, welches nirgendwo prophezeit worden war! Das bedeutete die Entwaffnung des potenziellen Armageddon auf dem Planeten. Auch andere Dinge liefen in eine Richtung, die in der Vergangenheit nirgendwo vorhergesagt worden war. Es erforderte Führung und Lenkung, damit dieser heutige Tag, an dem ihr hier sitzt, so stattfinden konnte, und zwar durch die Rekalibrierung eures Überlebensinstinkts und eurer Vorstellungen von Realität. Darin besteht nun eure Aufgabe: Seid ihr in der Lage, mit der Rekalibrierung umzugehen, oder werdet ihr immer über die Schulter zurückblicken und euch fragen, wann die »Normalität« zurückkehrt?

Die Geschichte der alten Seele

Dies ist also eine von drei Botschaften, eine Ermutigung und Anerkennung der alten Seelen und der Gründe dafür, warum diese Personen wissen müssen, was wir ihnen mitzuteilen haben. Wir werden das einfach vor euch ausbreiten, damit ihr es sehen könnt: Die ältesten Seelen in diesem Raum, die dies hier vernehmen, haben das Schlimmste durchgemacht. Sämtliche Lebenszeiten, die im quantenhaften Akasha-Gedächtnis eurer DNA gespeichert sind, tragen Engramme der Emotion. Ihr kamt mit der Erwartung auf die Welt, es würde so sein, wie es schon immer war. Sobald ihr zur Wahrheit, deren Träger ihr in der Vergangenheit wart, erwacht sein würdet – so wusstet ihr –, müsstet ihr euch vielleicht wieder verstecken.

Ihr hättet das aus eurer Erinnerung verbannen können, doch es war da, eingebettet in die Akasha. Manche von euch wurden auf dem Scheiterhaufen verbrannt, gar nicht so arg weit von hier entfernt. Manche kamen zurück, und alles ging von vorne los! Wie viele Leben, Schamane, wird es dauern, bis du sagst: *»Das werde ich nicht noch einmal mitmachen!«*?

Ihr seid dieses Mal in einer modernen Gesellschaft aufgewacht. Jetzt seid ihr Lichtarbeiter, aber ihr sagt: *»Ich gehe zu den esoterischen Treffen, aber anderen sage ich nichts davon, denn das werde ich nicht noch einmal durchmachen.«* Ihr seid anderen gegenüber vorsichtig mit Äußerungen über eure Überzeugungen, denn ihr habt es satt, gegen den Strom zu schwimmen und euch von der Strömung gegen die Felsen schleudern zu lassen. Ihr habt es satt, Familie, Freunde und auch die Arbeit zu verlieren, weil ihr zufällig daran glaubt, dass ihr Gott in euch tragt. Das ist die Geschichte der alten Seele, die sich hier im Raum befindet und diesen Worten lauscht. Als Resultat kommt eine alte Seele auf diese Welt und steht aufrecht als Lichtarbeiter auf der Erde, aber es mangelt ihr auch an Selbstwertgefühl. Das ist ein Widerspruch! Wie kann ein Leuchtturm sich seines eigenen Lichtes unsicher sein oder den Wert seines Tuns anzweifeln? Werden die Wellen kommen und das Licht löschen? Doch genauso ist die Person, die da vor mir sitzt und zuhört, denn ihr alle seid so! Ihr könnt nichts dagegen tun. Eure Vergangenheit ist eure Vergangenheit.

Der Umschwung der Energie auf dem Planeten kann nicht auf der Stelle Giganten und Helden voller Selbstwert erschaffen, insbesondere unter denjenigen, die seit so vielen Jahren in der alten Energie praktiziert haben. Ihr meint vielleicht, ihr seid bereit für diese Umwälzung? Das seid ihr nicht! Nicht für die Energie, die euch bevorsteht. Auch darüber wollen wir sprechen.

Es kommt etwas auf euch zu, und in dieser Energie werdet ihr Dinge manifestieren können, von denen ihr vorher nur geträumt habt, aber das erfordert Glauben, eine Neuausrichtung und ein neues Verständnis. Ihr müsst ein paar grundsätzliche Überlebens-Wahrnehmungen in die Wege leiten, die voraussetzen, dass ihr Folgendes versteht: Dimensional betrachtet habt ihr in manchen für euch unsichtbaren Bereichen mehr Macht als in den für euch sichtbaren. Das habt ihr weder in der Schule noch von eurer Mutter gelernt, und praktiziert habt ihr es ohnehin noch nie. An diesem Punkt steht ihr gerade. *»Was wird also passieren, Kryon?«* Die Antwort lautet: Ihr müsst die Veränderungen wollen. Wenn ihr nicht aktiv versucht, etwas zu verändern, werdet ihr immer auf der Oberfläche schwimmen wie das Öl der alten Energie.

Die Dunkelheit – ist sie lebendig?

Derzeit meint ihr, ihr hättet eine Vorstellung von der Funktionsweise von Dunkelheit und Licht auf dem Planeten. Wir wollen das also so darlegen, dass ihr es versteht. Lasst uns noch einmal über die Attribute von Dunkelheit und Licht sprechen. Immer wieder haben wir euch vermittelt, dass die Definition von Dunkelheit die *Abwesenheit von Licht* ist. Doch was macht ihr damit? In eurer spirituellen Mythologie habt ihr beschlossen, die Dunkelheit müsse intelligent sein. Hinter der Dunkelheit muss es ein Bewusstsein geben, sagt ihr, und deswegen gibt es eine dunkle Macht mit einem Namen, und deshalb habt ihr Angst davor. Ihr versteht nicht die Forderung der Physik, dass Dunkelheit im Licht nicht existieren kann! Und ihr glaubt es immer noch nicht. Dunkelheit ist ein Gleichgewicht, keine Entität.

Jetzt sagen manche Menschen gleich: *»Moment mal, Kryon. Soll das heißen, so etwas wie das Böse gibt es nicht?«* Das habe ich nicht gesagt. Die Menschen sind mächtig, und wenn Menschen das, was kein Licht hat, hernehmen und es auf ein selbst ausgedachtes Bewusstsein übertragen, dann wird das zum menschlichen Bösen. Jetzt hat es Bewusstsein, weil ein Mensch ihm Bewusstsein verliehen hat. Doch für sich genommen gibt es da draußen keine Entität, die eure Seele einfangen will. Punkt. Es gibt nur ein Gleichgewicht zwischen Dunkelheit und Licht. Es sind die Menschen, die dafür sorgen, dass Dunkelheit so ausschaut, als ob sie intelligent wäre, denn Manifestation funktioniert im Positiven wie im Negativen.

Ihr alle seid an ein bestimmtes Gleichgewicht auf der Erde gewohnt. Aber dieses Gleichgewicht verfügt nicht über Intelligenz. Das müsst ihr als Erstes lernen, ihr Lichtarbeiter! Es gibt keine Kraft, die gegen euch ist! Wenn man euch das sagt, dann glaubt ihr das nicht. Das ist schwierig für euch, weil euch immer gesagt worden ist, es gäbe da etwas, das allem, was ihr tut, Widerstand entgegensetzt. Das gibt es auch, allerdings steht das für Menschen in der Dunkelheit und nicht für eine Dunkelheit mit einer Persönlichkeit. Je heller euer Licht scheint, desto weniger Dunkelheit kann um euch herum herrschen.

»Oh, Kryon, das gefällt mir. Wie kann ich mein Licht heller scheinen lassen?« Das ist ganz einfach! Indem ihr die Dunkelheit nicht fürchtet! Wenn ihr Angst vor der Dunkelheit habt, steckt ihr eure Energie da rein, nicht wahr? Wovor also fürchtet ihr euch? Ihr fürchtet um euer Überleben, oder nicht? Denn in der Vergangenheit hat die von Menschen geschaffene Dunkelheit euer Leben in Aufruhr versetzt. Euer Überleben stand auf dem Spiel. Das verändert sich jetzt, und damit auch das Gleichgewicht zwischen Dunkelheit und Licht.

Ihr Lieben, ihr müsst so vieles rekalibrieren! Wen möchtet ihr erfreuen, ihr Lichtarbeiter? Ich frage euch. Wenn ihr Gott erfreuen möchtet: Das *tut* ihr! Sonst wäre ich nicht hier. Wenn ihr diejenigen auf der anderen Seite des Schleiers erfreuen möchtet, und das sind manchmal eure Eltern, die zu euch zurückblicken: Das *tut* ihr! Alles ist gut durch das Licht, das ihr hierhergebracht habt, und durch das Licht, das ihr tragt. Spürt ihr das? Oder haltet ihr Ausschau nach einer anderen Bestätigung von irgendwoher und bekommt sie nicht? Es ist an der Zeit, diese Gefühle neu zu kalibrieren.

Bitte versteht: Gott hat keine menschlichen Emotionen. Gott sitzt nicht herum und erhofft sich irgendetwas oder wünscht sich, ihr möget dies oder das tun. Gott ist die schöpferische Quelle des Universums, und ihr seid Teil dieses Gottes. Deshalb bedeutet »Gott erfreuen«, euch selbst so zu lieben, dass ihr Teil der Ganzheit Gottes seid. Es gibt Dinge, die ihr über eure Denkweise und das, was sich verändern wird, wissen solltet.

»Kryon, willst du damit sagen, es wird keinen Kampf geben, weil die neueren Energien gütiger sind?« Oh, ihr Lieben, es wird sehr wohl einen Kampf geben! Dieser Kampf zwischen der Dunkelheit und dem Licht auf der Erde ist etwas Klassisches. Ihr werdet ihm zuschauen wie einem Spiel auf eurem Sportplatz, bei dem die Energien vor- und zurücklaufen und es anscheinend kein Gewinner-

oder Verlierer-Team gibt, immer nur vor und zurück. Was denkt ihr beim Zuschauen? Was werdet ihr ganz im Stillen sagen? *»Wir haben versagt. Nichts passiert.«*

Genau! Und zwar, meine Lieben, weil ihr euch nur das dreidimensionale Spielfeld anschauen wollt. Ihr schaut nichts von dem an, was darunter oder darüber vor sich geht. Das ist sehr schwer zu beschreiben. Das ist der Kampf zwischen der Dunkelheit und dem Licht.

Wie kann die Dunkelheit gegen uns kämpfen?

»Aber Kryon, wenn die Dunkelheit nicht intelligent ist, wie kämpft sie dann gegen uns?« Ich nenne euch ein paar Attribute der Dunkelheit, die das erklären können. Es sind die Menschen, die sich in der Dunkelheit befinden, die gegen euch kämpfen. Die Dunkelheit selbst ist einfach nur ein Gleichgewicht. Dunkle, negative Energie ist blind gegenüber dem, was ihr im Licht tut. Sie ist dumm, was das Licht angeht, und das ist euer Vorteil, denn ihr könnt alles sehen, und diese Energie der Dunkelheit kann es nicht. Menschen, die im Dunkeln wandeln und mit ihrer willentlichen Absicht Dunkelheit erzeugen, können niemals mit einem Lichtarbeiter, der alles sehen kann, gleichziehen. Integrität ist blind gegenüber dunkler Energie und wird immer gewinnen. Ehrlichkeit, Mitgefühl und Fürsorge werden gegenüber der Dunkelheit immer als Sieger hervorgehen. Güte und spirituelle Synchronizität sind wie leuchtende Farben in der schwarz-weißen Welt derjenigen, die willentlich in dunklerer Energie wandeln.

Es ist also einfach nur eine Energie, so wie die Schwerkraft und der Magnetismus Energien sind. Wenn ihr seht, wie die Magnetkraft funktioniert und mit ihrer Kraft Dinge zusammenbringt, schaut ihr euch das dann an und gebt dem Namen und ordnet ihm Bewusstsein zu? Meint ihr, das sind Entitäten? Nein. Stattdessen sagt ihr: *»Das ist Physik. Das ist Energie. Sie geht von hier nach dort, so wie Öl und Wasser auch Physik sind. Das ist einfach nur Energie. Öl schwimmt auf Wasser wegen seiner Dichte. Diese ist geringer als die Dichte des Wassers.«*

Dunkelheit und Licht haben dieselben Attribute, und die Dunkelheit geht, wenn es Licht gibt. Sie ist nichts Gespenstisches, und sie ist nicht lebendig.

Das ist der große Unterschied: In der neuen Energie seid ihr Lichtschöpfer. Dadurch verändert ihr die Dichte des Planeten. Versteht ihr, was ich damit sagen will? Dadurch verschiebt sich das Gleichgewicht zwischen Dunkelheit und Licht entsprechend. Die Dunkelheit ist nicht clever. Sie geht dem Licht aus dem Weg und verschiebt sich dadurch. Sie geht dem Lichtarbeiter aus dem Weg! Versteht ihr, was ich da sage? Seit Äonen hat sich dieses Gleichgewicht überhaupt nicht verschoben. Und plötzlich geht die Dunkelheit euch aus dem Weg, während ihr darauf zugeht. Dort, wo ihr geht, kann sie nicht existieren! Sie kann nicht wie gewohnt überleben und wird darum kämpfen, so bleiben zu können wie immer. Doch das Gleichgewicht wird sich langsam verändern, und zwar, weil ihr keine Angst mehr davor habt.

Liebe Lichtarbeiter, das ist die Botschaft des heutigen Channelings und auch der morgigen Durchgabe. Ich werde einiges von dem, was ihr sehen werdet, hinsichtlich dieser Veränderungen einzeln ansprechen. Ein großer Punkt ist: Was werdet ihr mit dieser neuen Macht anfangen? Auch wenn die Dunkelheit nicht intelligent ist, so stellt sie doch nach wie vor eine ausgleichende Kraft dar. Ihr könnt also davon ausgehen, dass sie sich auf alles auswirkt, während sie sich verändert. Solche mächtigen Einflüsse auf die menschliche Natur können nicht in ein neues Gleichgewicht kommen, ohne dass beide Seiten sich verändern. Versteht ihr?

Personifiziert die Dunkelheit nicht! Wenn ihr von einer Klippe stürzt, wem gebt ihr dann die Schuld? War es das »Schwerkraftmonster«? Welche Intelligenz hat euch dorthin geschubst, und wie kann sie es wagen, euch niederzuzwingen und zu verletzen? Das ist ein Beispiel für eine Kraft, die da wirkt, aber als das verstanden wird, was sie ist.

Anders als die Schwerkraft, meine Lieben, ist dieses spezielle Gleichgewicht auf dem Planeten etwas Multidimensionales, Elastisches, Dynamisches. Es war über Äonen immer gleich, doch jetzt ist dem nicht mehr so. Es ist in Bewegung, entsprechend der Energie, die ihr beschlossen habt zu erzeugen. Es ist euer Schicksal.

Doch solange ihr eure Macht nicht neu anpasst, wird nichts passieren. Die Rekalibrierung des Selbst beginnt mit dem Verständnis, dass die Dunkelheit keine Macht mehr über euch hat. Sie wird sich von euch zurückziehen, anstatt euch anzugreifen. Wenn ihr euch vor irgendetwas fürchtet, hat die Dunkelheit schon gewonnen.

Das ist das Gleichgewicht, von dem wir sprechen. Das alles ist schwer zu erklären, denn es läuft nicht dreidimensional ab. Mein Partner sitzt hier und fragt sich sogar, ob er seine Arbeit heute gut gemacht hat. Und deshalb sage ich ihm: »Du hast deine Arbeit gut gemacht!«

Die Rekalibrierung des Lichtarbeiters wird so beschrieben: *Die Lichtarbeiter entdecken ihr wahres Licht, das Licht des Schöpfers. Sie entdecken, dass es dorthin gehört, dass ihre Zeit gekommen ist, dass sie es einschalten können. Die Dunkelheit kann nirgendwo mehr um sie herum existieren, solange sie sich selbst mit Mitgefühl und Geduld erleuchten.*

Lasst das Göttliche bei jedem eurer Schritte auf diesem Planeten durch euch hindurchscheinen und versteht diese Dinge, denn sie stehen unmittelbar bevor. Wisst ihr, warum ihr hierherkamt? Genau deswegen seid ihr gekommen! Nicht, um etwas zu tun, sondern um etwas zu sein – um Licht zu sein, wo früher Dunkelheit herrschte. Das ist die Botschaft dieses Tages. Ich bin Kryon, und ich liebe die Menschheit.

Und so ist es.

Kryon
(Newport News/Virginia, April 2012)

Die Rekalibrierung des Selbst – Teil 2

Kryon setzt sein Gespräch über Dunkelheit und Licht fort. Darum ging es in Kapitel 5 und auch in einem Teil des letzten Kapitels. Warum geht er hier noch einmal darauf ein? Weil wir durch unser falsches Verständnis so viel von unserer Macht aufgeben. Es ist auch an der Zeit, ehrlich darüber zu sprechen, was wir als Vereinbarungen wahrnehmen, sowie über die Menge an Zeit, die wir mit Verschwörungen vertun, anstatt sie uns selbst zu widmen. Kryon kommt nun zu unserem grundlegenden Kern, wo Furcht und Drama und ein in der alten Energie verhaftetes Denken uns von unserer Herrlichkeit fernhalten.

Lee Carroll

10 Die Rekalibrierung des Selbst

Teil 2

Seid gegrüßt, ihr Lieben, ich bin Kryon vom Magnetischen Dienst. Heute Abend geht es erneut um die Rekalibrierung des Selbst. Die Zuhörer bzw. Leser werden dabei gefordert, die Wand, die ich die *Realität des Überlebens* nenne, hinter sich zu lassen. Stattdessen weisen wir euch an, euch in die potenziellen Möglichkeiten dessen zu begeben, was real, aber strukturell nicht nachweisbar ist. Mit »strukturellem Nachweis« meine ich, dass es sich dabei nicht um dreidimensionale Attribute handelt, die ihr versteht. Darum bitte ich euch, weil es zur persönlichen Rekalibrierung nötig ist, zur Rekalibrierung des eigentlichen *Kernselbst,* das du bist.

Dieses Channeling schließt an das von gestern Abend an, wird aber in sich prägnant und vollständig sein. Wenn ihr euch beide Channelings jedoch als Paar anhört, dann werden sie noch vollständiger. Bevor wir anfangen, gebe ich eine kurze rückblickende Zusammenfassung der gestrigen Informationen.

Die sich verlagernde Energie der Rekalibrierung

Die Energie des Planeten verlagert sich, aber man kann sie eigentlich nicht als Energie, wie ihr sie kennt, definieren. Wie wir früher schon gesagt haben, würden die meisten auf die Frage, was Energie ist, sie in einer Leitung als Strom fließen sehen oder als die Qualität eines Ortes, der sich wie etwas Bestimmtes *anfühlt.* Ihr stellt euch Energie nicht als etwas vor, was beständig aus einem Menschen ausstrahlt. Die Vorstellung, der Mensch sende und empfange dauernd bestimmte Arten an multidimensionaler Energie, wurde euch als Kind nicht nahegebracht. Wenn euch das bewusst wird, halten euch viele Menschen für komisch, gespenstisch und sonderbar, weil man dem kein erkennbares, nachgewiesenes Attribut zuordnen kann, welches konsistent und beständig ist. Deshalb liegt es außerhalb dessen, was ihr als sinnvoll und für empirisch nachweisbar erachtet. Wie nutzt ihr also etwas, dessen Existenz ihr nicht einmal versteht? Das ist schwierig, doch genau darum bitten wir euch.

Dann gibt es noch Dinge, die euren Glauben einschränken oder mit menschlicher Voreingenommenheit zu tun haben. Ihr gründet in Tradition und oft auch in Mythologie [euch wurden Dinge beigebracht, die so und nicht anders sind]. Über eines davon haben wir gestern Abend gesprochen. Wir fragten nach eurer Wahrnehmung von Licht und Dunkelheit. Dann wollten wir euch begreiflich machen, dass Dunkelheit an sich keine Intelligenz besitzt. Wie wir wissen, ordnet ihr all diesen Dingen Intelligenz zu, denn so habt ihr das traditionell gemacht, und dadurch wird es einfach. Wenn ihr Widerstand spürt, ordnet ihr dem eine Entität zu, anstatt zu verstehen, dass das vielleicht einfach nur Energie ist, die auf bestimmte Weise funktioniert.

Dunkelheit und Licht – rückblickende Zusammenfassung

Wir wollen noch einmal Licht und Dunkelheit definieren. Wie wir immer wieder sagen, ist Licht etwas Aktives, Dunkelheit dagegen nicht. Deshalb muss Dunkelheit als die *Abwesenheit von Licht* definiert werden. Das Gleichgewicht zwischen beiden versteht ihr allerdings sehr wohl. Würden wir euch erzählen, es würde ein neues Gleichgewicht zwischen Dunkelheit und Licht geben, dann würdet ihr sagen: *»Das verstehe ich.«* Würde ich euch sagen, das Licht würde sich verändern und die Dunkelheit würde sich verändern, dann würdet ihr fragen: *»Was bedeutet das?«* Wird sich das Böse verändern? Werden noch mehr Engel kommen? Ihr Menschen, warum müsst ihr der Physik unbedingt persönliche Attribute zuschreiben? Wenn ihr die Hand an einen unsichtbaren Platz legen und spüren würdet, dass jemand sie zurückstößt, würdet ihr eine Gänsehaut kriegen und sagen: *»Wer ist das?«* Das ist wirklich lustig! Ich frage euch: Wenn ihr in die Luft springt und die Schwerkraft euch nach unten zieht, bekommt ihr dann eine Gänsehaut und sagt: *»Wer ist das?«* Habt ihr Angst? Nein. Ihr wisst genau, was das ist, denn ihr seid mit Schwerkraft groß geworden, und sie ist die größte Zugkraft überhaupt! Ihr habt ihr keine Entität zugeordnet, oder? Wenn ihr in einem Labor Magnetkraft einsetzt, die Kräfte des Positiven und des Negativen, die sich abstoßen und anziehen, bekommt ihr wunderbare unsichtbare Energie zu sehen. Und habt ihr diesen Energien Namen verpasst? Nein. Nur die unwissenden Menschen in der Vergangenheit haben das vielleicht getan, weil sie es nicht verstanden haben. Sie sind nicht mit Magneten aufgewachsen, die sich gegenseitig abstoßen und anziehen. Für die Wissenschaftler unter euch: Was ihr im Labor auf der Atomebene seht, sind Atome, bei denen einfach ein paar Teile fehlen. Die Atome mit den fehlenden Teilen suchen nach anderen Atomen, die diese Teile *haben!* Sie werden durch die ungleiche Energie, die sich auszubalancieren versucht, ständig angezogen und abgestoßen. Das ist Physik. Es ist Energie, und diese Atome werden immer danach trachten, eine Atomstruktur zu finden, die die von ihnen gewünschten Teile hat, bzw. diejenigen abstoßen, die dafür nicht infrage kommen. Es geht dabei um Balance. Das ist Magnetismus.

Und ich werde euch die Wahrheit sagen, ihr Lieben. Es gibt keine negative Entität mit Hörnern und Schwanz, die versucht, euch im Leben herumzustoßen! Doch es gibt für euch unsichtbare Dinge, die ziehen und stoßen, und ihr wollt glauben, sie seien lebendig. Hier kommt die Wahrheit über Dunkelheit und Licht: Das sind Attribute des menschlichen Bewusstseins und der Physik, die zusammenwirken und ein System erzeugen, welches sich auf euch auswirkt. Aber es gibt kein »dunkles Wesen, das hinter eurer Seele her ist«.

Dunkle Wesenheiten

»Kryon, ich kann einfach nicht glauben, dass es so etwas wie dunkle Wesenheiten nicht gibt.« Wirklich? Wir wollen in diesem weiterführenden Channeling das einmal richtigstellen. Ich habe früher tatsächlich erwähnt, es gebe dunkle Wesenheiten. Ja, die gibt es. Doch zunächst müsst ihr verstehen, dass die Menschen die Neigung haben, alles Dunkle zu personalisieren und zu fürchten. Bitte setzt eure spirituelle Logik ein und unterscheidet, was wirklich was ist! Eure Tradition und eure Mythologie sind stark, und sie lassen euch in diese Richtung tendieren. Deshalb neigt ihr dazu, alles, was im Dunkeln ist, zu fürchten, anstatt die Wahrheiten zu erken-

nen, die dort zu finden sind. Darum geht es in dieser Diskussion, und darum ging es auch in dem Channeling davor.

Die dunklen Wesenheiten auf dem Planeten sind real. Doch dahinter steckt Bewusstsein und nicht bloße Physik. Wisset: Es gibt Menschen, die das Licht so vollständig aus sich verbannt haben, dass sie selbst dunkle Wesenheiten sind. Sie benutzen diese »Macht der Dunkelheit«, um andere Menschen, die in Angst sind, zu versklaven. Das sind also die dunklen Wesenheiten, und sie haben sich so entschieden. Oft haben sie große Macht, denn sie verströmen ein Bewusstsein des Bösen. Es gab sie in eurer Geschichte, und ihr habt gesehen, wie die Menschheit sich oft von ihrer Macht hat »kaufen« lassen. Das ist eine alte Energie, in der das Böse sich selbst ausbrütet, während es weiterhin alles Licht um sich herum auslöscht.

Es gibt auch nichtmenschliche dunkle Wesenheiten, die immer wieder kommen und gehen. Das sind Wesen mit Bewusstsein, die euch besuchen und versuchen, euch in Furcht zu versetzen, um zu sehen, wie ihr reagiert. Es findet ständig ein Test statt, ob und wie sich das menschliche Bewusstsein weiterentwickelt. Und die Tatsache, dass fast alles, was ihr in der Physik seht, auf Polaritäten beruht, sollte euch eigentlich sagen, dass das ebenso für das dunkle und lichte Bewusstsein gilt.

Doch wie wir schon oft besprochen haben, haben diese Wesen, die von anderen Orten des Universums kommen, keine Macht über euch, es sei denn, ihr lasst das zu. Sie haben keinen »inneren Gott« und sind einfach nur »intelligente Biologie«. Das, was sie an euch fasziniert, ist eben euer »innerer Gott«; das können sie einfach nicht begreifen! Und wie sie festgestellt haben, ist Angst der Schlüssel dazu, die Kontrolle über euch zu gewinnen, während sie alles inspizieren, was sie wollen.

Haltet euer Licht hoch, dann kann keine dunkle Wesenheit, woher auch immer sie kommt, euch berühren. Sie werden euer Licht sehen und umkehren. Ihre ganze Existenz hängt von schwächeren Menschen ab, die ihre Macht sehen und Teil davon sein wollen. Für euch lautet die Mahnung wie schon immer: *Macht die Liebe Gottes in eurem Leben geltend und erkennt, dass ihr Teil der schöpferischen Quelle seid!* Euer Höheres Selbst ist einzigartig in der

Galaxie, keine andere Lebensform hat das. Auf dieser Erde seid ihr diejenigen, die ein Höheres Selbst haben, und deswegen ist das derzeit der einzige Planet mit einem spirituellen freien Willen. Ihr *seid* Licht.

Das Kristallgitter

Die multidimensionalen Attribute von Systemen auf dem Planeten gleichen sich, ähnlich wie die Magnetkraft, aus, und sie sind ständig im Spiel. Eines der Attribute, die sich – wie wir euch gesagt haben – verändern, ist eines der esoterischsten von allen, nämlich das Kristallgitter. Im Moment *erinnert* sich das Kristallgitter an Dinge auf nicht lineare Weise. Wenn etwas Negatives passiert, wird das zuerst erinnert, denn es *sieht* das Negative mit einem höheren Kraftquotienten als das Positive. Deshalb habt ihr so starke Gefühle, wenn ihr über frühere Schlachtfelder geht. Negativen Handlungen wird ein höherer Wert beigemessen als positiven.

Das wird sich ändern. Wenn sich die Energie verlagert (wobei das menschliche Bewusstsein als Katalysator dient), dann verändern sich auch die Erinnerungen des Kristallgitters. Das war auch schon in der Vergangenheit so. Was ihr heute tut, schreibt also die Art und Weise um, wie sich das Kristallgitter gestern daran erinnert hat. Wir könnten sagen: Das, was ihr heute tut, neigt dazu, manches an Energie, so wie es in der Vergangenheit erinnert wurde, auszuradieren bzw. zu verbergen.

Hier also ein Axiom, das ich euch schon früher genannt habe: *Was ihr in der Zukunft tut, verändert die Vergangenheit!* Denn das Kristallgitter wird dadurch weniger linear als früher und beginnt, sich an ganz andere Dinge zu erinnern als früher. Ein empfindsamer Lichtarbeiter, der in der nahen Zukunft auf einem Schlachtfeld steht, wird lange nicht mehr so stark *spüren,* was in der Schlacht vor sich ging. Wir sagten euch, das stehe zu erwarten. Eure heutigen Gedanken schreiben den Selbstwert um, an den sich das Kristallgitter erinnert, und das ist eine schwierige Anpassung.

Gestern Abend sagten wir zum Abschluss: Wir möchten, dass ihr die Anziehungs-/Abstoß-Energie der Dunkelheit und des

Lichts und das, was sehr gut schon als Nächstes passieren kann, besser versteht. Tut euer Bestes – ohne dem dabei eine Persönlichkeit oder Wesenheit zuzusprechen. Dunkelheit ist etwas Dummes. Sie hat keine Intelligenz. Sie ist einfach nur Teil eines Systems, das um der Balance willen überleben will, so wie viele andere Systeme auf dem Planeten auch. Die Systeme auf der Atomebene sind auf Balance ausgelegt, und das sieht aus wie Überleben, denn es ist etwas Konstantes und Ewiges.

Die letzte Schlacht

Wenn ihr damit beginnt, tatsächlich die Attribute des Systems umzuschreiben, verändert sich auch das Gleichgewicht zwischen Licht und Dunkelheit. Was ich euch zu sagen versuche, ihr Lichtarbeiter, ist Folgendes: Die *Dunkelheit* wird Widerstand leisten und umso stärker zurückschlagen, um das Gleichgewicht beizubehalten und zu überleben. Doch das ist keine empirische Wissenschaft, sondern es geht um Bewusstsein, und somit ist da einiges, was ihr überhaupt nicht erwartet. Ihr könnt die dunkle Energie, wenn sie sich wieder in die alte Balance bringen will, kontrollieren. Deshalb sage ich euch erneut etwas, was viele immer noch nicht verstehen: Wenn ihr Teil des Lichts seid, könnt ihr die Dunkelheit austricksen, denn ihr könnt sie sehen, sie aber euch nicht! Das ist das Geheimnis, ihr Lieben, doch die Dunkelheit kommt nach wie vor auf multidimensionale Weise nach vorne und versucht, das Licht auszulöschen. Das ist der Kampf des Wandels, und so funktioniert auch die Physik im gesamten Universum: ziehen und stoßen.

Zum ersten Mal in der Menschheitsgeschichte sind die Lichtarbeiter klar im Vorteil, denn Gaia ist auf euer Handeln eingestimmt. Ihr überschreitet die Schwelle der Präzession der Äquinoktien und bewegt euch auf einen Punkt zu, wo sich das Gleichgewicht des Planeten verändert, und das geschieht zu euren Gunsten und ist nicht gegen euch gerichtet. Ihr seid dabei, die Saat des Friedens auf der Erde auszubringen, und im Laufe dieses Prozesses wird ein altes Kräftegleichgewicht zwischen Licht und Dunkelheit gestört. Schließlich wird, wie auf manchen der anderen Planeten, über die wir gesprochen haben, die Dunkelheit weniger werden und so schrumpfen, dass es keinen Krieg mehr gibt. Länder werden weiterhin Meinungsverschiedenheiten haben, doch die Lösung wird nie mehr darin bestehen, einen anderen Menschen zu töten. Das wird nach und nach nicht mehr zu den Optionen gehören, die die Menschheit in Betracht zieht. Es wird einfach keinen Krieg mehr geben.

Wie wir euch gesagt haben, werdet ihr eines Tages auf die Zeit vor 2012 zurückblicken, dieses Jahr als Grenzpunkt betrachten und sagen: *»Damals waren die Menschen Barbaren. Wir heutige Menschen sind eine andere Rasse.«* So unterschiedlich kann das Potenzial sein. Glaubt ihr, die menschliche Grundnatur kann sich so stark verändern? Das ist das, was euch bevorsteht. So tief geht es. Wir haben über die Brücke der Schwerter gesprochen und auch über einen bevorstehenden Kampf, und so ist es. Ihr steckt bereits darin. Die Schwerter sind eine Metapher für das *Feiern.* Ihr seid dabei, unter einer Brücke aus Schwertern hindurchzugehen, so wie ihr es von Hochzeiten und Siegesfeiern beim Militär kennt. Spirit legt sie für euch aus, damit ihr das spürt, und kreuzt sie über euren Köpfen, und ihr geht darunter hindurch. Lichtarbeiter, auf eurem Weg zum Schlachtfeld habt ihr bereits gewonnen! Es beginnt mit einer Neuausrichtung des Selbst, aber es wird nicht leicht sein.

Die neuen Informationen

Lasst uns in dieser kurzen Zeit das beschreiben, worüber wir gestern nicht gesprochen haben. Wir wollen ein paar der Dinge einzeln aufführen, die diese dunkle Energie, die außer Balance geraten ist, euch bescheren wird und auf die ihr achten müsst. Wenn ihr diese Dinge seht, dann werdet ihr wissen, dass die Dunkelheit im Anmarsch ist, und könnt sie leichter besiegen. Erinnert euch daran: Die grundlegende Dunkelheit verfügt über keine Intelligenz! Denkt also, während wir darüber sprechen, noch einmal an die Schwerkraft und andere chemische und physikalische Attribute, die in Bewegung geraten, um eine Balance zu schaffen.

Denkt an das Öl und das Wasser. Was würde geschehen, wenn das Öl ein anderes Gewicht hätte? In vielen Mischungen würde ein neuer Kampf um eine neue Balance stattfinden. Behaltet das im Kopf und überlegt einmal, wie die Energie der Dunkelheit reagieren und versuchen würde, euer Licht neu auszubalancieren. Sie ist zwar nicht intelligent, bewegt sich aber so, als ob sie intelligent wäre. Wenn sie an ein bestimmtes Gleichgewicht gewöhnt ist und euer Licht zunimmt, dann wird sie reagieren.

Dunkelheit an sich ist etwas Immanentes, reagiert aber auf Balance. Dunkle Energie dagegen, der ein menschliches Bewusstsein hilft, ist etwas Böses. Erinnert ihr euch noch an die vorherige Diskussion über dunkle Wesenheiten? Das Grundattribut der Balance auf dem Planeten besitzt selbst keine Intelligenz, aber die neue Balance wird jetzt von Menschen mit niedrigem Bewusstsein erkannt. Es funktioniert in beide Richtungen, meine Lieben. Stellt euch »Dunkelheitsarbeiter« als das Gegenteil von Lichtarbeitern vor. Es gibt sie da draußen, und das erklärt auch die große Kraft und Macht von Prozessen, in denen Menschen etwas scheinbar Dämonisches heraufbeschwören können. Das macht Voodoo glaubwürdig und verbindet sich sehr leicht mit den Glaubenssystemen derjenigen, die davor Angst haben. Die Menschen fürchten die Dunkelheit und verleihen ihr dadurch Macht. Wenn ihr der Dunkelheit Angst zuführt, wird sie stärker. Das ist sehr komplex, aber deshalb geben wir auch diese Unterweisungen.

Ihr bekämpft zwar keine dunkle Wesenheit, aber auf gewisse Weise kämpft ihr gegen die Energie, die von anderen Menschen erzeugt wird, welche die Dunkelheit »sammeln«. Das habt ihr erwartet, nicht wahr? Ein Element der menschlichen Natur wird gegen das Licht ankämpfen, aber denkt daran: Dieses Element ist nach wie vor im Dunkeln und kann das, was ihr seht, nicht sehen. Womit, meint ihr, wird die dunkle Energie versuchen, das Geschehen auszubalancieren und euer Licht zu löschen? Lasst uns das erforschen.

Furcht ist das wichtigste Hilfsmittel der Dunkelheit

Licht wird durch Furcht verringert, wenn nicht sogar komplett ausgelöscht. Wenn die Dunkelheit mittels der Hilfe intelligenter Menschen etwas weiß, dann das: Wenn ihr Angst habt, hat sie schon gewonnen. In der Physik, in der Natur und auf dem ganzen Planeten setzt das derzeitige Gleichgewicht dem Wandel Widerstand entgegen. Wenn Veränderungen unvermeidlich sind, dann werden bestimmte Dinge im System bis zum Tod darum kämpfen, alles beim Alten belassen zu können. Das steht euch 2013 und danach bevor. Ein altes Paradigma und ein altes Gleichgewicht des Menschseins werden versuchen, so zu bleiben, wie sie sind. Das sind – auf den Menschen übertragen – zum Beispiel Gier, Macht und die Bequemlichkeit des Alten und Gewohnten. All das wird letztendlich verschwinden, aber die Dunkelheit ist fast so etwas wie ein Reservoir für diejenigen, die das Überleben des alten Gleichgewichts wünschen; aber sie werden nicht siegen. Ihr seid die Lichtarbeiter, die die Saat ausbringen.

Und Folgendes steht zu erwarten: Wenn sie euch Angst einjagen können, dann werden sie das auch tun. Nun, die Zuhörer, die Leser und jene im Raum sagen da vielleicht: *»Ich habe keine Angst, Kryon. Ich trage die Liebe Gottes im Herzen. Ich habe keine Angst. Ich habe nicht einmal Angst vor dem Sterben. Ich weiß Bescheid über den Kreislauf des Lebens und über die Liebe Gottes, und ich habe keine Angst.«* Doch ich sage euch, meine Lieben: Vielleicht werdet ihr doch Angst bekommen. Vielleicht doch. Denn die Dunkelheit kennt dank der Hilfe anderer Menschen eure *Achillesferse,* ihr Lichtarbeiter. Vor was hättet ihr wirklich Angst?

Ich sage es euch nochmals: Lichtarbeiter haben ein Attribut, welches nicht dem entspricht, was man intuitiv erwarten würde. Es mangelt ihnen nämlich an Selbstwertgefühl. Ihr seid geschlagen und besiegt worden! Ich habe das schon früher gesagt und gestern Abend erneut. Viele von euch kamen auf diesen Planeten und wussten überhaupt nicht, was dieses Mal passieren würde. Oh ja, das Potenzial, dass ihr die Schwelle erreichen und sie überschreiten würdet, war vorhanden, aber es war keine Gewissheit. Und wenn es diesmal wieder so laufen würde wie all die anderen Male? In wie vielen früheren Leben opferten euch andere Menschen ihrer Mythologie, weil ihr seltsam wart oder über Kräfte verfügtet oder Farben sehen konntet oder – noch schlimmer – Menschen heilen konntet? Wie hat sich das auf euer innerstes Wesen ausgewirkt? Und jetzt seid ihr hier. Ihr kamt in dieses Leben mit viel Licht, aber mit einem schwachen Selbstwertgefühl, und das wisst ihr. Also noch einmal: Wovor hättet ihr Angst? Ich werde es euch sagen.

Nummer eins: Ist dieses esoterische *New Age*-Gerede wirklich richtig? Geschieht das wirklich, oder seid ihr bloß leichtgläubige, nette Leute, die sich an die Verrücktheiten und die spirituelle Leere des Neuen Zeitalters klammern? Seid ihr naive Narren? Fragt einmal ein paar Verwandte! Sie werden diese Frage mit einem eindeutigen Ja beantworten! Ihr sagt dann vielleicht: *»Ich befürchte nicht, dass ich unrecht habe. Ich weiß, ich habe recht. Ich spüre es in meinem Herzen. Ich habe die Liebe Gottes in mir und die Weisheit der Zeitalter.«* Darauf antworte ich euch: Manches wird euch dazu bringen, euch selbst infrage zu stellen. Es gibt immer eine hartnäckige *Saat des Zweifels,* die bestehen bleibt, bis ihr auf eurem Totenbett liegt. Und selbst dann werdet ihr es niemals wissen. Seht ihr, worauf ich damit hinauswill, ihr Lieben? Lichtarbeiter können am allerschlechtesten an ihrem Glauben festhalten. Sie sind ganz einfach zu besiegen.

Die Dunkelheit, die über keine Intelligenz verfügt, versucht, Licht und Dunkelheit ins Gleichgewicht zu bringen. Wie die Atomstruktur weiß sie, was zu tun ist. Die Dunkelheit weiß, wovor ihr Angst habt. Ironischerweise weiß sie nicht viel über das Licht – sie weiß nur über sich selbst Bescheid. Sie kann euch nicht einmal sehen. Ihr könnt um sie herumtanzen und um sie herumlaufen. Aber sie kann euch Angst einjagen, euch an einen Punkt bringen, an dem ihr euch ganz tief drinnen fragt, ob ihr das wirklich richtig macht. Die Dunkelheit weiß, wie sie Zweifel säen kann. Darin ist sie Experte.

Ihr Lieben, lasst uns einmal eure Tendenzen und einseitigen Vorbehalte anschauen: Ihr wurdet in einer dreidimensionalen Welt mit dreidimensionaler Spiritualität erzogen, und eure Führer haben euch immer wieder gesagt: *»Wenn ihr das nicht richtig macht, dann werdet ihr versagen. Ihr werdet Gott keine Freude bereiten. Vielleicht verliert ihr sogar eure Seele.«* Womöglich meint ihr, ihr hättet vielleicht – nur vielleicht! – alles falsch gemacht. Und indem ihr es falsch gemacht habt, habt ihr das Missfallen Gottes erregt, oder noch schlimmer: Ihr erfüllt nicht eure Aufgabe, deretwegen ihr gekommen seid. Denn wenn doch, würde es in eurem Leben dann nicht besser laufen?

Lasst uns einmal annehmen, jemand, der wie ein Lichtarbeiter aussieht, kommt daher und erzählt euch, ihr hättet versagt, was Gott natürlich nicht gefällt. *»Ihr erfüllt euren Vertrag nicht. Ihr habt das Falsche geglaubt, und deswegen steht ihr alleine da, ohne Gott.«* Solche falschen Propheten werdet ihr hören, und sie sind scheinbar eins, doch das stimmt nicht. Sie, die anscheinend das Licht in sich tragen, sind die wahren Vertreter der Dunkelheit. Das ist der Krieg, von dem wir gesprochen haben. Es ist der Krieg des Glaubens, und er weiß, wie ihr denkt.

Licht und Dunkelheit prallen multidimensional immer wieder aufeinander, was ihr nicht erwartet habt, und es geht für euch nicht nur darum, *keine Angst zu haben.* Die Dunkelheit wird euch austricksen und sagen: *»Na, habt ihr den Sinn eures Lebens schon herausgefunden?«* Da werden die meisten Lichtarbeiter, die hier im Raum sind, sagen: *»Eigentlich noch nicht. Aber ich weiß, eines Tages werde ich.«* Und die Dunkelheit wird darauf sagen: *»Ihr seid Narren! Es ist zu spät. Ihr seid der falschen Person gefolgt, habt falsch meditiert, und der Beweis dafür ist, dass in eurem Leben nichts gut läuft. Ihr habt vor Gott und vor euch selbst versagt. Folgt jetzt mir!«*

Das scheint ein gar zu durchsichtiger Trick zu sein, ihr Lieben, nicht wahr? Doch die Antwort lautet: Die alte Seele wird als Erste darauf hereinfallen! Die Dunkelheit ist so dreidimensional, und sie weiß, dass ihr genug habt, und das sind schwere Zeiten. Bitte achtet darauf, meine Lieben, denn auf diese Weise wisst ihr, was dunkel ist und was nicht. Wenn die Dunkelheit euch sagt: *»Ihr habt versagt!«*, dann stimmt das nicht und hat nichts mit dem Licht zu tun. Würde Spirit so etwas tun? Nein. Wenn irgendjemand auf diesem Planeten sich vor euch hinstellt und sagt: *»Ihr habt euren Vertrag nicht gefunden!«*, oder: *»Wann kapiert ihr das endlich spirituell?«*, dann kommt das nicht vom Licht.

Ich sage euch die Wahrheit, und die Wahrheit habe ich euch immer wieder durchgegeben. Die Lichtarbeiter sind hier, um ihr

Licht scheinen zu lassen, nicht um etwas zu *tun*. Ihr seid auf dem Planeten geboren worden, um von A nach B zu gehen, um anderen Menschen Mitgefühl entgegenzubringen und um der Familie zu zeigen, was Liebe ist. Eure Aufgabe auf dem Planeten besteht darin, euren Mitmenschen ein Beispiel dafür zu geben, wie Liebe funktioniert, eine sanfte Haltung einzunehmen und wie ein Meister zu handeln. Ihr seid nicht hier, um ein Buch zu schreiben oder ein Heilzentrum aufzubauen oder etwas von dem zu tun, was ihr – wie man euch erzählt hat – tun *solltet*. Habt ihr meine Worte gehört? Ihr seid gekommen, um *hier zu sein!* Wir feiern euer Licht! Solange ihr auf der Erde wandelt und das versteht, kann euch die Dunkelheit nichts anhaben, denn ihr werdet vor einer offensichtlich falschen Botschaft keine Angst haben. Ihr habt die Regeln gemacht, ihr Lieben. Lasst niemanden euch jetzt vorschreiben, wie die Regeln aussehen. Ihr kennt sie, denn die Liebe Gottes hat sie eurem Herzen eingeprägt.

Verträge

Ich möchte euch ein Konzept vorstellen, falls ihr davon bislang noch nichts gehört habt. Wenn ihr einen Vertrag haben wollt – in Ordnung. Wenn euch gesagt wurde, ihr hättet einen Vertrag hier auf dem Planeten – in Ordnung. Aber er ist mit unsichtbarer Tinte geschrieben!

»Wie bitte?«, fragt ihr da. *»Das stimmt nicht, denn ich habe ihn aufgesetzt, und ich erinnere mich daran, wie er aussehen sollte.«* Nun, meine Lieben, da möchte ich euch ein paar Neuigkeiten erzählen. Euer *Vertrag* gründet auf einer neu beginnenden Energie, wenn ihr hier ankommt, und er kann tagtäglich umgeschrieben werden! Was haltet ihr davon? Wenn ihr mit einem Vertrag auf den Planeten gekommen seid, der euer Leben, eure Akasha und euren Weg regelt, was, meint ihr, geschieht, wenn sich der gesamte Planet verändert? Immer noch derselbe Kontrakt? Nein. Dieses System ist darauf ausgelegt, sich ständig zu verändern. Euer einziger Vertrag besteht darin, *hier zu sein* und mit anderen Menschen Synchronizitäten zu erzeugen. Und wenn ihr das tut, dann verändern sich euer

Vertrag und eure Aufgabe. Was für ein tolles System! Es weiß, was ihr gerade tut!

Die Dunkelheit liebt dieses Thema; sie kommt verkleidet daher und sagt: »*Wozu braucht ihr schon Reichtum und Überfluss? In eurem Vertrag stand, ihr kommt hierher und leidet wie all die anderen Propheten und Meister vor euch. Habt ihr das nicht gewusst? Eine Zeit lang sehen die Dinge vielleicht besser aus, aber irgendwann werdet ihr ja doch wieder totgeschlagen, weil Menschen, die Gott lieben, nun mal leiden müssen.*« Ist euch das gesagt worden? Jawohl! Und ich sage euch: »Dann habt ihr Bekanntschaft mit der Dunkelheit gemacht!« Denn genau das ist der Kampf: Die anderen definieren euch. Euer Selbstwertgefühl ist eure Achillesferse, ihr alten Seelen. Wie geht ihr damit um?

Die Wege des Wandels

Ich möchte kurz über ein paar Dinge sprechen, die womöglich geschehen werden und euch Angst einjagen oder euch an euren Informationen zweifeln lassen. Es sind Potenziale im Gang, durch die die Dunkelheit dieses Rätsel auf eine Art und Weise angeht, die ihr vielleicht nicht erwartet. Gerade dann, wenn ihr meint, ihr würdet an mehr Frieden auf dem Planeten arbeiten, gibt es unter Umständen einen kleinen Krieg. Wenn dieses Potenzial in die Wirklichkeit umgesetzt wird, was macht ihr dann damit? Schlagt ihr die Hände über dem Kopf zusammen und sagt: »*Ich hab's ja gleich gewusst, dass ich falschlag! Die Dunkelheit hat gewonnen, und nichts hat sich im Vergleich mit früher verändert!*«? Oder werft ihr einen Blick darauf und sagt: »*Ich erkenne die Täuschung. Die Menschen reagieren einfach auf die Veränderung und kämpfen gegen die dunkle Energie. Das wird nicht lange dauern.*«

Und ich sage euch noch etwas, was ihr wissen solltet: Die jüngeren Menschen auf dieser Erde wollen keinen Krieg, und zwar nirgendwo. Sie wollen nicht die Kriege ihrer Väter fortführen müssen. Wenn es Krieg gibt, dann werden es die älteren Menschen sein, die ihnen sagen, das wäre die einzige Möglichkeit, die von ihnen gewünschten Veränderungen zu bewirken. Wieder einmal tut die Dunkelheit alles, was in ihrer Macht steht, sich entsprechend passend zu verkleiden.

Und in der Zwischenzeit betrachtet ihr euch das und sagt: »*Was passiert da? Ich dachte, es würde alles besser werden.*« Hört zu: Was wäre eines der schlimmsten Dinge, die euch Zweifel an den Veränderungen des Planeten einimpfen würden? Ich sage euch, was euch bevorsteht und was zu erwarten ist – etwas, von dem ihr gemeint habt, es könnte nie passieren: eine Spaltung der *New Age*-Bewegung. Womöglich müsst ihr eine Entscheidung treffen oder auch nicht. Ich ermutige euch, an keiner Art von Spaltung mitzuwirken. Wenn euer Bewusstsein keine Schubladen zum Hinein- oder Hinausklettern hat, wie kann es sich dann spalten? Wenn euer Bewusstsein weder einen Mitgliederausweis erfordert noch eine Doktrin aufstellt, wie kann es sich dann spalten? Und doch werden manche sagen: »*Nun ja, die Prozesse und Energien sind immer dieselben, aber ihr macht nicht das Richtige. Deshalb verstoßen wir euch, außer ihr ändert euch. In unseren Augen könnt ihr keine Lichtarbeiter sein.*« Willkommen in der Welt der alten Wege, wo die Menschen immer göttliche Attribute hernehmen, sie nach ihrem eigenen Gutdünken verdrehen, dann in ihre eigene Schublade steigen und euch als »falsch« bezeichnen. Was macht ihr, wenn das sozusagen vor eurer Haustür geschieht, vielleicht durch Menschen, die ihr liebt? Wie geht ihr damit um?

Die eigene Energie bewahren

Versucht es einmal mit dieser Lösung: »*Juchhu, ich werde meinen Weg weiterverfolgen, ohne das Drama anderer in mein Leben zu lassen. Ich bin frei! Gesegnet seid ihr alle dafür, dass ihr nach der Wahrheit sucht! Meine Liebe begleitet euch auf eurem Weg. In der Zwischenzeit bin ich hier und halte mein Licht hoch, wie ich es immer getan habe. Mein Fokus liegt auf meinem inneren Gott, und mehr brauche ich nicht.*«

Ergreift die Liebe Gottes in euch und lasst sie nicht los! Lasst nicht zu, dass der Intellekt euch austrickst und ihr meint, ihr müsstet den einen oder anderen Weg gehen. Wenn ihr die Energie eines

Meisters habt, dann kann euch nichts etwas anhaben. Lasst die anderen gehen und sich in ihren eigenen Dramen drehen. In der Zwischenzeit pflanzt ihr die Saat der neuen Energie auf dem Planeten. Deshalb seid ihr gekommen.

Verschwörungen

Es wird Gerede über Verschwörungen geben, und die Themen werden durchaus glaubhaft und bedrohlich sein. Die Dunkelheit liebt das, und Verschwörungen sind das Werkzeug der Dunkelheit. Sie funktionieren gut, weil kein Mensch weiß, ob die Informationen echt sind oder nicht, und genau darauf zählt die dunkle Energie. Dabei geht es um bislang nie gehörte Verschwörungstheorien, und zwar eine ganze Menge. Erkennt sie, wenn sie auftauchen. Und wisset: Sie kommen nicht vom Licht, und sie stimmen nicht! Erkennt sie und verwerft sie und macht sie nicht zum Bestandteil eurer Realität! Ihr ganzer Sinn und Zweck besteht darin, euch daran zweifeln zu lassen, dass ihr die Schwelle des Jahres 2012 tatsächlich überschritten habt und in eine neue Realität eingetreten seid. Sie werden versuchen, euch davon zu überzeugen, dass sich nichts verändert hat.

Ihr müsst mit denen, die diese Vorstellungen verbreiten, nicht herumstreiten. Eure Aufgabe besteht vielmehr darin, die Liebe Gottes in eurem Leben zu sehen und diese Liebe auch in ihnen zu erkennen. Das ist alles, was ihr sehen müsst. Lasst die Informationen beiseite und setzt euren Weg fort, pflanzt die Samen des Lichts auf der Erde.

Könnt ihr euch vorstellen, was die Meister des Planeten durchgemacht haben? Wer sie womit konfrontiert hat und was sie damit gemacht haben? Nichts! Habt ihr etwas darüber gelesen, dass sie Streitgespräche geführt oder herumdiskutiert haben, wer denn nun recht hat? Das mussten sie nicht. Sie standen über alldem. Sie setzten ihren Weg fort und stellten ihr Licht dort auf, wo es erforderlich war.

Ihr habt die Oberhand

Das ist keine beängstigende Botschaft, und zwar, weil das alte Gleichgewicht der Dunkelheit keine Chance hat. Ich sage das hauptsächlich für diejenigen, die diese Worte an anderen Orten – nicht in diesem Raum – vernehmen oder lesen. Viele Menschen haben womöglich nicht das, was die alten Seelen wie diejenigen hier im Raum haben, nämlich die Weisheit und das Wissen um die Vielzahl der Leben, die ihr zu leben habt. Diejenigen, die hier auf den Stühlen sitzen, wissen das besser. Manche von euch haben den Kampf bereits ausgetragen und wissen genau, wovon ich spreche. Achtet auf das, was ich euch heute gesagt habe, als Beweis dafür, dass das, was ich euch bringe, wahr und real ist. Die Potenziale sind vorhanden, und die Dunkelheit hat keine Chance, erneut die Oberhand zu gewinnen.

Die Menschen, deren Realität in der Dunkelheit gründet, werden nach einer Weile erkennen, dass die alten Wege nicht mehr funktionieren. Achtet auch darauf! Manche werden versuchen, erneut Rassenkriege vom Zaun zu brechen. Doch mit dem, was vor 40 oder 50 Jahren eventuell funktioniert hätte, werden sie auf die Nase fallen, weil nicht mehr so viele Menschen mitmachen. Die alten Führer werden geschockt darüber sein, wie wenige kooperieren. Es wird einen neuen, stillschweigenden Konsens geben: Die alten Probleme gibt es zwar immer noch, aber sie können nicht mit noch mehr Gewalt gelöst werden. Wer daran interessiert ist, das zu erzeugen, was in der Vergangenheit so oft funktioniert hat, nämlich Negatives und Hässliches, wird merken, dass das nicht mehr funktioniert.

Terrorismus: Ihr Lieben, eines Tages werden die paar übrig gebliebenen Terroristen niemanden mehr für ihre Zwecke rekrutieren können. So nach und nach werden sogar ihre eigenen Kreise erkennen, dass Terrorismus nicht mehr funktioniert. Und nach und nach werden die Menschen, die die Dunkelheit dafür nutzen, sterben. Die Dunkelheit ist wirklich dumm, linear und reagiert lediglich auf Ungleichgewicht. Nach und nach werdet ihr einen Planeten sehen, der sein Bewusstsein verändert, und die von euch gepflanzten Samen der Liebe und des Mitgefühls Gottes werden blühen und wachsen. Und ja, ihr werdet hier sein und das sehen können! Ihr haltet das zwar vielleicht für einen Kryon-Witz, aber ihr alle seid für die Rückkehr eingeplant. Ihr alle, jeder Einzelne im Raum.

Eure Rückkehr

Ich spreche zu denjenigen hier im Raum. Nachdem ihr das letzte Mal gegangen seid, konntet ihr es kaum erwarten zurückzukommen. Ihr kanntet die potenziellen Geschehnisse, die inzwischen eingetroffen sind, und ihr kamt so schnell wie möglich zurück, um das Rätsel zu lösen. Jetzt steht ihr vor einem neuen Anfang, doch manche von euch sagen, sie seien müde und der Kampf sei gewonnen. Das ist kaum der Fall! Ich frage euch: Werdet ihr nach eurem derzeitigen Leben, nachdem ihr diese heiligen Samen über viele Leben hinweg gepflanzt habt, weggehen und euch fragen, ob sie wohl jemals wachsen werden? Werdet ihr das tun? Macht ihr all diese Schwierigkeiten mit – in Hunderten von Leben –, nur um an diesen Punkt zu kommen, wo die Energie mit euch zusammenwirkt und die Felder bepflanzt sind, und dann wegzugehen? Das glaube ich nicht! Eure nächste Inkarnation ist vielversprechend! Ihr müsst nicht noch einmal das durchmachen, was ihr früher mitgemacht habt. Ihr kommt hier nicht spirituell unwissend an und müsst dann alles, was ihr in diesem Leben getan habt, von Neuem herausfinden. Als kleines Kind, kurz nachdem ihr erkennt, wer ihr seid, werdet ihr euch intuitiv an einen Lebensstil des Mitgefühls erinnern.

Was ich euch hiermit sage, ist: Wenn ihr zurückkehrt, ihr Lieben, wird es nicht so sein wie diesmal. All das Wissen, welches ihr in diesem Leben erlangt habt, wird euch sofort zur Verfügung stehen, wenn ihr euch mit eurem freien Willen für das Erwachen entscheidet, und noch bevor ihr zwanzig Jahre alt seid, werdet ihr einen Weg der Weisheit beschreiten. Würde euch das nicht gefallen? Ihr werdet dieselben Fehler nicht noch einmal machen. Ihr werdet euch nicht in Beziehungen suhlen, die nicht funktionieren, oder andere Herausforderungen zu bewältigen haben, die ihren

Zoll von euch gefordert haben. Vielmehr werdet ihr intuitiv »wissen«, was funktioniert. Und ich sage euch, wonach ihr suchen werdet, wenn ihr alt genug seid: Wohin auch immer ihr geht, ihr werdet nach den Früchten der Saat suchen, die ihr ausgebracht habt. Ihr werdet sie überprüfen wollen. Ich werde das nicht erklären. Ich will damit nur sagen, ihr werdet wissen, dass die Saat aufgeht und die Erde deshalb ein bisschen mehr Licht hat. Die Gesellschaft wird mitfühlender und der Planet sanfter und weicher sein.

Ihr Lieben, eines Tages werdet ihr das alles betrachten und sagen: *»Das haben wir vollbracht.«* Euer Selbstwertgefühl wird steigen, so wie es stimmig ist (nicht das Ego, sondern das göttliche Selbst in euch), und ihr werdet sagen: *»Es steht gut um diesen Planeten.«* Und dann wisst ihr, warum ihr wieder hier seid.

Ich bin Kryon, und ich liebe die Menschen. Und so ist es.

Kryon
(Greensboro/North Carolina, April 2012)

Die Menschen meinen, ihr Gehirn könne alles denken, was im Universum denkbar ist, und der Himmel sei die Grenze. Sie glauben, irgendein Intellektueller könne sich jederzeit alles ausdenken, was gebraucht wird. Das sei der nächste Schritt in der Weiterentwicklung des Denkens. Doch die Geschichte zeigt das nicht auf, oder? Tatsache ist, dass Erfindungen und Wissenschaft euch geschenkt werden, wenn ihr dafür bereit seid. Über dieses spirituelle Attribut könnt ihr nicht »hinausdenken«.

In der Vergangenheit haben wir euch die Tatsache nahegebracht, dass ihr eigentlich schon vor Jahrhunderten hättet erkennen müssen, wie man in von Menschen gebauten Vehikeln fliegen und durch die Luft gleiten kann. Inzwischen habt ihr das natürlich entdeckt. Während wir hier sprechen, fliegen Tausende von Menschen durch die Luft, von einem Ort zum andern, auf Basis von Prinzipien, die euch die Vögel schon vor Jahrtausenden aufgezeigt haben. Und doch ist das für die Menschheit etwas Neues und wurde erst vor nicht allzu langer Zeit entwickelt. Wie lange habt ihr Vögel beobachtet und euch danach gesehnt, fliegen zu können? Wie lange lassen manche Kulturen schon Drachen steigen? Und doch habt ihr das nie herausgefunden! Und ihr wollt ein Mensch mit unbeschränkten intellektuellen Fähigkeiten sein?

Ihr Lieben, das Mitgefühl der Meister ist auch schon seit Jahrtausenden hier, doch erst jetzt erkennt ihr es, und die Energie ist passend dafür. Jetzt ist es an der Zeit zu fliegen!

Kryon

Die Rekalibrierung des Selbst – Teil 3

Kryon beendet diese Trilogie über die *Rekalibrierung des Selbst* mit Ausführungen über die grundlegenden Emotionen des Menschen im Einzelnen. Er lädt uns dazu ein, unsere alten Denkschubladen hinter uns zu lassen und an einen Punkt zu gelangen, wo wir auch »den inneren Gott« in unsere Wahrnehmung mit einschließen.

Lee Carroll

11 Die Rekalibrierung des Selbst

Teil 3

Seid gegrüßt, ihr Lieben, ich bin Kryon vom Magnetischen Dienst. Eine Uhr, wie ihr sie kennt, existiert auf meiner Seite des Schleiers nicht, eure Realität ist nicht die meinige. Manchmal spreche ich von etwas, das in eurer Zukunft liegt und sich aufgrund der stärksten Potenziale der Menschheit zeigt. Davon berichten wir euch, und darüber geht die heutige Botschaft – über die Fähigkeit der Menschheit zum Wandel. Wer immer dies liest: Zwischen uns besteht ein Band, das ihr vielleicht nicht erkennt. Diese Verbindung existiert aufgrund der vielen Leben, die ihr auf diesem Planeten verbracht habt, und eurer Kernseele, die mein Freund ist. Diese Freundschaft ist dann am stärksten, wenn ihr nicht vorgebt, ein Mensch zu sein.

Lange bevor es Planeten und Galaxien gab, tollten wir zusammen durch das Universum, du und ich. Das, was jenseits von Erklärungen liegt, ist schwer zu erklären, denn das Attribut der schöpferischen Quellen ist *das, was ist und immer war.* Unsere Realität ist ein Kreis und hat deshalb weder Anfang noch Ende. Zeit ist ein Attribut eurer Realität als Menschenwesen, das einen Körper hat und derzeit in vier Dimensionen existieren muss. Deshalb betrachtet ihr manchmal alles um euch herum, und euer Intellekt stellt Zeitfragen wie zum Beispiel: *»Wann ist das passiert? Wann wird es passieren? Wo werde ich sein?«* Ihr könnt das glauben oder nicht: Auf meiner Seite des Schleiers ergibt keine dieser Fragen einen Sinn. Eure Kernseele war schon lange da, bevor ihr auf diesen Gaia-Planeten gekommen seid. Euer Erbe ist riesig, und das, was ihr derzeit durch eure Einprägung erzeugt, wird in dieser Galaxie für immer spürbar sein. Vor noch nicht allzu langer Zeit waren das alles nur Potenziale, auch damals vor 23 Jahren, als ich das erste Mal zu euch kam und sagte: *»Seid gegrüßt, ihr Lieben, ich bin Kryon vom Magnetischen Dienst.«* Seitdem ist viel passiert, und inzwischen haben sich viele Potenziale manifestiert. Jetzt kommen wir also zum Grundsätzlichen.

Aus eurer Schublade herauskommen

In den Vorträgen beschreibt mein Partner Dinge, die außerhalb eurer Realität liegen und deshalb schwer zu begreifen sind. Damit will er euch darauf vorbereiten, zu erkennen, dass ihr eure vermeintlich wahre Realität erweitern müsst, um in die nächste Phase eures Lebens einzutreten. Wenn ihr diese Glaubensüberzeugungen hinter euch lasst, besteht die Möglichkeit, Teile eurer persönlichen Fähigkeiten, von denen ihr nicht einmal wisst, dass ihr sie besitzt, auszubauen und zu erweitern. Für uns ist das alles ganz klar, aber für euch ist das immer noch ein Geheimnis, welches sich jedoch nach und nach aufklärt, wenn ihr die Grenzen eures *Realitätsraums* ausdehnt. All diese Metaphern bedeuten, dass ihr Menschen euch auf einer Ebene hinsetzen und ehrlich erforschen müsst, was ihr über euch selbst glaubt.

Wir müssen über schwierige, oft persönliche Themen sprechen. Der Titel dieses Channelings ähnelt einigen vorhergehenden. In diesem dritten Teil der Reihe über die Rekalibrierung des Selbst stellen wir einige der grundlegendsten Fragen über euer zukünftiges Überleben. Werdet ihr fähig sein, weiterzugehen? Kann euch etwas aufhalten? Werden eurem Fortschritt Hindernisse in den Weg gestellt? Woher wisst ihr, was zu tun ist?

Die Vorbereitung: Selbsterforschung

Hier ist die Prämisse: Wie bei allem anderen, was ihr jemals im Leben gemacht habt, muss auch hier das Problem eingestanden werden; dann gilt es, Vorbereitungen zu treffen. Könnt ihr damit anfangen, in der Akasha zu »graben«, wie wir euch gesagt haben? Ja. Könnt ihr damit anfangen, Dinge anzuziehen, die euren Alterungsprozess verlangsamen? Ja. Könnt ihr tatsächlich damit anfangen, euer Leben so zu verändern, dass ihr euch selbst als friedlichen Menschen neu erschafft, wo es diesen friedlichen Menschen derzeit nicht gibt? Ja. Könnt ihr Lösungen für Probleme heranziehen, die eurer Meinung nach nicht lösbar sind? Ja. Aber darauf müsst ihr euch vorbereiten.

Jetzt kommt der schwierige Teil: Ihr müsst, wie man so schön sagt, eine Bestandsaufnahme davon machen, wer ihr seid. Ihr müsst sorgsam und ehrlich einige Grundsätze der alten Energie anschauen und euch die schwierigen Fragen stellen. Natürlich haben wir eine Liste – eine Liste mit fünf Punkten. Seid ihr bereit? Vielleicht sitzt ihr da und sagt: *»Jawohl, ich bin bereit.«* Da könnte ich darauf antworten: »Vielleicht auch nicht.« Ihr seid dabei, einige der Attribute, die die Meister des Planeten gelehrt haben, zu assimilieren. Das ist überhaupt nicht schwierig, ihr Lieben, außer eure Realitätsschublade lässt das nicht zu. Am Anfang stehen Verständnis, Erkenntnis, Glauben und Wille.

Angst

Nummer eins: Angst. Wovor habt ihr Angst? Ihr sagt vielleicht: *»Was meine Spiritualität betrifft, habe ich vor gar nichts Angst. Ich bin bereit!«*

Wirklich? Ich sage euch: Ihr habt vor vielen Dingen Angst, die ihr euch nicht eingesteht. Manches davon ist tief in dieser flüchtigen Akasha-Chronik versteckt und vergraben [zur flüchtigen Akasha mehr in Kapitel 13], und es wirkt sich tagtäglich auf euer Leben aus. Deshalb sind so viele von euch in vielerlei Hinsicht so funktionsgestört. Ihr tragt Dinge aus der Vergangenheit mit euch herum, die sich eurem Verhalten eingeprägt haben, und deshalb macht ihr kehrt, wenn ihr etwas auf euch zukommen seht, was euch nicht gefällt. Das ist Angst. Auf der Liste eurer 3-D-Ängste steht das vielleicht nicht ganz oben, aber es ist eine Angst. Das ist also der erste Punkt. Wodurch verändert sich das, was ihr zu tun vermögt oder wohin ihr nicht gehen könnt? Ihr antwortet vielleicht: *»Jetzt mach mal langsam, Kryon! Vielleicht ist da tatsächlich einiges, aber das ist nicht meine Schuld.«* Einen Moment bitte. Dazu kommen wir gleich.

Das Ego

Nummer zwei: das Ego. »*Also, Kryon, darüber musst du dir keine Sorgen machen. Das habe ich schon vor Jahren geklärt. Mein Ego ist ausgeglichen. Ich bin ein Lichtarbeiter, und ich kenne mich mit dem Ego aus.*«

Wirklich? Dann frage ich euch: Worüber redet ihr, wenn ihr mit anderen Lichtarbeitern zusammen seid? Sitzt ihr dann da und hört zu und schwelgt in der Schönheit dessen, was ihr zu sagen habt, oder sprecht ihr über das, was ihr gerade macht und wie ihr dem Planeten helft? Sprecht ihr darüber, wie ihr an euch gearbeitet habt, und über all eure Prozesse? Das ist eine Form des Ego, meine Lieben, nur falls ihr das nicht gewusst habt. Vielleicht seid ihr stolz darauf, wie viel ihr in eurem metaphysischen Prozess erreicht habt.

Ich verrate euch ein Geheimnis: Wenn ihr wirklich an euch selbst gearbeitet habt, müsst ihr das keiner Menschenseele erzählen! Die anderen werden das an eurer Weisheit und eurem stillen Schweigen erkennen.

Ich gebe euch also eine Übung auf. Wenn ihr euch wieder einmal mit Freunden zum Essen trefft, dann habt ihr folgende Aufgabe: Erzählt nichts über euch selbst! Gar nichts, außer ihr werdet danach gefragt. Dadurch erfahrt ihr, was eure Gewohnheiten sind und ob euer Ego »sich als Lichtarbeiter verkleidet«. Das zeigt euch auf, ob ihr eine bislang nicht erkannte Gewohnheit habt.

Ich frage euch erneut: Haben das die Meister des Planeten getan? Haben sie über sich selbst geredet, wenn sie sich mit anderen versammelt haben; haben sie darüber gesprochen, wie viel sie geleistet haben? Die Antwort lautet: Nein. Sie saßen zu Füßen derjenigen, die sie treffen wollten, und sie hörten zu und sprachen über die Schönheit der großen zentralen Quelle und nährten die Menschen um sie herum mit gütiger Weisheit und Liebe.

Wut

Nummer drei: Wut. Und wie sieht es mit Wut aus? Wie geht es euch damit? Ihr sagt vielleicht: *»Also, ich werde nicht so oft wütend.«*

Ich habe euch nicht gefragt, wann ihr wütend werdet, sondern worüber und warum. Was ist der Auslöser? Und warum gibt es diesen Auslöser? Jeder Mensch hat solche Auslöser. Was war der Auslöser für die Meister? Die Antwort lautet: Sie hatten keinen. Nicht wirklich. Stattdessen waren sie enttäuscht. Wenn ihr jemals einen anscheinend wütenden Meister erlebt habt, dann war das Frust und Enttäuschung hinsichtlich der jeweiligen Situation. Das, was sie enttäuschte, war das, was den inneren Gott von euch allen enttäuscht: Krieg, Grausamkeit gegenüber anderen Lebewesen, Unmenschlichkeit anderen Menschen gegenüber, fehlende Bereitschaft, die Liebe zu sehen, und das durch die Angst erzeugte Ungleichgewicht. Was macht euch wütend? Wenn es da etwas gibt, was euch jedes Mal in Wut versetzt, dann habt ihr etwas, an dem ihr arbeiten müsst, oder etwa nicht? Jetzt sagt ihr vielleicht: *»Moment mal, Kryon, das ist aber nicht meine Schuld.«* Einen Moment bitte. Dazu kommen wir gleich.

Reaktives Handeln

Nummer vier: reaktives Handeln. Auf was reagiert ihr? Bei was könnt ihr es kaum erwarten, euch einzumischen und eure Meinung zu äußern? Bei etwas Politischem? Da sagt jemand etwas, was wirklich neben der Spur ist. Ihr wisst das besser, also müsst ihr diese Person zurechtweisen. Was löst diese Reaktion bei euch aus? Hier ist nicht von Wut die Rede, sondern von Reaktionen auf einen Anreiz.

Eine sehr verbreitete Reaktion ist *Verteidigung*. Wenn jemand etwas über euch erzählt, was ganz offensichtlich nicht wahr ist, was macht ihr dann? Das liegt vielleicht an seiner Unwissenheit oder an einem Missverständnis, aber wie reagiert ihr? Wollt ihr diese Person auf der Stelle zurechtweisen? Oder ihr die Tatsachen vorsetzen, damit sie es dann besser weiß? Ich frage euch erneut: Wie viel von dieser Verteidigungshaltung habt ihr bei den Meistern gesehen, die auf der Erde wandelten, ihr Lieben? Sind sie, wenn sie angeklagt wurden, aus der Haut gefahren und haben eine Verteidigungsrede vom Stapel gelassen? Die Antwort lautet: Nein. Es gab keine Auslöser und keine Reaktionen. Ist euch das aufgefallen? Die Meister waren mit sich selbst vollkommen im Frieden und im Reinen.

»Jetzt mach mal langsam. Das ist nicht meine Schuld, weißt du, Kryon, weil …« Einen Moment bitte. Dazu kommen wir gleich.

Verurteilen

Nummer fünf: Verurteilen. Verurteilt ihr jemanden oder etwas? Was seht ihr als Erstes, wenn ihr andere Menschen betrachtet? Ihr sagt vielleicht: *»Ich bin niemand, der andere verurteilt.«*

Das war nicht meine Frage. Was seht ihr? Was sahen die Meister, wenn sie sich gegenseitig anschauten? Sie sahen den *inneren Gott.* Das haben sie als Erstes gesehen. Egal, in welcher Situation, und egal, wo – sie sahen nur das umfassendere Bild. Wenn euch jemand auf der Straße die Vorfahrt nimmt, seht ihr dann den inneren Gott in dieser Person oder beurteilt ihr deren Charakter bzw. Handlungen, die deren Bewusstsein als etwas nicht Stimmiges definieren würden? Seht ihr, was ich sagen will? Was ist euer Auslöser, ihr Lieben?

»Kryon, jetzt hör doch mal zu! Du kannst nicht einfach das, was die Meister taten, auf uns normale Menschen projizieren. Das ist unfair! Wir sind anders …«

Ich überlasse jetzt euch das Wort.

Der Mensch antwortet

Jetzt soll der Mensch einmal zu Wort kommen. Sagt mir, was ihr von diesem Gespräch haltet:

»Kryon, du verstehst nicht. Ich bin mit diesen Attributen hierhergekommen, und ich habe mein ganzes Leben lang versucht, sie zu verlernen. Und ja, ich weiß – manchmal verurteile ich, und manchmal

werde ich wütend, und manchmal handle ich reaktiv. Ich kann nichts dagegen tun, das haben mir meine Eltern beigebracht, und es ist fest in meinem Geist verwurzelt. Ich kann nichts dafür, dass ich bestimmte Dinge so tue, wie ich sie tue, denn so bin ich. Ja, ich weiß, es gibt da Auslöser. Aber, Kryon, ich bin bloß ein Mensch und kein Meister. Also bitte, gib mir eine Verschnaufpause. Das ist alles ganz menschlich! Wir können nichts dagegen tun. Damit kommen wir auf die Welt, und sogar die Lichtarbeiter plagen sich damit herum.«

Eine neue Realität, die es in Betracht zu ziehen gilt

Oh, meine lieben Menschen, eure Wahrnehmung stimmt, aber ihr verfügt noch nicht über alle Informationen. Ihr habt lediglich die Tradition eurer angelernten Realität. Lasst mich euch deshalb ein paar gute Informationen übermitteln, die ihr nicht erwartet habt.

Ihr alle kommt mit Engrammen bzw. Vorlagen, wie ihr reagiert und euch verhaltet, hier an. Doch all das sind Überbleibsel, menschliche Attribute, die geändert werden wollen. Sie wollen geändert werden! Eure sämtlichen Ausreden können nicht akzeptiert werden, denn es gibt eine Wahrheit, die ihr nicht erwartet habt. Hier gebe ich euch ein neues Konzept: All die vorhergehend genannten Attribute, die – wie ihr mir sagen wollt – einfach die menschliche Natur sind, sind dies eben nicht! Sie sind eine anfängliche Vorlage grundlegender Persönlichkeitsmerkmale, die alt sind und nur darauf warten, verändert zu werden! Die Meister hören sich an, was ihr zu sagen habt, und antworten darauf: *»Das muss nicht so sein. Warum werdet ihr das alles nicht einfach los? Versteht ihr denn nicht, dass wir euch genau das gezeigt haben, als wir auf der Erde wandelten: wie ihr diese Dinge loswerden könnt? Deshalb kamen wir hierher als Menschen wie ihr.«*

Ihr stellt eine interessante lineare Behauptung auf, meine Lieben: Das, was scheinbar eure menschliche Persönlichkeit ausmacht, ist etwas, womit ihr hierhergekommen seid und was für immer und ewig festzementiert ist. Das seid *ihr,* und ihr müsst damit auf immer und ewig leben und daran arbeiten. Ihr stülpt das über eure Persona, und so ist es eben. So denkt ihr traditionell, und für euch verfügt jeder Mensch über dauerhafte Persönlichkeitsattribute. Doch das stimmt nicht! Ich sage euch: Jeder einzelne Punkt auf dieser Fünf-Punkte-Liste, die wir gleich noch einmal anschauen, wurde euch zum *Ändern* mitgegeben. Durch das Verändern dieser Attribute wird eure Grundpersönlichkeit rekalibriert, und ihr gelangt direkt zu einer multidimensionalen Denkweise und einem Leben hin zu Balance und dem, was ihr euch wirklich wünscht. Durch das Umschreiben dieser Persönlichkeitsvorlagen könnt ihr mit allem, was wir euch gelehrt haben, weiterkommen. Wenn ihr den Weg nicht freiräumt, wird es für euch in Zukunft schwieriger werden.

Psychiater und Psychologen … Gott segne diese Menschen, denn sie versuchen durch ihre engagierte und leidenschaftliche Arbeit, anderen dabei zu helfen, ihr Leben in Balance zu bringen. Interessanterweise waren viele von ihnen früher auch nicht im Gleichgewicht, und genau deshalb fingen sie an, dieses Rätsel zu lösen …, um der Menschheit zu helfen. Sie kennen das von sich selbst, deshalb wissen sie, wie es sich anfühlt. Sie studieren und erforschen es. Sie arbeiten damit und lehren es. Doch fragt man sie, wie sie das tun, werden sie sagen, sie arbeiten mit der menschlichen Natur, einem statischen Modell menschlichen Verhaltens, welches eine Wissenschaft ist. Anhand dieses statischen Modells versuchen sie, über die bewusste Wahrnehmung des Menschen, über Erkenntnis, mit Übung und Wiederholung das Gleichgewicht wiederherzustellen; manchmal durch ein Zwölf-Schritte-Programm, mit Suchtentwöhnung, durch das Loswerden von Ängsten, Gewohnheiten und anderem. Doch diese Wissenschaft dreht sich um ein permanentes, unveränderliches Modell, nämlich die »menschliche Natur«, und die Prämisse lautet, dieses statische Modell könne sich nie verändern. Man kann es verstehen, übertünchen und austricksen, nicht aber verändern. Und das, meine lieben Menschen, ist der Unterschied zwischen einem linearen und einem Quantenmodell des Menschen. Denn jetzt sagen wir euch: Ihr müsst nicht an euren Ängsten oder Impulsen arbeiten. Ihr könnt sie einfach umschreiben!

Jetzt schauen wir uns die Liste noch einmal an. Alles, was in eurem Leben geschehen ist, kann umgeschrieben werden. Ihr könnt die Vergangenheit nicht ändern, aber ihr könnt anders darauf reagieren. Genau das, was ihr normalerweise als Ausrede dafür hernehmen würdet, warum ihr etwas so tut, wie ihr es tut, wird dann zu einem anderen Menschen gehören – nämlich zu dem Menschen, der ihr einmal wart, und nicht zu dem, der ihr jetzt seid. Ihr werdet die Engramme eurer Persönlichkeitsmerkmale umschreiben, sodass sie besser die Meister der Geschichte repräsentieren. Und wenn ihr erst einmal damit begonnen habt, dann werdet ihr merken, dass es gar nicht so schwer ist und dass es selbstausgleichend ist.

Angst: Wovor habt ihr Angst? Alle eure unterbewussten Ängste basieren auf Erfahrungen aus früheren Leben. Ihr könnt sie einfach als »Daten« betrachten, die ihr mit euch herumtragt; sie wurden vor langer Zeit geschrieben und sind nach wie vor aktiv. Was vermeidet ihr? Was wollt ihr nicht tun, wegen einer Energie, die ihr nicht erklären könnt? All das, auch das, was manchmal für euch nicht erklärbar ist, kann umgeschrieben und damit aus dem Weg geräumt werden. Die Akasha lässt sich verändern und dadurch an den Sinn und Zweck eures derzeitigen Lebens anpassen.

Ihr Lieben, diesen Prozess haben wir euch bereits früher durchgegeben. Werdet proaktiv, um dadurch eure Ängste zu verändern. Geht genau in die Situationen hinein, in die ihr eigentlich nicht kommen wollt, um so das, was für euch schwierig ist, zu praktizieren. Geht aktiv in Situationen hinein, auf die ihr euch früher niemals eingelassen hättet. Seid ihr schüchtern? Dann redet mit Menschen, ohne etwas gefragt worden zu sein. *»Wie geht es dir?«* Schon bald werdet ihr merken, dass das einfacher ist als gedacht, denn ihr verändert die Engramme eurer Persönlichkeit. Schon bald werdet ihr euch von dem fernhalten, was ihr früher gemacht habt, weil eure angeborene Körperintelligenz mit euch zusammenarbeitet. Auch sie möchte gerne die unterbewussten Ängste loswerden. Ihr *schreibt sie um,* damit sie zur neuen Energie des Menschen passen; dadurch werden sie rekalibriert. Ihr überdeckt diese »Fehler« nicht mit einem Programm oder einem Prozess, sondern sie werden verschwinden, weil ihr die alten Informationen mit neuen Informationen überschreibt, die ihr aktiv kreiert.

Das Ego: Das Ego wird nie ein Problem sein. Ihr werdet auf eine stimmige Weise stolz auf euch sein und müsst niemandem erzählen, wie stolz ihr seid. Ihr habt nicht das Gefühl, ihr müsstet euch beweisen. Spirit kennt euch! Spirit weiß alles über euch. Reicht das nicht? Die Liebe Gottes trägt euch von einem Ort zum andern und sagt: *»Wir achten dich. Wir lieben dich.«* Das sollte wirklich reichen! Ihr müsst nie jemandem davon erzählen, was ihr gemacht habt, außer sie fragen dich. Ihr habt nicht den Wunsch, es in Worten aus euch herausströmen zu lassen; das wollt ihr nicht. Nie wieder werdet ihr ein Gespräch so beginnen: »Also, das bin ich, und das habe ich gemacht, und jenes habe ich gemacht.« Auch verkleidet als Selbsthilfe – »So habe ich mir geholfen« – kommt euch das nicht mehr in den Sinn, denn ihr seid auch ohne diese Gewohnheit vollständig und ganz.

Wut: Das passt nicht für alle hier im Raum, aber für einige. Manches davon ist schwer anzuhören. Wut entsteht durch die Energie der Vergangenheit. Ihr werdet wütend, weil etwas diese Wut *auslöst.* Und dieser Auslöser sind *Informationen.* Ihr seid programmiert! Ihr werdet von eurer eigenen Chemie dazu programmiert, auf etwas zu reagieren, an das ihr noch nicht einmal mehr eine Erinnerung habt. Manchmal ist es etwas aus dem jetzigen Leben, manchmal nicht. Es ist egal, woher es kommt, ihr seid programmiert, und das wisst ihr auch, denn es macht euch wütend. Ihr reagiert emotional, und dadurch verändert sich eure Chemie. Das ist etwas ziemlich Tiefgreifendes, wie ihr zugeben müsst!

Wie würdet ihr den Wutauslöser gerne loswerden? Wenn ihr die zugrundeliegenden Informationen, die diesen Auslöser überhaupt erst erzeugt haben, umschreibt, werdet ihr niemals wütend werden. Enttäuscht, ja, aber nicht wütend. Und wisst ihr, woran man den Unterschied erkennt? Der Mensch hat keine *Wut-Chemie* mehr in sich, die das Herz schneller schlagen lässt, den Blutdruck erhöht und buchstäblich Logik und gesunden Menschenverstand blockiert. All das sind grundlegende »Kampf-oder-Flucht«-Überlebensinstinkte, und sie gehören einer anderen Zeit an. Es gibt keinen Wutauslöser mehr, wenn es die Informationen, durch die er überhaupt erst entsteht, nicht mehr gibt. Wut wird kein Attribut eures Lebens mehr sein, und ihr werdet das mit der Zeit erkennen. Enttäuschung? Oh ja! Trauer, Empathie und Mitgefühl? Oh ja! Aber keine Wut. Wir haben euch diese Frage schon früher gestellt: Könnt ihr an einen Punkt kommen, wo jemand auf euch zeigt, euch beschimpft und euch Dinge vorwirft, die nicht stimmen – und ihr dieser Person in die Augen schauen könnt und lediglich Empathie für sie fühlt? Keine Wut. Kein Auslöser. Ist das wirklich möglich? Ja.

Reaktives Handeln: Stellt euch vor, ihr reagiert nicht auf der Stelle auf emotionale Auslöser, geht nicht automatisch in Verteidigungshaltung. Könnt ihr an den Punkt kommen, wo das, worauf ihr normalerweise reagieren würdet, keine Wirkung mehr auf euch hat? Es hat keinerlei Kontrolle mehr über euch. Reaktion ist eine automatische Antwort auf ein Programm innerhalb eurer Persönlichkeitsmerkmale, welches ihr anscheinend nicht anhalten könnt. Ihr verteidigt automatisch, antwortet automatisch, wenn ihr etwas hört, was euch nicht gefällt. Und wenn ihr dieses Engramm komplett umschreiben könntet? Oh, ihr seid vielleicht durchaus anderer Meinung. Aber warum müsst ihr reagieren? Warum müsst ihr irgendetwas verteidigen?

Ihr Lieben, wenn das geschieht, dann ist das die Vorstellung einer anderen Person über euch. Es ist also deren Problem, nicht das eure. Was gibt es zu verteidigen? Wenn Gott euch so sehr liebt, wie ich euch gesagt habe, und euch als göttliches menschliches Wesen betrachtet, welches auf diesem Planeten wandelt und jeden Tag auf perfekte Art seine Lektionen lernt, reicht euch das nicht? Wenn jemand falsche Vorwürfe gegen euch erhebt, dann seid enttäuscht oder fühlt mit ihm! Zeigt Mitgefühl! Schafft ihr das? Ihr müsst nicht reagieren. Die Meinung dieser Leute ändert nichts daran, wer ihr seid.

Verurteilen: Welches Urteil würdet ihr über diejenigen fällen, die euch fälschlicherweise anklagen? Was denkt ihr über Menschen, die in Unkenntnis oder vielleicht uninformiert sind und dann hingehen und Dinge tun, die euch und vielleicht auch andere verletzen? Wie urteilt ihr über Menschen, die nicht das glauben, was ihr glaubt? Welches Bild habt ihr von ihnen? Das ist eines der größten Probleme, ihr Lieben, ob ihr das nun glaubt oder nicht.

Welches Bild hat Gott von diesen Menschen, von denen ich da spreche? Welches ein Meister? Millionen von Menschen haben spirituelle Glaubensüberzeugungen, die nicht unbedingt die euren sind. Wie betrachtet ihr diese Menschen? In ihrem Glaubenseifer erzählen sie euch, Gott würde euch bestrafen, wenn ihr nicht genau das tut, was sie tun. Was also seht ihr, wenn ihr auf solche Menschen trefft?

Ich sage euch, was die Meister sehen, und das soll eure Prüfung sein. Die Meister werden sagen: *»Gesegnet sei der Mensch, der überall und auf jegliche Art und Weise Gott findet, denn das ist seinem Weg angemessen. Du, alte Seele, verurteile nicht diejenigen, die Gott nicht auf dieselbe Weise finden wie du. Denn was auch immer sie finden, ist für den Augenblick gut genug für ihren Weg. Feiert die Tatsache, dass sie auf ihre Weise den inneren Schöpfer überhaupt finden wollen. Wenn sie Treppen hinaufklettern, kriechen und weinen wollen, um ihren Geist zu beruhigen, dann ist das ihr Weg. Wenn sie einen Propheten als die schöpferische Quelle betrachten wollen, dann wird auch das respektiert. Denn sie sind auf der Suche nach eben dem, was auch du gesucht hast und was die gesamte Menschheit immer noch sucht. Jeder Mensch hat seinen eigenen Weg und geht ihn in seinem eigenen Tempo. Blicke auf alle mit Respekt und Mitgefühl, Verständnis und Freude. So sieht Gott sie, alte Seele. Es ist an der Zeit, dass du das verstehst und es ebenso tust.«*

Jetzt geht es ans Eingemachte, nicht wahr? Jeder der fünf genannten Punkte ist ein grundsätzliches Überlebensattribut, und sie alle sind Bestandteil eines weit zurückliegenden, älteren Menschenwesens, welches ihr in vielen früheren Leben gewesen seid. Ihr könnt schon heute damit beginnen, das alles umzuschreiben. Wir möchten, dass ihr an diesen Attributen arbeitet, denn wenn ihr es schafft, eines davon wenigstens teilweise umzuschreiben, dann ist das, als wenn sich eine Tür öffnet, und das, worum ihr gebeten habt, wird sich in Synchronizität manifestieren.

Ich würde euch das alles nicht erzählen, wenn es nicht stimmen würde. Das ist das spirituelle System des Menschen in Bestform.

Praktiziert die Meisterschaft, wie sie euch im Laufe der Geschichte von den Meistern beispielhaft vorgelebt wurde. Beginnt damit zu verändern, wer ihr seid, um der zu werden, der ihr sein werdet. Das wird die Erde verändern. Das ist heute die Aufgabe der alten Seelen.

Und so ist es.

Ich bin Kryon, und ich liebe die Menschen.

Kryon
(Indianapolis/Indiana, Juli 2012)

Die Weisheit der Zeitalter

Der Axialschlag des Planeten richtet sich aufgrund des 26.000-jährigen Erdzyklus neu aus. Dadurch wird potenziell Energie in Bewegung versetzt und erzeugt, wie ihr das derzeit beobachtet. Je näher dieses Ereignis rückt, desto höher sind die Potenziale. Noch vor 600 Jahren erschienen diese Prophezeiungen den Urvölkern als Tatsache, nicht nur als Potenzial. Sie bezogen diese Informationen in ihre Kalender mit ein, die ihr in den Hieroglyphen an den Wänden ihrer Pyramiden sehen könnt.
Fragt einmal einen Ältesten eines indigenen Volkes: »Was passiert da gerade? Ist es das, was ihr erwartet habt?« Und die Antwort lautet: »Jawohl, genau nach Plan.« Aber ist doch interessant, dass wir euch das sagen müssen und nichts davon in euren Zeitungen steht, oder? Auch im Fernsehen wird nichts darüber berichtet, zumindest nicht die Wahrheit, sondern es werden nur stuckchenweise Informationen gegeben.
Die Folgen dieses Umbruchs haben viele Facetten. Das große Gesamtergebnis wird letztendlich die Menschheit in eine neue Realität befördern, in eure Zukunft. Doch jetzt gilt es erst einmal, die Saat mitfühlenden Handelns auszubringen und sie geduldig aufgehen zu lassen.

Kryon
(Kundalini-Tour 2012)

Die Rekalibrierung des Kristallgitters

Das ist das letzte Channeling über die *Rekalibrierung von* … und das letzte Channeling des Jahres 2012. Wie in diesem Buch – besonders in Kapitel 8 – dargelegt, besteht zwischen Gaia und den Menschen eine tiefgehende Beziehung. Im nächsten Kapitel werden weitere Informationen über die Auswirkungen des Umbruchs auf alles im Jahr 2013 und darüber hinaus präsentiert. Gaia verändert sich, wir verändern uns, und die Zukunft des Planeten wird eine andere sein.

Lee Carroll

12 Die Rekalibrierung des Kristallgitters

Seid gegrüßt, ihr Lieben, ich bin Kryon vom Magnetischen Dienst. Mein Partner öffnet die Tür, und im Handeln seiner spirituellen Absicht erfolgt eine Verbindung. Die Kommunikationsleitung auf diesem Planeten, die ihr *Channeling* nennt, ist eigentlich nicht schwer zu verstehen, denn es handelt sich dabei nicht um ein »Besitzergreifen« durch eine andere Wesenheit. Ist Gott eine Wesenheit? Kann Gott von euch Besitz ergreifen?

Das Channeling, das ihr gerade erlebt, ist eine Verbindung zwischen dem Höheren Selbst des Menschen und der Energie dessen, was ihr »die andere Seite des Schleiers« nennt. Doch in seiner einseitigen Voreingenommenheit will der Mensch allem, was da durchkommt, eine Persönlichkeit oder eine Wesenheit zuordnen; er versteht nicht, dass es so nicht funktioniert. Waren diejenigen, die die »Worte Gottes« in der Heiligen Schrift niederschrieben, besessen? Ich spreche jetzt zu euch durch den Geist meines Partners, nutze all seine Erfahrungen, seine Sprache und seinen Intellekt. Das wird alles zusammengebracht, und wenn ich ihm dann die Gedankengruppen projiziere, die ich kommunizieren will, wird es linear in seine Sprache umgesetzt und euch übermittelt. Er lässt diesen Prozess zu; dadurch entsteht eine andere, multidimensionale Energie, eine Energie, die nicht hörbar, aber spürbar ist.

In einem echten Quantenzustand gibt es keine Zeit. Deshalb wird jeder, der dies hört oder liest, diese Energie empfangen können, wenn er das möchte. Wenn der Leser sich willentlich auf den Prozess einlässt, wird das für ihn genauso frisch sein wie für diejenigen, die hier gerade persönlich anwesend sind. Und so sagen wir euch erneut: Lange nachdem dieses spezielle Treffen vorbei ist, werden sich noch Menschen anhand der Aufzeichnungen oder Transkripte damit beschäftigen, und für sie wird das *jetzt* sein. Ich möchte deshalb diejenigen ansprechen, die folgen, denn wir sehen, wer sie potenziell sind, und wir sehen ihre Augen auf die Seite gerichtet. Hier ist mehr als das, was ins Auge fällt, ihr Lieben, viel mehr.

Warum seid ihr hier?

Ich möchte euch ein paar Informationen darüber durchgeben, warum ihr hier seid. In vereinfachter Form geht es dabei um Gaia, die Energie der Erde. Und es geht auch um euch alle – um diejenigen, die von der schöpferischen Quelle gekommen sind, der Quelle, die ihr *Gott* nennt, und um diejenigen, die Leben für Leben auf diesen Planeten kommen, um der Erde das Potenzial des Friedens zu bringen. Es geht um euer Höheres Selbst.

Das Potenzial dieses Planeten verändert sich, und dieser Wandel geschieht genau nach Zeitplan, denn Planeten, die früher dieselbe Erfahrung durchlaufen haben, erreichten diesen Umbruch innerhalb von 300.000 Jahren, nachdem die *Saat* ausgebracht worden war. Auf der Erde steht diese Aussaat für das Einpflanzen der DNA der Plejadier; sie kamen von dem Planeten, der zuletzt diesen Prozess durchlief. Diese Aussaat ist deshalb eure Schöpfungsgeschichte und repräsentiert den Zeitpunkt, als der Menschheit das Wissen um Dunkelheit und Licht verliehen wurde. Ein Planet nach dem anderen erhielt diese Chance, alle der Reihe nach. Manche schafften es bis zum Umbruch, andere nicht.

Derzeit durchlauft ihr als einziger Planet diesen Wandel, welcher sich noch in den Kinderschuhen befindet. Dank dieses eures Wandels werdet ihr schließlich auf einem anderen Planeten die Saat ausbringen. Doch diese Geschichte soll ein andermal erzählt werden.

Als wir das letzte Mal zusammensaßen, sprachen wir über einige der menschlichen Attribute, die ihr hinter euch lassen müsst, um gut in diese Veränderung einzutreten. Davor haben wir euch gesagt, wie jung ihr seid – die menschliche Rasse ist sehr, sehr jung, die Erde dagegen alt. Wie wir euch sagten, haben die Erde und die Galaxie dasselbe Alter; und wir sagten euch auch, es habe weiteres menschenähnliches Leben auf anderen Planeten gegeben, von denen manche sogar den Aufstiegsstatus erreicht haben, und zwar Jahrtausende, bevor durch Mikroben das erste Leben auf dem Planeten Erde entstand. Ihr Lieben, das bedeutet: In eurer DNA habt ihr eine starke Abstammungslinie von denen, die diejenigen vor euch gezeugt haben und auch jene vor diesen. Ihr seid neu, aber eure DNA-Prägung ist sehr, sehr alt. Der Zeitplan für euren Umbruch ist genau richtig für euch, denn ihr habt die Saat vor ungefähr 200.000 Jahren empfangen, und jetzt schreitet ihr in diesen Wandel.

Was kommt als Nächstes?

Jetzt sprechen wir über das Neue und das Bevorstehende, welches sich auf der esoterischen Ebene unterscheidet. Ihr Menschen habt all diese Zeit damit verbracht, um an den Punkt zu kommen, an dem ihr erkennt, dass ein hohes Bewusstsein für den Planeten eine echte Chance darstellt. Nicht alle Menschen sehen das. Viele Menschen sehen nur die Probleme und das Drama, doch die alten Seelen sind sich dessen bewusst, denn sie haben es erwartet. Die Bewegung geht langsam hin zu einem Planeten ohne Krieg. Es handelt sich um eine langsame Vereinbarung über neue Weisheit bezüglich der Umwelt und der Suche nach dem, was als Nächstes geschehen könnte, um das zu erreichen. Der Schlüssel dazu sind weitere neue Erfindungen. Dank neuer Entdeckungen wird die Menschheit besser in der Lage sein, jederzeit für Trinkwasser zu sorgen und eine sehr effiziente Energieversorgung aufzubauen, sodass auch in kalten Wintern der Strom nicht ausfällt und man sich keine Sorgen um den potenziellen Ausfall des Stromnetzes machen muss (es wird kein Stromnetz mehr nötig sein). Wir haben euch ja gesagt, dass das kommen wird. Doch jetzt wollen wir über das Esoterische sprechen, über das, was mit Energie zu tun hat und über die derzeit bekannte Physik hinausgehet, denn auch das verändert sich.

Welches Ziel hat eure Erfahrung auf der Erde? Ihr Lieben, ihr seid nicht hier, um ein Leben nach dem anderen wie ein Experiment zu leben! Das hier hat nichts mit Experimentieren zu tun. Alles hat einen Plan, einen wunderbaren Plan. Es ist ein *System,* und durch das System kann der Planet sein Potenzial verwirklichen. Es ist eine Zeit, in der die menschliche Natur sich verändern wird. Auch die DNA wird sich verändern – nicht die Chemie, die ihr messen könnt, sondern die Quantenenergie, die die Merkaba erzeugt. Das ist der Quantenteil des Menschen, der – metaphorisch gesprochen – an einem dunklen Ort leuchtet. Das ist das *Gottesteil* in euch, welches aktiv wird, und im Laufe dieses Prozesses verändert sich die Denkweise des Menschen. Dieses Gottesteil verbreitet sich durch die Wiedergeburt alter Seelen bis zu dem Punkt, an dem sie das alte Bewusstsein ersetzen; das geht langsam vor sich.

Im Laufe dieses Zeitfensters rückt für euch der 21. Dezember [2012] näher, der Punkt der Mitte in der Präzession der Äquinoktien. In einer Zeitzone nach der anderen steht er auf der ganzen Erde für den Mittelpunkt der 36-jährigen Ausrichtung. Die nächsten 18 Jahre ab 2013 sind kritisch, und da wird es esoterisch. Was ist das Ziel? Wie sieht der Mechanismus des Wandels aus? Wie funktioniert er? Wir möchten das mit euch noch einmal durchgehen, denn auch lange nach 2012 werden viele Menschen diese Zeilen lesen.

Das Kristallgitter – eine Erklärung

Das, was wir das *Kristallgitter* nennen, ist der Mechanismus, über den die Menschheit mit Gaia kommuniziert. Es ist auch nichts in Jetzt-Zeit, denn es ist kumulativ. Lasst mich das erklären: Wir haben euch schon von dem kristallenen Gitternetz des Planeten erzählt und auch, dass ihr es zwar nicht sehen könnt, es aber trotzdem existiert. Es ist ein multidimensionales, esoterisches Gitter, welches den Boden der Erde umgibt, und zwar den gesamten Erdboden. Es befindet sich auch jetzt direkt unter euren Füßen, ist überall, wo ihr geht und steht. Man könnte sagen, es ist eine *Schale des Planeten, welche sich an menschliche Energie erinnert.*

Wissenschaftlich sind Kristalle in der Geologie Substanzen, die Schwingungsfrequenzen bewahren und speichern können. Die Metapher des Kristallgitters bedeutet also, es ist ein *Gitter, welches Erinnerungen und Energie bewahrt.* Es ist so ausgelegt, dass es *alles Menschliche* am besten bewahren kann. Der Planet reagiert wegen dieses Gitters auf euch. Das Bewusstsein der Menschheit ist durch eure tagtäglichen Handlungen in das Gitter eingebettet, und all euer Tun verfügt über eine bestimmte Energie. Seit Jahrtausenden waren diese Energien, die ihr als Menschen erzeugt habt, immer ähnlich. Die menschliche Natur hat sich nicht stark verändert, also wiederholte sich immer wieder dasselbe. Das ist in eurer Vergangenheit klar ersichtlich, denn die Geschichte wiederholt sich: Der Krieg wiederholt sich, Regierungen wiederholen sich, Gier wiederholt sich …

Und hier setzt nun der Umbruch ein. Ihr werdet nach und nach subtile Veränderungen in eurem Alltag feststellen: Eure Kinder verändern sich, die Regierungen verändern sich, und »normale« Menschen erwachen für den bevorstehenden Umbruch, welcher die Grundessenz ihres Lebens verändern wird.

Zum Zeitpunkt dieses Channelings gibt es auf der Erde Regierungen, die schon seit sehr langer Zeit hier sind und nicht mehr funktionieren. Ihre Führer haben eine vollständig ablehnende Haltung, sie halten bis zum bitteren Ende durch, selbst im Angesicht des Todes. Sie können einfach nicht glauben, was da passiert, denn seit Jahrzehnten waren die Dinge immer dieselben, und ihrem Gefühl nach wird das auch weiterhin so sein. Ihre Vorgänger und auch deren Vorgänger hatten alle dieselbe Art von Kontrolle inne. Dabei geht es um den Zweifel und die Weigerung, zu glauben, dass sich die menschliche Natur verändert. In der alten Energie gab es eine Stabilität, und das verändert sich jetzt.

Alles, was passiert ist, hat sich dem Kristallgitter eingeprägt. Ich frage diejenigen unter euch, die Energie spüren können: Wenn ihr auf einem Schlachtfeld steht, welches nur ein paar Hundert Jahre alt ist, was spürt ihr da? Wer feinfühlig ist, spürt die Emotion, nicht wahr? Vielleicht spürt ihr die verzweifelte Trauer, vielleicht auch das Loslassen im Tod. Während einer Schlacht geht in den Menschen vieles vor, und das Kristallgitter unter euren Füßen auf diesem Schlachtfeld weiß das alles. Es hat alles gespeichert!

Das sich verändernde Kristallgitter

Bislang wurden immer die Ereignisse mit den dramatischsten Emotionen im Kristallgitter aufgezeichnet. Dort, wo auf dem Planeten etwas Emotionales geschah, können diejenigen, die so etwas spüren können, sich hinstellen und das fühlen. Ziemlich oft hat das mit Massensterben und Drama zu tun. An so etwas erinnert sich die menschliche Natur als Erstes, das überdauert am längsten: Tod und Drama. Doch die Attribute des Planeten beginnen sich zu verändern, und das, was wichtig für die Menschen ist, verändert sich auch. Vielleicht verändert sich sogar die menschliche Natur. Auf dem Planeten findet ein Umbruch statt, und die Vorstellung, ihr wäret auf dem Weg zu einem schnellen Ende, ist schon nicht mehr so verbreitet. Dieses alte Attribut ist ein Resultat jahrhundertelanger Prophezeiungen, die für die sehr alte Vorstellung standen, diese Zeiten würden ein Ende und keinen Neubeginn darstellen.

Es wird nach wie vor Menschen geben, auch alte Seelen und Lichtarbeiter, die sich hinstellen und sagen: *»Dies und das kann sich nicht verändern, weil …«*; und dann listen sie all das auf, was ihr in der alten Energie erlebt habt, Probleme und Themen, für die es keine Lösungen gab. Man geht davon aus, dass sie nicht gelöst bzw. geändert werden können und dass es morgen noch schlimmer sein wird als heute.

Warum erzähle ich euch das? Eine »erleuchtetere« Bevölkerung impliziert auch mehr Weisheit. Ihr werdet Lösungen für Unlösbares erhalten. Ihr wisst nicht, was ihr nicht wisst. Wenn ihr eine Schwarz-Weiß-Sicht habt und eure neugeborenen Kinder plötzlich in Farbe sehen können, wie, meint ihr, wird euer Handeln für sie ausschauen? Sie werden Dinge sehen, die ihr nie gesehen habt. Ihr haltet diese Kinder für seltsam und komisch, denn sie sprechen von Nuancen und Farben, während ihr von Schwarz-Weiß-Schattierungen sprecht. Das passiert gerade. Die Erde selbst wird ihre Funktionsweise verändern, weil ihr *euch verändert.* Euer Kristallgitter hat all die Geschehnisse der Menschheit gesammelt und aufgezeichnet. Das ist die Energie des Planeten, und sie wurde von Gefühlen, Emotionen, Tod, Liebe, Freude und Mitgefühl getrieben. Doch das Drama war die ganzen Jahre hindurch der König der Energie.

Jetzt sage ich euch, wie sich das alles verändert. Wenn ihr selbst euch verändert, reagiert Gaia darauf; sie spiegelt euren Wandel wider und wird dadurch multidimensionaler. Das Kristallgitter verändert die Art und Weise, wie es Dinge erinnert.

Die größte Veränderung: die Art und Weise, wie sich das Gitter erinnert

Die wichtigste Veränderung: Das Kristallgitter wird sich nicht mehr auf lineare Weise erinnern! Und das bedeutet Folgendes: Wenn Energie zunimmt, während ihr Dinge aufeinanderhäuft, dann scheint sie das in Schichten zu tun. Was unten liegt, kam zuerst, und was oben liegt, kam zuletzt. Und egal, auf was das insgesamt hinausläuft – es ergibt sich eine lineare, unveränderliche Gesamtenergiemenge. Angeblich bestehen diese Schichten auf ewig, und man kann nicht hingehen und sie verändern. Aber was wäre, wenn man die *Relevanz* bestimmter Energien innerhalb der bereits vorhandenen Schichten verändern würde? Wenn das ganze Drama aus der Vergangenheit nicht mehr so wichtig wäre? Stellt euch vor, das Gitter würde darauf reagieren, und all die Schrecken und das Drama der Vergangenheit in allen Schichten der Geschichte hätten weniger Energie? Versteht ihr, dass das unmöglich ist, wenn die Zeit linear verläuft? Die lineare Zeit setzt voraus, dass es statisch und unveränderlich ist; was in der Vergangenheit geschehen ist, ist geschehen – Punkt. Aber die Quantenzeit verläuft in einem Kreis; wenn sie also die »Regeln« ändert und sich daraufhin auch nur eine Sache in der Schicht verändert, dann verändert sich die Energie des gesamten Kreises.

Wenn sich das Gitter also quantenhaft verändern könnte, habt ihr dann einfach die Vergangenheit verändert? Die Antwort lautet: Nein. Die Vergangenheit ist für euch etwas Lineares, aber ihr könnt eure Wahrnehmung eurer Erinnerung an die Vergangenheit verändern, und das ist teilweise das, was das Kristallgitter macht – es rekalibriert sich für die Vergangenheit, Gegenwart und Zukunft. Und schon das alleine wird den Planeten verändern. Plötzlich reinigt sich das Kristallgitter von der alten Gesamtenergiemenge (es verändert die Relevanz der erinnerten Schichten), denn jetzt reagiert es unterschiedlich auf Licht und Dunkelheit. Bislang hat es sich hauptsächlich von dunklen Dingen treiben lassen. Das ist die menschliche Natur. Wie wir euch gesagt haben, muss nicht einmal ein halbes Prozent dieses Planeten erwachen, damit sich der gesamte Planet verändert. Klingt das linear? Nein.

Aber es ist dasselbe Prinzip. Das Licht beginnt, die Dunkelheit zu übertrumpfen, und ihr seid diejenigen, die diese Fähigkeit haben, auf das Kristallgitter stärker einzuwirken als jemals zuvor. Die alte Energie der Vergangenheit – egal, wie dunkel sie ist – wird keine so große Wirkung mehr haben wie früher.

Wie die alte Energie auf ein neues Gitter reagiert

Die alte Energie auf diesem Planeten erzeugt ein Muster, und die Menschen haben sich an bestimmte Dinge gewöhnt, auch an die Funktionsweise des Kristallgitters. Die alte Energie verlässt sich darauf, dass das Kristallgitter eher Dramatisches als Undramatisches erinnert; Negatives hat also mehr Energie als Positives. Das verändert sich gerade, und das alte Gleichgewicht aus Licht und Dunkelheit wird darauf reagieren. Der Mensch nimmt in sich ein *Bewusstsein* von Dunkelheit und Licht wahr. Das alte Gleichgewicht gilt seit Jahrhunderten, und wenn es sich verlagert, wissen die Menschen nicht, wie sie reagieren sollen.

Das alles sind Metaphern, um die Energien auf diesem Planeten zu beschreiben. Aber ich sage euch: Entgegen jeglicher Vernunft gibt es Menschen, die die alte Energie mit ins Grab nehmen, sie können einfach nicht anders. Sie ist alles, was sie kennen. Manche werden herumschreien und nicht glauben, dass sich ihr Umfeld so stark verändert. Ihr werdet das in der Politik sehen und im Bankwesen, im Versicherungswesen und in der Pharmaindustrie – sie alle bauen auf die alte Funktionsweise [dass sich nichts verändert].

Das Kristallgitter erwacht und reagiert verstärkt auf Licht und Mitgefühl statt auf Drama. Wenn auf dem Planeten ein Kampf stattfindet, »sieht« das Gitter dieses Ereignis nicht mehr so wie früher. Gaia zeichnet das damit verbundene Drama nicht mehr auf und reagiert darauf auch nicht mehr so wie früher. Und was meint ihr, was passiert, wenn ein Krieg keine Aufmerksamkeit mehr bekommt? Schon bald gibt es keinen Grund mehr dafür, und genau das sagen wir hier. In das Kristallgitter wird nur noch das eingehen, was für das Licht von Bedeutung ist, und es wird anders gemessen. Dunkelheit und Drama werden vom Kristallgitter nicht mehr wie früher gemessen, und die Emotion des Hasses und des Terrors wird auch nicht mehr so wahrgenommen wie früher. All das, was sich in der Vergangenheit am stärksten auf die menschliche Natur ausgewirkt hat – Tod, Kummer, Mord –, wird lange nicht mehr so wichtig sein. All das gibt es dann nach wie vor, aber ihr wollt darüber nichts mehr hören, ihr Lieben. Stellt euch darauf ein. Eines Tages werdet ihr die Nachrichten einschalten, und zwar den »Kanal mit guten Nachrichten«. Und wenn dann auf alte Weise über etwas Schreckliches dramatisch und aufwühlend berichtet wird, tut euch das im Herzen weh, und ihr werdet abschalten! Ihr schaltet ab, weil das nicht zur Herrlichkeit eures inneren Gottes passt! Versteht ihr, was ich sage? Wenn genug Menschen abschalten, wird das von den Produzenten dieser Nachrichtensendungen erkannt, und sie verstehen, dass sich die menschliche Natur verändert. Dann werden auch sie sich verändern.

Das Resultat

Die menschliche Natur wird sich verändern, und das Gitternetz der Erde wird nicht mehr länger von Drama angetrieben. Das sind die Neuigkeiten. Und diese Rekalibrierung eurer Kommunikationsweise mit dem Planeten macht einen Unterschied, einen totalen, vollkommenen Unterschied. Das wollen wir euch sagen.

Was fangt ihr damit an? Was tut ihr als Nächstes? Ich will euch zeigen, wie tiefgreifend all das ist. Manche hier im Raum stehen vor Rätseln, mit denen sie nichts anfangen können, und warten auf Synchronizitäten und intuitive Antworten. In eurem Prozess des Zusammenwirkens mit Spirit bringt ihr euch selbst in Balance, ihr Lieben. Das heißt, egal, wie sehr ihr in der Dreidimensionalität aus dem Gleichgewicht geratet, ihr werdet durch einen Auslöser energetisch euch selbst ausbalancieren, und ihr kehrt automatisch an diesen Punkt zurück. Ihr bringt euch selbst ins Gleichgewicht; das ist das, was reife, alte Seelen tun. Wenn ihr Lösungen für die Probleme findet, mit denen ihr heute hierherkamt (egal, ob es sich nun um die Gesundheit, die Beziehung oder den Sinn des Lebens handelt), entsteht durch die Lösungen Licht. Das ist eine Metapher, ihr Lieben, und die einzige Möglichkeit, euch das Geschehen bildlich zu erläutern. Die Lösung für eure Probleme nimmt die schöpferische Quelle in euch zur Hilfe und erzeugt eine andere Energie, nämlich Licht. Lösung und Balance erzeugen Licht, und dieses Licht wird vom Kristallgitter sofort gesehen, so schnell, wie es früher das Drama gesehen hat. Das Licht geht in das Gitter ein und verändert den Planeten allmählich auf eine Weise, wie das noch nie zuvor geschehen ist. Wenn ihr also diesen Ort verlasst und Entscheidungen trefft, die euer Leben verbessern, erzeugt ihr Licht und Mitgefühl, und der Planet weiß darüber Bescheid und zeichnet das auf. Dazu seid ihr hier. Das ist euer Ziel, ganz egal, was ihr bislang als euren Daseinszweck betrachtet habt. Alles, was ihr tut, dreht sich um das Schaffen inneren Friedens.

Wir haben das schon früher gesagt. Manchmal geben wir den Menschen etwas zu tun, damit sie beschäftigt sind! Und ihr meint, ihr arbeitet auf euer Ziel hin? Euer Ziel besteht darin, zu *existieren und Gott zu lieben.* Das ist euer Ziel, und in diesem Prozess heiratet ihr, bekommt Kinder und macht Karriere. Im Laufe des Lebens gibt es Kummer und Tod; es werden Bücher geschrieben, und Freunde kommen und gehen. In diesem Prozess bringt ihr euch selbst in Balance, und Gaia sieht das Licht eurer Lösungen in alldem.

Wenn ihr geboren werdet, werden eure spirituellen Instinkte von eurem Akasha-Erbe getrieben [instinktives Erinnern an das Gelernte]. Ihr wisst, Gott ist in euch; ihr wisst, es ist Hilfe da. Instinktiv wisst ihr über die Biologie der euch eingepflanzten Samen und über die Liebe derjenigen Bescheid, die diese Saat ausgebracht haben. All das ist euch angeboren, und dadurch entsteht ein Mensch, der etwas tun kann, was zu diesem Zeitpunkt kein anderer Mensch kann: den Planeten verändern! Es wird lange dauern, bis dieser Wandel auf der Erde vollkommene Wirklichkeit wird. Doch jetzt habt ihr die Leiter geschaffen, wo es vorher keine Leiter gab. Ihr habt mit dem Bau der Brücke begonnen, wo es vorher keine Brücke gab. Habt keine Angst vor dem, was als Nächstes kommt! Es gibt wohl Energien, die euch zurückziehen wollen, aber diese Energien sind blind und haben keine Ahnung, wie viel Licht hinter euch steht und euch voranbringt. Sie sind dem Licht gegenüber blind. Sie werden schreien und durch ihr vollkommenes Verleugnen ihrem eigenen Untergang entgegengehen; ihr aber seid alte Seelen und kennt das von früher. Klingt das für euch kryptisch? Im Moment muss es kryptisch bleiben.

Also, meine Lieben, *alles ist gut!* Könnt ihr jetzt auf euer Leben blicken und das sagen? »Alles ist gut.« Könnt ihr glauben, dass euer Leben einen Sinn hat? Ob jung oder alt, das ist egal, denn schon bald werdet ihr die Positionen tauschen. Und ich sage euch, ihr werdet das Ende dieser Erdensaga nicht verpassen. Ihr alle kommt zurück, um an diesem sich erneuernden Planeten mitzumachen. Das sehen wir, liebe Familie, denn das haben wir auch schon früher gesehen. Das ist ein Ablauf, den ihr schon oft gefühlt habt, aber noch nie auf diesem Planeten namens *Erde.* Jetzt ist es an der Zeit.

So ist das heute.

Und so ist es.

Kryon
(Portland/Maine, August 2012)

Die flüchtige Akasha

Ich wollte wenigstens ein paar Channelings mit der Energie des Jahres 2013 in das Buch aufnehmen, und das folgende Channeling ist gut. Es steckt voller Informationen darüber, wie der »intelligente Körper« (die angeborene Intelligenz) mit dem Gehirn zusammenarbeitet. Warum können wir nicht vollständiger spüren, wer wir einmal waren? Waren wir wirklich in vergangene Leben involviert? Hier werden ein paar Antworten gegeben.

Lee Carroll

13 Die flüchtige Akasha

Seid gegrüßt, ihr Lieben, ich bin Kryon vom Magnetischen Dienst. Mit einem seit Jahren geübten Schritt tritt mein Partner von seinem Bewusstsein weg. Das ist für einen Menschen nicht einfach, denn wieder einmal will der Mensch das, was für sein Überleben am wichtigsten ist, voll unter Kontrolle haben, unter anderem sein Bewusstsein. Das Channeling, das ihr erlebt, ist also ein bisschen anders als in der Vergangenheit. Wie wir schon öfters gesagt haben, erfolgt in diesem Prozess keine »Übernahme« des Menschen, sondern es kommt zu einer Vereinigung, zu einer Partnerschaft; das ist das, was ihr seht. Wenn mein Partner also zur Seite tritt, sieht und beobachtet er alles, was geschieht. Er kann es notfalls sogar später aufschreiben. Denn er ist ein Mensch, der mit diesem heiligen Teil seiner selbst arbeiten kann, der neu und anders ist. Es ist eine *Teilnahme* und keine Übernahme.

Das, was ihr auf diese neue Weise seht, ermöglicht der Menschheit, intellektuell und emotional teilzuhaben, während die Botschaften durchgegeben werden. Das verstärkt diese Botschaften, denn der Mensch, der sich in diesem Channeling-Zustand befindet, ist ein Übersetzer, der seine Sprache einsetzt und ein System durchläuft, welches sich im Portal der Zirbeldrüse befindet. Bei diesem System handelt es sich um multidimensionale Kommunikation, die über eine dreidimensionale Quelle stattfindet [Zirbeldrüse]. Das soll heißen: Das, was nun kommt, ist wie so viele unserer Channelings eine Kombination aus neuen Informationen mit bereits Gesagtem, was über viele Channelings verteilt war. Jetzt bringen wir all das in einer Botschaft zusammen, um euch ein neues Konzept vorzustellen.

Die menschliche Akasha

Wir möchten euch mehr über die menschliche Akasha erzählen. Wie ihr wohl gemerkt habt, sprechen wir selten von der Akasha-*Chronik,* weil schon alleine die Semantik des Wortes *Chronik* etwas Lineares vermittelt, etwas wie eine Art Liste, doch so sollt ihr nicht denken. Aber nicht nur das; die menschliche Akasha umfasst sehr viel mehr als die »Chronik« eurer Lebenszeiten. Damit wollen wir also heute beginnen, und zwar langsam, sodass neue Konzepte korrekt und gut erklärt werden, damit ihr sie in vollem Umfang versteht.

Was kommt euch bei dem Wort *Akasha* in den Sinn? Dieses Channeling trägt den Titel *Die flüchtige Akasha,* das ist also das Attribut, um das es hier gehen wird. Die Akasha des Menschen ist eine Geschichte von allen menschlichen Erfahrungen auf dem Planeten Erde. Ihr tragt in euch weitere Akasha-Attribute, die über das Menschsein hinausgehen, aber diese sind sehr gut verborgen und nicht das Thema des heutigen Abends. Man könnte sagen: Fast alles, was ihr habt und was wir als die menschliche Akasha definieren, sind eure unmittelbaren Erfahrungen auf der Erde. Auch diese Akasha ist gut versteckt und flüchtig, zeigt sich aber ständig auf Arten, die ihr nicht erkennt. Wir wollen also zunächst einmal beschreiben, wie sie sich überhaupt in euch befinden kann, ihr euch dessen aber gar nicht bewusst seid.

Das Rätsel der Akasha

Die meisten Menschen begreifen nicht, dass sie tagtäglich mit der Akasha zu tun haben. Fast alle Menschen werden davon *getrieben,* und doch wissen sie davon nichts. Deshalb sage ich jetzt gleich zu Beginn: Die Akasha kommuniziert nicht auf traditionelle Weise mit euch. Es funktioniert nicht so, wie ihr das erwarten würdet. Wir wollen uns kurz den Überblick anschauen: Die Akasha ist ein System, ihr Lieben, und sie ist wunderschön. Ich sitze vor euch und weiß, wer hier im Raum ist; ich kenne eure Leben, alle eure Leben. Ich kenne die Rätsel, mit denen ihr euch heute herumschlagt. Ich sitze hier als ein Berater, der nie ein Mensch war, und sehe euch zu, wie ihr an einem menschlichen Rätsel arbeitet, das für mich ganz erstaunlich ist.

Ihr seid, was man eine *Seelengruppe* nennen könnte, Spezialisten des *Ausdrucks biologischen Seins* [Kryons Beschreibung einer Gruppe, die darauf spezialisiert ist, mehrere Menschenleben gemeinsam zu durchlaufen]. Die schöpferische Quelle, also Gott, der das Universum, die Galaxien und alles, was ist, gemacht hat, hat eine Elite-Expertengruppe, und das seid ihr! Ihr seid Teil der

»Suppe«, die Gott ist, darauf spezialisiert, das zu tun, was ihr tut. Das ist eine schwierige Aufgabe, nur wenige Billionen sind dazu auserwählt. Wollt ihr wissen, was den Kern eurer Spezialistenseele ausmacht? Liebe und Mitgefühl. Das ist der Kern. Das wird nicht immer so gesehen, aber es ist da, und wenn ihr auf die Erde kommt, besteht eure Mission darin, das wegzugeben – es mit der Energie des Planeten zu teilen. Das System der Akasha hilft dabei, die Menschen in Situationen des Lernens und der Lösungsfindung hineinzutreiben. Ihr seid ein *Teil Gottes,* doch dieses Attribut verbleibt auf meiner Seite des Schleiers. Ihr kommt auf den Planeten als ein biologisches Wesen. Wer ihr wirklich seid, bleibt euch verborgen, während ihr versucht, euren Weg auf einer dunklen Erde zu gehen. Es bleibt euch verborgen, wie ihr versucht, das Licht zu finden, welches sich in eurer eigenen Zellstruktur in euch befindet. Ihr habt die schwere Arbeit zu tun. Alle Meister, die auf dieser Erde wandelten, haben versucht, euch diesen Gottesanteil im Menschen zu zeigen, und haben euch gesagt, dass er sich dort befindet. Aber er muss entdeckt werden.

Kryon ist seit langer Zeit hier. Ich war hier bei euch, als wir zusahen, wie die Gitter aufgesetzt wurden, als sich die Erde bildete. Es war wie zuvor, als wir zusahen, wie sich andere Planeten an anderen Orten bildeten, und wir wussten, eines Tages würdet ihr tun, was ihr jetzt tut, immer und immer wieder. Manche Gruppen von euch kommen als Erste an, und andere dann später. Das ist das System. In diesem System gibt es eine echte Struktur, die Bewusstsein, den freien Willen und die Konzepte, über die wir gleich sprechen werden, ehrt und respektiert. All das soll heißen, dass die Akasha kein Fehler oder ein Geheimnis oder ein Zufallssystem ist. Sie ist ein Design, und dieses Design wurde entwickelt, um euch zu helfen. Die Akasha ist etwas Wesenhaftes, etwas euch Innewohnendes. Sie ist von Anfang an dabei, und sie wurde eurer Biologie während eurer »Bewusstheitsschöpfung« mitgegeben. Sie ist ein Teil von euch, welcher niemals weggehen kann, niemals ausgelöscht werden kann, und ihr lebt damit von Tag zu Tag. Sie ist Teil des Systems, mit dem ihr geboren wurdet, aber sie kann ausgebaut, verstanden und verändert werden, um euren Weiterentwicklungsprozess zu gestalten.

Die flüchtige Akasha

Jetzt sage ich euch, was diese Akasha so flüchtig macht, ihr Lieben. Dieses System, dieses wunderschöne System, möchte euch zeit eures Lebens und die ganze Zeit als »Helfer in eurer Hosentasche« begleiten. Aber es reagiert fast vollständig auf das Attribut des *freien menschlichen Willens* auf dem Planeten. Wenn die Menschen beschließen, der Planet solle zurück in die Dunkelheit verfallen, verhält sich die Akasha dementsprechend. Wenn die Menschen beschließen, das Bewusstsein der Menschheit solle sich erhöhen, wird das Licht übernehmen, und die Akasha verhält sich dementsprechend. Ihr seht also, dass es etwas Dynamisches ist und nicht »bei der Geburt endgültig festgelegt« wird. Die Akasha verändert sich, wenn ihr euch verändert. Zunächst also müsst ihr wissen, dass sie ständig in Bewegung ist.

Sie ist so flüchtig! Wenn ich einen von euch fragen würde: *»Erzähl mir von deinen vergangenen Leben!«*, dann würden wahrscheinlich sogar die Allererleuchtetsten von euch sagen: *»Ich bin mir nicht ganz sicher. Vielleicht war ich da oder dort. Anscheinend kann ich aus dieser Suppe meines Bewusstseins keine einzelnen Leben herauspicken. Ich habe ein paar seltsame Erinnerungen, aber ich kann nicht genau sagen, ob ich diese/r oder jene/r war.«* Und damit hättet ihr recht! Warum also ist die Akasha so flüchtig?

Hier ist der Grund – hört gut zu, denn das sind neue Informationen! Die Akasha ist keine Funktion des Gehirns. In ihr kommt es zu keinen Gedächtnissynapsen; wenn ihr also versucht, die obige Akasha-Frage zu beantworten, sucht ihr in einer Bewusstseinsstruktur, die im normalen Gedächtnis und den Synapsen des Gehirns arbeitet. Die Akasha ist aber nicht in eurem Gehirn, ihr erhaltet also nicht die gesuchten Erinnerungen. Vielmehr befindet sich die Akasha in eurer DNA. Wir haben also auf einmal die Situation einer ganz anderen, nicht linearen Akasha-Kommunikation, und die Erinnerung daran läuft nicht wie das Erinnerungsvermögen des Gehirns ab. Die Akasha gibt euch keine Informationen. Sie ist flüchtig! Wie also erreicht sie euch?

Die DNA kommuniziert mit euch und eurem Bewusstsein anders als euer Gehirn. Das haben wir früher schon beschrieben;

es ist sehr komplex. Aber ich erzähle es trotzdem: Die in eurer DNA befindlichen Informationen müssen irgendwann ins Gehirn gelangen, damit ihr sie kognitiv erkennen könnt [damit ihr sie euch bewusst machen und sie glauben könnt]. Dann gelangt sie ins Bewusstsein und funktioniert auf eine bestimmte Weise, die wir als Nächstes erklären. Es funktioniert anhand dessen, was wir *überlappende multidimensionale Felder* nennen. Das ist wissenschaftlich keineswegs mysteriös, denn diese Art der Kommunikation findet in eurer Elektronik ständig Verwendung. Die DNA *spricht* nicht über Gedächtnis, Synapsen, Struktur oder Linearität zu euch, sondern über *emotionale Konzepte.* Dieser Prozess sich überlappender multidimensionaler Felder wird in der Elektronik *Induktanz* genannt. Auch die Sonne sendet anhand überlappender multidimensionaler Felder durch ihre Heliosphäre Informationen und auch astrologische Attribute in das Magnetgitter des Planeten. Es ist also etwas ganz Natürliches, geschieht ständig und beruht auf Fraktalen [ein Fraktal hat viele sich wiederholende Teile]. Aber es läuft auf der grundlegenden DNA-Ebene ab. Eure DNA ist von einem Feld umgeben, das mit eurem Bewusstsein durch das interagiert, was wir den »klugen Körper« bzw. das *Angeborene* (die angeborene Intelligenz) nennen. Macht das nicht gar zu kompliziert! Ihr müsst einfach nur wissen, dass die Akasha flüchtig ist, weil sie euch nicht so erinnern lässt, wie ihr das normalerweise tut; es ist nicht wie das Übliche, sondern Teil der DNA-Kommunikation.

Wie wirkt sich das Akasha-System auf den Menschen aus?

Wir wollen nun darüber sprechen, wie die Akasha funktioniert, welche Energie sie heute hat und wohin es geht. Die Akasha verfügt über etwas, das wir *Treiber* nennen; diese kommunizieren bestimmte Gefühle über die Akasha ins Gehirn, sodass ihr etwas spüren könnt. Das kommt nicht als Erinnerung, wie wir ja gesagt haben, und das Akasha-System kommuniziert auch nicht unbedingt Informationen über ein einzelnes früheres Leben [das kommt eventuell später, mit der DNA-Erweckung und DNA-

Verarbeitung]. Die normalen Akasha-Treiber senden dem Gehirn keine Informationen dahingehend, wer ihr einmal wart, wo ihr wart oder wann ihr wart. Es werden weder Name noch Geschlecht übermittelt, auch wenn ihr vielleicht meint, ihr wüsstet diese Dinge. Vielmehr übermittelt die Akasha *empirische, emotionale Konzepte.* Die derzeitigen Akasha-Treiber für die Menschheit sind seit Äonen dieselben. Das, was ihr aus eurer Akasha als Erstes spürt und was sich in euer Bewusstsein drängt, sind Überlebensinstinkte. Sie haben mit Erfahrungen der Vergangenheit zu tun, welche *Angst, Drama und Unerledigtes* erzeugten. Ihr wisst, dass das stimmt. Was spürt ihr, alte Seelen? Das, wovor ihr Angst habt. Die Akasha übermittelt das eurem Bewusstsein nicht als Erinnerung an das Geschehene, sondern als *Überlebensemotion* des Geschehenen. Diese Akasha-Attribute werden als Treiber bezeichnet, weil sie euch dazu treiben, zu handeln bzw. – in vielen Fällen – nicht zu handeln. Ihr fühlt etwas, und wegen dieses Gefühls geht ihr *nicht* dorthin oder tut dies und jenes nicht. Ist das nun Intuition oder eine Akasha-Erinnerung? Die Vorstellungen werden auch auf der DNA-Ebene übermittelt, und sie strahlen ins Gehirn aus und treiben euch durch diese Offenlegung zum emotionalen Teil eures Denkens.

Warum haben diese Dinge so niedrige Energie? Warum Angst und Drama? Warum Unerledigtes und – wir wollen die Dinge beim Namen nennen – warum Schuld? Warum? Ihr seid alte Seelen! Habt ihr nichts Besseres verdient als das? Wir haben euch diese Informationen schon früher übermittelt. Die Energie dessen, was ihr auf dem Planeten erzeugt habt, ist die treibende Kraft hinter dem Gaia-Bewusstsein, der Effizienz eurer DNA und der Zukunft der Menschheit. Sie steht für euren freien Willen, wie er bis jetzt war. Und das verändert sich.

Die Rekalibrierung der persönlichen Akasha

Stellt euch eine Akasha vor, die ihre Treiber neu ausrichtet. Was wäre, wenn die Akasha anstelle von Angst, Drama und Unerledigtem euch etwas anderes präsentieren würde? Genau das wird passieren, ihr Lieben, denn das kommt mit der neuen Energie und der derzeit stattfindenden Rekalibrierung. Es steht für eine Veränderung der Akasha-Kommunikation, weil ihr eure Schwingung erhöht. Alle Zellen eures Körpers wissen, was in dieser neuen Zeit vor sich geht.

Ihr fragt jetzt vielleicht: *»Also, Kryon, heißt das, dass die Akasha eines jeden Menschen das weiß?«* Und die Antwort lautet: Ja! Der Unterschied besteht darin, ob das Gehirn euch das fühlen lässt oder nicht. Und da kommt die Zirbeldrüse ins Spiel. Auch das Gehirn hat seine Treiber, manche davon sind spirituelle Treiber. Ihr nennt sie *Filter* oder auch *Glaubensfilter.* Das Gehirn lässt zu, dass ihr etwas erkennt [glaubt] oder auch nicht, entsprechend den vergangenen Erfahrungen und eurem Einlassen darauf, »wie die Dinge nun mal laufen«. Ihr erzeugt ein neues Bewusstsein, und dazu gehört auch die Erlaubnis an die Akasha, zum Bewusstsein zu sprechen. Diejenigen hier im Raum, die dieser Botschaft lauschen, und diejenigen, die sie später hören oder lesen, verstehen dann vielleicht, dass sie mit dem zunehmenden Licht ihrer Bewusstheit der Wahrheit Einlass gewähren, und das verändert die Kommunikation der Akasha. Die Zirbeldrüse arbeitet besser, die Filter sind klarer, und die Akasha-Treiber verändern sich.

Die Filter vieler Menschen lassen kein neues spirituelles Denken zu; diese Menschen lassen sich nur auf ihre eigene Glaubensschublade ein; ihre DNA mag neue Informationen senden, aber sie sind nicht auf den »Sender eingestellt«. Doch die Menschheit ist jetzt für den Wandel bereit, auch wenn sie ihn vielleicht noch nicht empfangen kann. Das ist die Schönheit des Systems der alten Seelen, denn ihr habt die Menschen weltweit befähigt, und jeder Mensch kann das »sehen«, wenn er das will. So ist das mit dem freien Willen.

Gleich sprechen wir über einen der stärksten und häufigsten Treiber und seine Funktionsweise. Doch zunächst möchte ich darauf hinweisen, dass es immer Ausnahmen zur Regel gibt, denn das, was ich euch sage, gilt nicht absolut für jeden Menschen. Es gibt immer Menschen, die anders sind, und zwar, weil jeder Mensch seinen individuellen, einzigartigen Lebensweg geht …, warum er auf die Erde kommt und was er im Dienste der Menschheit auf dem Planeten tut ... Das ist nichts Allgemeingültiges für alle Seelen. Ich gebe euch diese Informationen also als Übersicht, und das ist alles.

Jetzt wollen wir über eine der wichtigen Ausnahmen zu den üblichen Akasha-Treibern sprechen, und da werdet ihr erkennen, dass das, was ich sage, korrekt ist, denn ihr könnt das tatsächlich beobachten.

Ein Wunderkind wird nicht von Angst, Drama oder Unerledigtem getrieben. Das Wunderkind, welches bereits im Alter von vier Jahren meisterhaft Klavier spielt, wird ausschließlich von seiner *Kunstfertigkeit* getrieben. Die Malerin, die mit acht wie ein großer Meister malt, wird von ihrer Kunstfertigkeit getrieben, und das ist alles! Das Wunderkind hat mit Überleben überhaupt nichts am Hut, solange es seine Kunst hat. Sie ist allesverzehrend, sehr linear und das Einzige, an das diese Wunderkinder denken können. Für die Psychologie ist das ein Rätsel: ein Mensch, der sich keinesfalls an ein komplexes Talent erinnern kann, mit dem er in diesem Leben keinesfalls hat Erfahrungen sammeln können, und doch besitzt er dieses Talent.

Die Rätselfrage für die Psychologen lautet: Wie kann das sein, wenn dies nicht Teil des Erinnerungsvermögens des Gehirns ist? Die DNA *treibt* es so schnell ins Gehirn, wie das Gehirn es empfängt. Es handelt sich hier um die Kunstfertigkeit vieler Leben. *Wohin gehen deine Hände? Wie hältst du den Pinsel? Welche Noten sind das auf der Tastatur? Erinnerst du dich an die Musik?* Das sind Ausnahmefälle, ihr Lieben, aber ihr seht so etwas oft genug, um zu wissen, dass es nichts mit Synapsen und Gedächtnis zu tun haben kann. Das ist die Akasha auf einer multidimensionalen Ebene, die dem Kind etwas Konzeptuelles eingibt – Kunst, Musik, Poesie, Skulptur. Es braucht mehrere Leben, um einen Meisterkünstler hervorzubringen; sie werden immer wieder geboren und machen mit der Kunst aus den früheren Leben weiter. Damit weiterzumachen ist alles, was sie wollen.

Das ist etwas ganz anderes als euer Prozess; für diese Menschen werden die Möglichkeiten all dessen, wovon ich gesprochen habe, auf *eine Sache* reduziert, auf die sie sich konzentrieren, und das seht ihr an den Wunderkindern. Übrigens sind genau deswegen so viele

Künstler funktionsgestört, denn sie machen weiter und sind sich der Überlebensrealität und ihrer Mitmenschen nicht bewusst; sie sind nur an sich selbst und ihrer Kunst interessiert.

Karma

Das, was die meisten Menschen antreibt, ist der Treiber namens *Karma.* Karma ist weit mehr als nur Unerledigtes. Karma ist keine Bestrafung für die Taten der Vergangenheit, ihr Lieben. Es hat etwas mit Be- und Verurteilen zu tun, und das ist kein Attribut Gottes. Karma spürt vergangene Erfahrungen und reagiert emotional darauf; entweder tust du das dann wieder oder lässt die Finger davon. Karma ist etwas Mächtiges, was die meisten Menschen fühlen; sie haben aber keine Ahnung, dass dies ein bestimmter Treiber aus der Akasha der DNA ist, den sie da empfangen. Bei Karma geht es oft auch nicht darum, etwas zu Ende zu bringen. Manchmal wird ein Polizist wieder Polizist, ein Soldat wieder Soldat, eine Mutter wieder Mutter. Dieser Treiber lässt euch sowohl Positives als auch Negatives erinnern, manchmal auch einfach Emotionen. Und manchmal wird man davon in eine klassische Geisteshaltung getrieben, die problematisch ist.

Wollt ihr wissen, was das für ein »Klassiker« ist? Es geht dabei um ein klassisches Problem, mit dem die Psychologen wirklich viel Arbeit haben. Es ist schwer zu beschreiben, aber ihr werdet anhand meiner Beschreibung wissen, dass es das gibt. Manchmal spürt ihr über die DNA auch Unangenehmes, erinnert das aber als *wer ihr seid* – und ohne das könnt ihr nicht leben. Das ist Karma.

Manche Menschen kommen ins Leben und sind davon überzeugt, dass sie es nicht verdienen, hier zu sein. Bei einer solchen Bewusstseinshaltung versucht die DNA zu kooperieren. Das habt ihr schon gewusst, oder? Die Zellstruktur erhält Hinweise aus dem menschlichen Denken. Ein Mangel an Selbstwert manifestiert sich in Problemen, die – ihr werdet es euch schon gedacht haben – diesen Mangel an Selbstwert weiter verstärken. Und es wird auch Drama erzeugt, und manche Menschen können das anscheinend einfach nicht lassen. Ein Mensch, der früh im Leben missbraucht wird, hat viele Wahlmöglichkeiten. Wahrscheinlich hat er ein Rätsel aufgestellt, um zu sehen, ob er das Muster durchbrechen kann (Karma in Bestform). Doch manchmal ist das nur eine Bestätigung der Gefühle dieses Menschen, nämlich dass er eigentlich nicht da sein sollte. Und so gibt er oft eine Missbrauchsbeziehung auf, nur um in die nächste hineinzugehen und wieder in die nächste ... Die Freunde schauen sich das an und sagen: »*Was stimmt mit dir denn nicht? Du machst immer wieder denselben Fehler!*« Auf der Akasha-Ebene reagieren diese Menschen immer wieder auf dieselben Anweisungen. Das ist die Komfortzone des Opfers. Seht ihr das?

Das also macht die Akasha: Sie präsentiert euch Existenzkonzepte. Wenn ihr früher Angst hattet, dann jagt sie euch Angst ein. Wenn ich euch sagen würde, ihr Lieben, ihr seid wegen eurer Überzeugungen getötet worden, dann würdet ihr mir das wahrscheinlich glauben. Das ist den meisten alten Seelen passiert. Würde ich euch fragen, wie oft und wo das passiert ist, würdet ihr raten. Seht ihr, was ich sage? Die Akasha handelt mit *Konzepten,* nicht mit Erinnerungen an Tatsachen. Und sie gibt euch auch Konzepte an die Hand, die euch zu Veränderungen einladen.

Frühere Leben in der Akasha

Die Akasha überträgt ein paar interessante Konzepte. Wir wollen über frühere Leben sprechen. Frühere Leben tragen Konzepte in die Akasha, die dann weitervererbt werden [das Akasha-Erbe]. Wenn ihr Krieger gewesen und auf dem Schlachtfeld gestorben seid, dann mögt ihr den Geruch von Pulverdampf womöglich nicht. Solche Sachen werden auf ungewöhnliche Weise an euch weitergegeben. Manche von euch können es riechen, wenn sie auf einem Schlachtfeld stehen! Manche mögen es, denn es ist der Geruch von Sieg und Befreiung – weitere emotionale Konzepte. Aber ihr wisst, da ist etwas, ihr Lieben, und das ist ein Konzept. Es gelangt in eure zentrale Sinneswahrnehmung. Das ist die Akasha in Bestform. Ihr *erinnert* nicht, sondern *fühlt* vielmehr etwas, das bis heute in euch existiert. Medien, die etwas über frühere Leben herausfinden, müssen das alles auseinandersortieren, etwas linearisieren, was nicht linear ist. Das ist flüchtig. Sie können das Quantenfeld um euch herum spüren, das die DNA erschaffen hat [die Merkaba]. Ein gutes Medium kann dabei helfen, einzelne Leben aus der »Konzeptsuppe« herauszuziehen, was ihr selbst niemals tun könntet. Das erklärt, wie ein gutes Medium euch mit Blockaden und Erfahrungen aus der Vergangenheit helfen kann, die ihr selbst anscheinend nicht greifen könnt.

Die alten Seelen, die definitionsgemäß seit Jahrtausenden hier sind und in einem Leben nach dem anderen praktisch alles erlebt haben, was es zu erleben gibt, verfügen über ein weiteres Akasha-Attribut. Ihr alten Seelen, was meint ihr wohl, was in eurer Akasha ist? Ich werde es euch sagen: Dasselbe wie bei allen anderen: Drama, Angst und Unerledigtes! Bis jetzt. Die alte Seele hat ein Lagerhaus voller Lebenszeiten, die jetzt aufwachen, und das ist der Unterschied. In der neuen Energie erinnert sich die alte Seele daran. Eine alte Seele zu sein hat bisher lange nicht so viel *Gewicht* in Bezug auf die Akasha gehabt wie jetzt. Die Dinge rekalibrieren sich, auch die Akasha. Dabei geht es darum, wie ihr fühlt, was ihr damit macht und wie sie euch dazu treibt, etwas zu tun. Das interessanteste Attribut der alten Seelen ist ihr Gefühl, sie hätten alles verstanden. Sie waren dort dabei, haben dies und jenes gemacht. Es gibt nichts Neues, und sie haben eine Lebensweise auf dem Planeten Erde erkannt und sich auf sie eingelassen bzw. auf das, was sie dafür halten. So interessant – und oft so komplett falsch.

Das Atlantis-Syndrom

Dieses Szenario habe ich schon früher vorgestellt und mache das jetzt noch einmal für euch als Vorschau. Ich weiß, für viele von euch ist das kontrovers. Wie viele von euch waren auf Atlantis? Während da viele Hände hochgehen, sage ich zu euch: »Wirklich? Und auf welchem Atlantis wart ihr?« Darauf würdet ihr antworten: *»Also, eigentlich war mir gar nicht klar, dass es mehrere gab!«* Es gab sehr viel mehr als nur ein Atlantis, meine lieben Menschen. Ich frage euch: »Was ist dort passiert?« Und eure Antwort könnte lauten: »Wir hatten diese hoch entwickelte Gesellschaft und gingen unter, weil wir etwas *falsch machten. Das ist in unserer Akasha verblieben, und wir wissen das.«*

Ihr bringt in eure Akasha ein paar extrem menschliche Vorstellungen ein; eine davon nenne ich »Gott, Gaia und die schöpferische Quelle des Universums mit einem menschlichen Gehirn«. Die Menschen übertragen ihren eigenen intellektuellen Prozess auf alles, was Gott ist. Die Griechen machten das sehr gut. Sie schufen sich ihre Götter, die über den Menschen stehen sollten, aber eigentlich komplett funktionsgestört waren! Sie schlugen sich mit allen möglichen Problemen herum, inklusive Eifersucht, Hass, Rachsucht und sogar Inzest! Ihre Götter mochten sich gegenseitig nicht besonders gern, so wie das auch in menschlichen Familien der Fall ist. Sie spielten mit den Menschen da unten, einfach um andere Götter zu ärgern. Sie verurteilten, waren ärgerlich und wütend. Das ist die Mythologie der Griechen. Sie erschufen Götter mit menschlichen Attributen. Heute steht ihr natürlich weit darüber. Stattdessen habt ihr einen Gott, der die Liebe ist. Doch dann kam es im Himmel irgendwie zum Krieg mit einem gefallenen Engel, zu Wut, Verurteilen und Kummer. Der gefallene Engel ist natürlich hinter eurer Seele her und so weiter und so fort. Die Mythologie geht weiter.

Ihr Lieben, eure Gesellschaften haben einfach dasselbe gemacht, nur ein bisschen moderner. All das kommt aus der Akasha, ob ihr das nun glaubt oder nicht. Die Glaubensvorstellung lautet, das Bewusstsein sei überall im Universum gleich, und es handele sich natürlich um ein menschliches Bewusstsein. In Wirklichkeit seid ihr euch dessen, was intelligenter ist als ihr, einfach nicht bewusst, deshalb habt ihr auch kein anderes Gotteskonzept.

Und dann habt ihr die wunderschöne Wesenheit Gaia, die sich ärgert und euch mit Blitzen heimsucht oder den Boden austrocknet und euch so um das Getreide für eure Ernährung bringt. Seht ihr, was ich sage? Wie viel Energie fließt in Zeremonien, die abgehalten werden, um Gaia zufriedenzustellen? Das haben die Menschen jahrhundertelang getan. Und das kommt im wahrsten Sinne des Wortes von den alten Seelen. Je länger ihr auf dem Planeten gelebt habt, desto stärker assoziiert ihr euer Bewusstsein des Menschseins mit jedem anderen Bewusstsein, das ihr im Universum seht.

Warum also das Atlantis-Problem? Nun gut, ich erkläre es euch noch einmal, Lemurier. Ihr stiegt von diesem hohen Berg auf Hawaii herunter, als er zu versinken begann. Der höchste Berg der Erde war jahrtausendelang eure Heimat gewesen. Als die Magma-Blase über mehrere Vulkane hochstieg und der Druck, der sie hochgeschoben hatte, freigesetzt wurde, versank dieser Berg nach und nach. Ihr hattet keine Ahnung, ob der ganze Berg untergehen oder vielleicht sogar explodieren würde! Deshalb flüchteten die meisten von euch im Laufe vieler Jahre über das Meer. Irgendwann versank der Berg nicht mehr weiter; ein paar Lemurier blieben, und die Gipfel des Gebirges wurden zu dem, was ihr heute die Hawaiianischen Inseln nennt.

Wisst ihr, was Lemurier total gerne machen und was bis zum heutigen Tag in ihrer Akasha enthalten ist? Lemurier suchen nach Inseln, auf denen sie leben können. Das ist den Konzepten in ihrer DNA so eingeprägt; diese sagen ihnen, dass das ihre Lebensweise ist. Es ist ein *Seinskonzept,* und viele Lemurier sind im Laufe der Geschichte auf anderen Inseln gelandet, weil sie sich dort wie zu Hause fühlten. Doch auch viele andere Inseln sind Vulkane. Und so kam es aufgrund natürlicher geologischer Abläufe zu vulkanischer Aktivität und zu Erdbeben, und auch diese Inseln versanken im Meer. Das war in eurer Akasha, ihr alten Seelen, wusstet ihr das? Und, ihr Lemurier, was meint ihr, was ihr als Nächstes gemacht habt, als wieder eine Insel versank? Die meisten flüchteten … und machten sich auf die Suche nach einer anderen Insel! Und im nächsten Leben suchtet ihr erneut nach einer Insel!

Es ist interessant und auch extrem menschlich: Wenn etwas Schlimmes passiert, gebt ihr jemandem oder irgendetwas die Schuld daran – meistens euch selbst. Das ist das *mangelnde Selbstwertgefühl* der alten Seelen, von dem wir schon so oft gesprochen haben. Jetzt fühlt ihr euch also schuldig, und erneut habt ihr ein Bewusstsein, das sagt, die Insel habe euch etwas angetan.

Das ist der negative Gaia-Effekt der angeblich wütenden Gaia. Der wahre Gaia-Effekt dagegen ist in Wirklichkeit ein wunderbares Zusammenwirken mit dem menschlichen Bewusstsein! Doch eure Akasha, die sehr flüchtig ist, vermittelt euch ein völlig anderes Konzept.

Die Erinnerung der alten Seele an Atlantis stimmt also nicht. Atlantis ist einfach ein allgemein gültiger Name für jede Insel, auf der ihr gelebt habt und die sich während eurer Anwesenheit selbst zerstört hat. Die meisten Inseln waren aus gutem Grunde von Wasser umgeben. Wie wir schon gesagt haben, waren das oft Vulkane und häufig auch anfällige Plätze, wo es leicht passieren konnte, dass die Inseln durch ein Erdbeben oder eine Überschwemmung im Wasser versanken. Manchmal hatte das mit den 1500 bis 2000 Jahre dauernden Wasserzyklen zu tun. Und ihr könnt sicher sein: Es war ein Lemurier dort!

Habt ihr euch das schon einmal überlegt? Damit soll Atlantis nicht abgetan werden; vielmehr will ich euch damit sagen, dass es viele Atlantis gab, und eurem DNA-Konzept ist das als ein einziges großes Ereignis eingeprägt.

Und was die hoch entwickelte Technologie angeht, möchte ich euch sagen: Das, was ihr als hoch entwickelte Technologie »erinnert«, hat nichts mit eurer heutigen Technologie zu tun. Es ist *hoch geistiges bewusstes Denken.* Das ist eure »Hochtechnologie«, denn auf einer Insel kann man – so wie ihr das in Lemurien gemacht habt – zusammenkommen und die Schwingung des Landes erhöhen. Dabei geht es nicht um Maschinen und blinkende Lichter, sondern um ein Bewusstsein, welches die Physik zu verändern vermochte.

Die neuen Treiber der Akasha

Jetzt wollen wir einmal kurz gemeinsam eine Seite umblättern. Ich möchte euch etwas über die neuen Treiber der Akasha erzählen, die da sind: *mitfühlendes Handeln, Liebe* und *Erledigtes.* Diese Treiber werden von der DNA der alten Seelen an die Gehirne der alten Seelen gesendet; der dadurch in Gang gesetzte Prozess hilft ihnen, über das traditionelle Denken hinauszudenken. Die alten Seelen werden nach und nach erkennen, dass sie keine Opfer des Lebens sind. Sie gehören hierher! Ihr Selbstwertgefühl wird steigen, denn es weiß, dass die Menschen es verdienen, hier zu sein. Es ist an der Zeit!

Über diesen Prozess kann die Akasha zum Gehirn und zur angeborenen Körperintelligenz in höheren Konzepten, nämlich denen des Mitgefühls, sprechen. Fragt einmal einen Chirurgen; er wird euch erzählen, wie Menschen sich im Krankenhaus oft monatelang am Leben erhalten, nur um noch zu erleben, wie ihr Enkel die Schule abschließt. Oder fragt einen Arzt, ob er schon einmal erlebt hat, wie der Geist über die Materie gesiegt hat. Ärzte, die viel mit Tod und Sterben zu tun haben, können erstaunliche Geschichten darüber erzählen, wie manche Menschen von ihrem Sterbelager aufgestanden sind, wenn sie zu dem Schluss gekommen waren, dass sie würdig sind, hier zu sein. Und was denkt ihr über spontane Remissionen? Das ist ein Mensch, der einen Kurswechsel vornimmt.

Die Resultate eines neuen Bewusstseins und einer sich wandelnden Akasha

Die Akasha spricht zu euch durch Konzepte. Die neue Energie ist Trägerin anderer Überlebenstreiber für die alten Seelen und von Konzepten, bei denen es nicht mehr um Karma geht, welches ans Gehirn geliefert wird. Es hat seinen Wert verloren, wie wir euch schon vor über zwanzig Jahren gesagt haben [Kryon-Buch 1]. Wir sagten euch, ihr solltet das Karma aufgeben, denn es würde nicht mehr benötigt werden. Schreitet voran mit der Akasha-Energie, die ihr selbst für eure Zukunft erzeugt, anstatt an einem Konzept der Vergangenheit festzuhalten!

Manche von euch sind verwirrt und fühlen sich komisch, weil sie sich ohne den Karma-Treiber leer fühlen. Nun ja, ich sage euch: Es ist an der Zeit zu verstehen, was dieses Gefühl ist! Es bedeutet, ihr habt euer Leben unter Kontrolle! Es bedeutet, ihr seid keine Opfer der Umstände, die euch hin- und herstoßen! Ihr habt den alten Energietreiber namens Karma aufgegeben, und jetzt ist es an der Zeit, schöpferisch tätig zu werden! Das ist ein Konzept, und die Menschen, die die Botschaft nicht verstehen, meinen, etwas liefe schief. Manche Menschen mochten das andere Gefühl und setzten es mit »Normalsein« gleich. Es handelt sich um eine Rekalibrierung. Kein Karma mehr.

Eure Vorleben haben keinen so großen Einfluss mehr wie früher, und das, was ihr früher aus eurer Vergangenheit erinnert habt, rekalibriert sich. Jetzt werdet ihr euch an Erfolg, Liebe, Mitgefühl und die Resultate erinnern, die sich aus hohem Denken ergeben haben. Ihr werdet diese Dinge wiederhaben wollen. Seht ihr, wohin das geht?

Stellt euch einen Menschen vor, der nur von Positivem getrieben wird, einen Menschen, der so vollständig von Positivem getrieben wird, dass er Bücher und Fernsehsendungen und Filme über Positives entwickelt. Stellt euch vor, wie sich dadurch das verändert, was andere sehen und fühlen. Stellt euch vor, wie diese paar wenigen Menschen vielen Menschen etwas zeigen können, wodurch sich der Planet verändern könnte! Stellt euch vor, es wäre ganz einfach, solche Dinge zu finanzieren, weil vermögende alte Seelen mit Geld das auch erkennen!

Ihr Lieben, ihr werdet euch nicht an die alte Mythologie, sondern an die *Realität* Gottes erinnern! Ihr seid Teil des Rätsels, und jetzt tragt ihr die Lösung in euch. Ihr verdient es, hier zu sein, und je mehr ihr erwacht, desto länger werdet ihr leben. Die bewusste Wahrnehmung eines mitfühlenden Geistes wird euer Leben verlängern. In eurer mitfühlenden Geisteshaltung werdet ihr nie einen wütenden Gott sehen, werdet nie einen mythologischen Schöpfer sehen, der verurteilt. Der hat nie existiert! Das ist ein menschlicher Gedanke, mit dem Gott belegt wurde. Gaia wird eure Partnerin auf der Erde werden und keine Furcht einflößende Kraft mehr sein, der ihr Opfergaben darbringen müsst, sicher nicht mehr als einem menschlichen Partner. Ihr werdet euch in Gaia verlieben. Seht ihr den Unterschied? Das ist die flüchtige Akasha, die sich neu kalibriert und weit weniger flüchtig wird. Das stößt den Menschen in ein ganz neues *Seinsbewusstsein*. Dann werdet ihr erkennen, dass die Meister des Planeten dies alles in sich hatten.

Zum Abschluss fragen wir euch erneut: Wer ist euer Lieblingsmeister? Wer? Bringt euch mit ihr oder ihm jetzt und hier zusammen. Wie fühlt ihr euch? Ihr werdet antworten: *»Entspannt, friedlich, sicher, so gut!«* Ich frage euch also nochmals: Was hatten sie, was auch euch dieses Gefühl geben würde? Und die Antwort lautet: Das, was ihr gerade lernt, selbst zu haben – Frieden, wo es in 3-D keinen Grund zum Frieden gibt; Ruhe, wo es in 3-D keinen Grund für Ruhe gibt; eine Bewusstheit des Schönen, Esoterischen, nicht sichtbar für diejenigen, die nur dem trauen, was sie mit den Augen erblicken können. Es ist die Liebe Gottes, die in eurem Leben hervortritt und wodurch die Lügen des Opferseins und der Angst ihren Wert verlieren. Ihr seid entspannt und behandelt andere Menschen anders. Die Akasha-Konzepte der Meisterschaft manifestieren sich in eurem täglichen Leben, und das, was früher ein Problem war, wird zum Teil der Herausforderung des menschlichen Lebens und ist kein Überlebensproblem mehr, welches ihr tief in eurem Kern spürt oder welches eure »Angstknöpfe« drückt.

Manche hier im Zimmer und die Leserinnen und Leser mussten diesen letzten Teil hören, und ihr wisst, wovon ich rede. Ist es nicht an der Zeit, diesen alten Prozess loszuwerden? Warum lasst ihr euch von diesen Sachen frustrieren? Das macht euch älter. Ihr könnt das jetzt loslassen. Sprecht das laut aus, wenn ihr wollt. Lasst eure Zellen das hören! Der Katalysator für einen erleuchteten Planeten sitzt vor mir. Es sind die alten Seelen, die diese Dinge in ihrem Leben zulassen und deshalb länger leben.

Manche im Publikum sind gekommen, um geheilt zu werden. Lasst die Heilung stattfinden; lasst sie jetzt beginnen. Lasst zu, dass ihr von eurem Platz aufsteht und wisst, es hat angefangen. Ich möchte euch etwas sagen, was euch vielleicht nicht bewusst ist: Jede Zelle eures Körpers weiß, wovon ich rede. Sie hören alle zu und jubeln, wenn ihr ihnen das zugesteht. Ihr habt das alles in der Hand. Das Gehirn ist der große *Zentralbahnhof,* an dem die Bewusstseinsenergie auf der Durchfahrt ist. Ihr kontrolliert, was ihr ins Gehirn hereinlasst und was nicht. Es ist an der Zeit zuzulassen, dass eine neue Akasha zu euch über die Großartigkeit und Herrlichkeit des Systems spricht, das ihr mitgeschaffen habt.

Das ist die heutige Botschaft. Ich bin Kryon, und ich liebe die Menschen – und das aus gutem Grund.

Und so ist es.

Kryon
(Minneapolis/Minnesota, August 2013)

Die drei Winde

Dieses abschließende Channeling ist eine wunderbare Beschreibung davon, wie Kryon uns sieht, und erklärt den Kreislauf des Lebens. Spirit sieht uns als ein Familienmitglied an, als eine Seele, die ihre Lebenserfahrungen in einem Kreis absolviert; in unserer Geschichte haben wir Menschen das linearisiert. Doch die Vergangenheit ist für Gott einfach nur Teil eines fortlaufenden Energiemusters, welches ständig »umgeschrieben« wird. Verwirrend? Oh ja! Erneut geht es um Karma und Verträge und auch (schluck!) um die DNA der Plejadier, die in uns allen steckt. Man hat mir ja schon oft vorgeworfen, ich sei »nicht von dieser Welt«. Okay, das stimmt! Doch das Lustige daran ist: Alle anderen sind es auch nicht!

Lee Carroll

14 Die drei Winde

Seid gegrüßt, ihr Lieben, ich bin Kryon vom Magnetischen Dienst. Für mich existiert die Zeit zwischen unserem letzten und dem heutigen Gespräch nicht. Einem linearen menschlichen Wesen ist nur schwer zu erklären, wie das ist, wenn es keine Zeit gibt. Alles geschieht gleichzeitig, es ist also seltsam, darüber zu sprechen, denn in eurem Kopf kennt ihr eure Zukunft nicht, und eure Vergangenheit könnt ihr nicht erneut besuchen. Für euch existiert ihr immer in der Gegenwart. Doch auf meiner Seite befinden wir uns in allen drei Realitäten, nennen das aber *das Jetzt.* Diese Konzepte sind nur Energien, ihr ordnet jedem davon aber eine 3-D-Zeit zu.

Zum Beispiel …

Die Vergangenheit: Vergangene dreidimensionale Handlungen können nicht verändert werden, aber die Erinnerung daran sehr wohl. Was passiert also, wenn ihr eure Reaktion auf etwas in der Vergangenheit Geschehenes umschreibt und *euch* das in der Gegenwart verändert? Was habt ihr damit getan? Ihr habt die Vergangenheit besucht und sie umgeschrieben!

Die Zukunft: Ihre sagt, eure Zukunft sei euch nicht bekannt, aber die Potenziale dessen, was ihr tun könntet, kennt ihr sehr wohl. Wenn ihr heute euer Denken verändert, dann verändert ihr auf gewisse Weise die Potenziale eures morgigen Tuns. Deshalb könnt ihr heute die Zukunft umschreiben. Wenn ihr einen Termin für morgen vereinbart, seid ihr dann ein Wahrsager, wenn ihr zum verabredeten Treffen kommt? Wenn ihr die Verabredung im letzten Moment absagt, habt ihr damit die Zukunft verändert?

»Nun mal langsam, Kryon. Über diese Sachen haben wir die Kontrolle, es ist also nicht dasselbe wie eine Zukunft, die für uns ein Geheimnis ist.« Und wenn ich euch nun sage, dass es da für uns keinen Unterschied gibt? »Verabredungen« werden in einer Realität aufgesetzt und abgeblasen, die ihr in 3-D nicht so einfach sehen könnt, dennoch sind das immer noch Potenziale, die ihr für euch selbst erzeugt. Wir betrachten das alles als eins, und das hilft uns, euch die Art von Durchgaben zu machen, wie wir sie euch in diesem Transkript übermitteln. Wir werden dieses Channeling *Die drei Winde* nennen.

Viele dieser Informationen wurden in Teilen im Laufe vieler Jahre übermittelt; doch jetzt bringen wir das alles zusammen. Die Terminologie ist euch teilweise bekannt, wir haben bereits früher darauf angespielt, und jetzt wollen wir das wie einen Teppich ausrollen, der viele Antworten aufzeigt und vielleicht auch einiges an Widersprüchen enthält. Manches davon stimmt nicht mit dem überein, was ihr von anderen gehört habt, und hier kommt euer göttliches Unterscheidungsvermögen ins Spiel, denn jetzt solltet ihr anhand eurer Intuition erkennen, ob das, was ich euch sagen werde, einen Sinn ergibt oder nicht. Beginnt damit, eure sogenannte *spirituelle Logik* zu nutzen!

Die menschliche Seele

Zunächst einmal betrachten wir den Menschen und die Seele des Menschen als eins; in unserer Realität ist das niemals voneinander abgespalten und ist an vielen Orten gleichzeitig. Doch damit ihr versteht und zum Zwecke dieser Lektion, lassen wir die Seele nur an vier Orten gleichzeitig sein. Die drei Winde sind drei dieser vier Plätze, und der andere Ort, an dem eure Seele sitzt, ist das *Zuhause.* Und dort bin ich, meine Lieben, und wir nennen das nicht *Wind,* weil es keinen Wind gibt, wenn ihr zu Hause seid. Es wird nichts für oder gegen etwas getan, es gibt kein Ziehen und Stoßen. Es ist so schwierig, wenn nicht gar unmöglich, euch etwas zu beschreiben, was euch so nahe ist und doch so verborgen. Das Zuhause ist keiner der Winde, denn das ist dort, wo ihr immer seid.

Ein Stück Gottes ist in euch, doch wie das ist, auf meiner Seite des Schleiers zu sein, bleibt euch verborgen, solange ihr Menschen seid. Das muss so sein, denn der Energietest, an dem ihr als Menschen arbeitet, muss für euch in einer bestimmten Art von Realität und Bewusstsein bleiben, damit ihr auf dem Planeten existieren und das Rätsel lösen könnt. Doch Zuhause gibt es keinen Wind. Zuhause – das ist der Ort, an dem ihr seid, wenn ihr euch in keinem der Winde befindet. Zuhause – das ist euer natürlicher »Gotteszustand«.

Wie die Menschen Gott »sehen«

Ihr seid ein Stück der *Gottessuppe,* die unzählige Teile misst und doch eins ist. Das Wesen der Verschränkung [ein Ausdruck aus der Physik, der ein Quantenattribut beschreibt, bei dem Dinge in einer Realität fixiert sind, unabhängig von der räumlichen Entfernung] sind Gottesattribute. Wenn ihr mit eurem Höheren Selbst in Verbindung steht, seid ihr mit all euren Teilen verbunden. Manchmal meinen die Menschen, sie empfangen Botschaften von Engeln, und diese Engel bekommen Botschaften von anderen Engeln und so weiter und so fort. Die Menschen sehen in allem eine hierarchische Autorität, weil es das in ihrer Realität gibt. Doch Gott kennt so etwas nicht, denn die Weisheit Gottes ist eine einzige Weisheit, die immer dieselbe und jederzeit da ist, überall. Die Wahrheit ist die Wahrheit, und weil ihr in euch ein Stück Gottes tragt, werdet ihr, wenn ihr spirituell erwacht, euch einer absoluten Wahrheit bewusst. Aus diesem Grund kann ein erwachter Mensch aus einem anderen Teil der Welt, der euch fremd ist und eine andere Sprache spricht, zur selben Wahrheit wie ihr gelangen. Der Gott in euch ist derselbe wie der Gott in ihnen. Respektiert deshalb, während wir euch diese Lektion übermitteln, den Teil eures Geistes, der dank spiritueller Logik Unterscheidungsvermögen besitzt. Manchen von euch wird vielleicht tatsächlich eine Offenbarung dessen zuteil, von dem wir sprechen, während wir die drei Winde abhandeln.

Die drei Winde

Ihr Menschen, nichts im Szenario des Menschenlebens wird so sehr geachtet wie die drei Winde. Sie stehen jeweils für einen der drei Zustände, in denen sich ein Mensch immer befindet. Zwei sind nur von kurzer Dauer und einer dauert lange. Es gibt den Wind der Geburt, den Wind der Existenz und den Wind des Übergangs. In euren Worten würdet ihr sie Geburt, Leben und Tod nennen. Wir verwenden diese Wörter nicht, denn sie sind auf eine 3-D-Realität ausgerichtet, die oft eure einzige Sicht der Wahrheit ist.

Der Wind der Geburt

Der Wind der Geburt unterscheidet sich von dem eigentlichen physischen Geschehen, das ihr »Geburt« nennt. Der Wind der Geburt seid für uns ihr, direkt bevor ihr eintretet (euren ersten Atemzug tut). Bei jedem Wind lösen wir zunächst die Täuschungen auf und geben euch die Wahrheit. Wir wollen so viel, wie wir können, darüber sagen und mit der Energie anfangen, die beim Wind der Geburt herrscht.

Stellt euch vor, ihr seid ein Teil des Ganzen, ein Teil des Liebeselements des Universums und ein Teil der Weisheit Gottes. Ihr seid bereit, wieder auf euren Planeten zurückzukehren, aber ihr verfügt nicht über den Geist eines Menschen. Was gehört dazu? Welche Energien kreisen darum und bringen euch an diesen Platz? Wer kann im Wind der Geburt sein, und gibt es ein System? Das ist schwer zu beschreiben, denn es ist nicht linear. Ihr müsst verstehen, dass ihr euch nur linearer Dinge bewusst seid, denn das ist eure Realität.

Während ihr hier sitzt und lest, ist sich eure 3-D-Realität nur eines einzelnen Lebens auf der Erde bewusst. Aber in diesem Quantenwind der Geburt *sehen* wir euch am Abhang einer anderen Realität stehen und nach vielen Leben auf den Planeten zurückkehren [das ist an die alten Seelen gerichtet]. Während ihr dort steht, seid ihr dabei, euch als Mensch auf bestimmte Art und Weise mit der Energie des Planeten rückzuverbinden. Der Wind der 3-D-Realität, in die ihr gerade eintreten wollt, bläst euch mit großer Kraft entgegen. Ihr scheint euch in ihn »hineinzulehnen«, während wir euch unsere letzten Worte der Liebe sagen. Ihr steht davor, euch von der Realität von Spirit abzutrennen, willentlich eure Erinnerung an alles, was war, wegzugeben und erneut auf die Erde zurückzukehren. Welch eine wunderschöne Zeit!

Welche Attribute oder »Regeln« sind mit eurer Rückverbindung zur Menschheit verbunden? Zunächst einmal möchte ich euch sagen, was nicht dazugehört, weil so vieles davon missverstanden wird. Als Erstes solltet ihr wissen: Der Mensch ist absolut einzigartig. Auf diesem Planeten des Kommens und Gehens heiliger Seelen haben alle Menschen einen göttlichen Teil in sich, den wir das Höhere Selbst nennen. Die gesamte dreidimensionale DNA-Struktur des Menschen und die darin enthaltenen Potenziale sind identisch. Das Einzige, was die Menschen voneinander unterscheidet, liegt in den Quantenanteilen der DNA – der Energie der Akasha-Chronik.

Die Macht der Akasha

Die Akasha-Chronik enthält Potenziale enormer Energie, je nachdem, was der jeweilige Mensch in seinen Vorleben getan hat. Ist der Mensch schon früher spirituell erwacht, ist da mehr Energie, als wenn das nicht der Fall ist. Deshalb steht beim Wind der Geburt potenziell die Erschaffung einer erleuchteten Seele an, denn es geht um früheres Wissen und frühere Erfahrungen und darum, was ihr früher auf dem Planeten gemacht habt. Es geht darum, wer ihr seid, was ihr erreicht habt, ob ihr jemals zuvor für das Wirken des Lichträtsels erwacht seid oder nicht, ob ihr zurückkommt oder ob es das erste Mal ist.

Die Akasha-Chronik ist also nicht nur eine »Akte« darüber, wie oft ihr hier gewesen seid, sondern es ist vielmehr verzeichnet, wie viel spirituelles Wissen und Lebenserfahrung ihr im Laufe all eurer Erfahrungen auf dem Planeten erweckt habt. Die Akasha ist eine heilige Bibliothek, die ihr mitnehmt, in jedem Leben dabeihabt und auch ins nächste Leben wieder mitnehmt. Jedes Mal, wenn ihr auf den Planeten kommt und geht, kommen weitere »Einträge« dazu; die Akasha hilft dabei mit, das zu entwickeln und zu verändern, wie euer nächstes Leben sein könnte. Denkt an das Axiom, das wir euch schon früher gegeben haben: *Ihr müsst niemals in einen weniger bewussten Zustand zurückkehren.* Wenn ihr, metaphorisch gesprochen, erst einmal das »spirituelle Akasha-Gefäß« geöffnet habt, steht euch alles spirituelle Lernen und alles erreichte Lernen aus allen Leben zur Verfügung.

Eure Biologie ist nicht vollständig irdisch

Die Seele des Menschen ist ein Stück Gottes und auf dem Planeten einzigartig. Biologisch betrachtet ist der Mensch keineswegs ein »Tier der Erde«. Eure einzigartige menschliche Chemie beweist das, denn ihr verfügt über eine »verschmolzene DNA«, durch die ihr – im Unterschied zur restlichen Biologie auf der Erde – 23 Chromosomenpaare habt. Ihr habt euch *nicht* aus der Erde entwickelt! Die menschliche Rasse, wie ihr sie heute sehen könnt, ist nicht die menschliche Rasse von vor 200.000 Jahren. Als Erstes müsst ihr also erkennen, dass ihr körperlich nicht als »ein Tier auf eurem Planeten« existiert, egal, was die Biologen sagen. Auf dem Entwicklungsweg wurdet ihr durch »die Erkenntnis von Licht und Dunkelheit« in eurer DNA unterstützt. Selbst sehr einfache Religionen erzählen davon in Form der göttlichen »Schöpfungsgeschichte«, die die ganze Menschheit kennt. Der Mensch, der ihr heute seid, ist im Universum etwas Einmaliges und verfügt über erstaunliche schöpferische Fähigkeiten, wie es euch alle Meister der Erde gesagt haben.

Das System der Tiere

Tiere haben ihre eigenen Arten von Energie, und manche haben auch ihre eigenen Arten von tierischen Seelengruppen. Tiere sind aus mehreren Gründen auf dem Planeten, und das haben wir euch alles schon früher einmal gesagt. Doch alle sind sie auf dem Planeten als Teile des Gleichgewichts von Gaia, und viele sind die *Freunde von Menschen.* Sie halten die Energie des Lebens für die Erde, und manchmal sind sie auch hier, um zu lieben. Manche Tierarten haben Tierseelen und reinkarnieren innerhalb ihrer jeweiligen Gruppe, aber immer, um der Menschheit zu dienen. Ihre eigenen Seelengruppen kehren als Tiere zurück – nur als Tiere. Die Seelengrenze zu einem Wesen mit einem Höheren Selbst überqueren sie nicht. Tiere entwickeln sich nicht zu Menschen weiter, auch wenn die Menschen das ganz schnell denken, denn so hat das menschliche Denken schon immer für euch funktioniert.

Eurer Meinung nach entwickelt ihr euch auf höhere Stufen weiter und werdet dann besser. Wer sich den Plan des Lebens anschaut, sagt deshalb vielleicht: *»Eine Seele beginnt als Tier und arbeitet sich dann hoch, um ein Mensch zu werden.«* Doch so ist es nicht, ihr Lieben. Ein Mensch hat ein wunderschönes Höheres Selbst, welches die Kernseele der Gottesenergie ist; Tiere haben das nicht.

Das spirituelle System des Menschen

Die Rätselfrage eures Lebens dreht sich darum, wie viel ihr von dieser Wahrheit (nämlich Teil des Schöpfers zu sein) akzeptieren könnt. Wie weit könnt ihr die Quantentür aufstoßen, um diese Wahrheit noch im Leben zu erkennen? Dieses einzelne Attribut entscheidet darüber, welchen Grad der Erleuchtung ihr im Leben erlangt. Hört mir gut zu: Es geht nicht darum, wie viel Wissen und Erfahrung in eurer Akasha ist, sondern wie viel davon ihr annehmen und glauben könnt. Viele alte Seelen auf dem Planeten haben bereits erstaunlich viel Spirituelles gelernt, doch sie wollen zu diesem Zeitpunkt ihres Lebens nicht an ihr inneres »spirituelles Gefäß« rühren. Das ist der freie Wille des Menschen, von dem wir sprechen.

Hinter dem Wind der Geburt steht eine immense Planung. Was habt ihr in euren vorigen Leben erreicht, wenn überhaupt? Wer wart ihr, und was habt ihr gemacht? Welche Energien habt ihr in Gang gesetzt, die noch nicht zu Ende gebracht wurden und mit denen ihr weitermachen möchtet? In welcher Seelengruppe wart ihr? Wer waren eure Eltern? Habt ihr gewisse Seelenvereinbarungen abgeschlossen, akzeptiert, ihre Enkel zu werden? Das kommt häufiger vor, als ihr meint! In die Planung der »Einstiegsenergie« eures Lebens fließt so vieles ein, und jedes Lebenspotenzial ist anders und einzigartig. Die Planung übernehmt ihr, wenn ihr auf meiner Seite des Schleiers »den Geist Gottes« habt. Die Menschen mögen es überhaupt nicht, dass es kein allgemein gültiges spirituelles Handbuch gibt, welches besagt: *»Das und das geschieht, und das und das müsst ihr tun.«*

Hört, ihr Lieben, der Respekt gegenüber der Menschheit geht weit über so etwas hinaus! Sind alle Kinder gleich? Funktionieren Erziehungshandbücher immer für euer Kind? Nein, denn jede Seele ist vollkommen einzigartig. Und doch wollen die Menschen eine Liste dessen, was sie zu tun und zu lassen haben, als ob jede Seele irgendwie aus einer spirituellen Maschine herauskäme, die lauter gleiche Seelen produziert. Oh nein! Vielmehr achtet Spirit jede Seele mit ihren ganz individuellen, einmaligen Wahlmöglichkeiten und einer ungeheuren Auswahl an unterschiedlichen Energien.

Die großen Künstler

Manche Menschen erhalten auf dem Planeten bestimmte Attribute; wir nennen sie *schöpferische Attribute.* Das sind fast so etwas wie Quantenattribute, für die ein Mensch unter Umständen mehrere Leben braucht, um sie zur Vollendung zu bringen. Oft durchlaufen diese *Kreativen* mehrere Leben, als ob sie *nur ein Leben* wären, um ihren schöpferischen Zyklus zu Ende führen zu können. Berühmte Künstler kehren zurück und wollen gleich einen Pinsel in die Hand nehmen und mit dem weitermachen, was sie vorher gemacht haben. Berühmte Komponisten, berühmte Dichter und Bildhauer kommen zurück und machen einfach damit weiter! Das ist so offensichtlich, aber ihr mit eurem wissenschaftlichen Ansatz leugnet das.

Die Kreativen sind also anders, und für sie besteht die Aufgabe darin, die größten Kunstschätze durch eine ganze Reihe von vereinigten Lebenszeiten auf den Planeten zu bringen; persönlich versuchen sie dagegen, das Rätsel zu klären, »was sie da Wertvolles in sich tragen, wovon aber niemand etwas weiß«.

Vielleicht habt ihr bemerkt, dass die meisten der großen Künstler, die jemals gelebt haben und auch heute auf der Erde weilen, eine Bürde tragen, die man schnell als »Mangel an Selbstwert« identifizieren kann. Erkennt ihr, wie das konstruiert ist? Es ist reif für die persönliche Entdeckung, oder? Seht ihr den Menschen, der im Wind der Geburt steht, bereit, mit dem weiterzumachen, was er erst im letzten Leben begonnen hat? Der »Geist Gottes«, der bei ihm ist, zaubert ein Lächeln auf sein Gesicht, wenn er die Musik *hört,* die er komponieren wird, denn diese Musik bringt er bereits bei seiner Ankunft auf dem Planeten mit.

Wenn ihr im Wind der Geburt steht, seid ihr also ein total einzigartiges Wesen mit unvollständigen Energien. Ihr braucht länger als ein kurzes Erdenleben, um menschliche Attribute zu kreieren, die zur Reife gelangen. Auch Nichtkreative (die meisten von euch) bringen als Erbe etwas mit sich, das sie begonnen, aber nie ganz zu Ende gebracht haben. Manchmal geht es dabei um Beziehungen, manchmal um Lernen und Lehren. Alte Seelen können das gut, dieses Kommen und Gehen, und oft machen sie genau da weiter, wo sie das letzte Mal aufgehört haben, und verändern dabei langsam den Planeten alleine durch ihr Dasein. Die alte Seele *»sät die Samen des Lichts auf dem Teppich der linearen Zeit und weiß nicht einmal, dass sie genau diese reifen Pflanzen der Weisheit ernten wird, wenn sie in einem späteren Leben zurückkommt.«* Deshalb, ihr Lieben, kommt ihr also nicht mit einer leeren Tafel an, aber das wisst ihr, nicht wahr? Die alten Seelen spüren das. Nur die Neulinge [die zum ersten Mal auf die Erde kommen] kommen mit einer komplett leeren Tafel an; darum geht es im nächsten Wind.

Doch dieser Raum ist voller alter Seelen, die das gerade hören oder lesen. Ihr alle seid mit einem spirituellen Gefäß voller Erfahrungen des Erdenlebens gekommen, und manchmal tragt ihr sogar das Attribut des »Erwachens zur eigenen Meisterschaft« in euch.

Akasha-Leser

Es gibt Menschen, die eure Akasha lesen können. Doch anders als bei einem linearen Aktenschrank können sie das jeweilige Leben nicht auf lineare Weise lesen, sondern sehen die energetischen Leben, die hervorstechen, diejenigen, die für euch von tiefer Bedeutung waren. Das sind die Leben, wo ihr etwas erreicht habt oder – vielleicht noch schlimmer – auch nicht. In manchen Leben ist Dramatisches passiert, beispielsweise ein früher Tod, der Verlust der Kinder oder Erfahrungen auf dem Schlachtfeld. Das alles basiert auf Energie und Potenzialen. Das werdet ihr erneut von mir hören, denn es ist wichtig.

Ihr steht gerade im Wind der Geburt und seid dabei, auf den Planeten zurückzukehren. Auf euch liegen all die Potenziale und Möglichkeiten, basierend auf euren vergangenen Erfahrungen und der Prägung dessen, »wer ihr seid«. Ihr kommt zurück als Mitglied der spirituellen Familie auf der Erde; das ist das, was eure Seelengruppe macht. Wo werdet ihr sein? Welches Geschlecht werdet ihr haben? Für mich ist es am schwierigsten, euch zu beschreiben, dass die Planung nicht linear ist und nichts, was ihr auf einer logikbasierten Kalkulationstabelle sehen würdet. Es ist energiebasiert und wird sehr oft von anderen beeinflusst. Deshalb ist es auch familienbasiert. Wenn ihr in einem Vorleben zur spirituellen Wahrheit erwacht seid, dann besteht ein starkes Potenzial, dass dies das nächste Leben sehr verändern wird. Eine alte Seele geht also an einen Platz, an den eine junge Seele nicht gehen würde. All das wird vor dem Wind der Geburt geplant, und ihr seid dazu bereit. Ihr seid wirklich bereit. Hört mir gut zu: Keine menschliche Seele kommt auf den Planeten gegen ihren Willen oder als Bestrafung. Diesen Satz solltet ihr vielleicht am besten auswendig lernen!

Die größte Veränderung ...

Ihr alten Seelen, direkt bevor ihr auf den Planeten zurückkehrt, ist die Energie im Wind der Geburt komplett anders, wegen dem, was in den letzten zwanzig Jahren geschehen ist. In dieser neuen Energie nach 2013 fühlt sich die alte Seele, die mit dieser *spirituellen Bibliothek* voller spiritueller Aufgaben zurückkommt, mit diesem Prozess *wohl.* Sie erinnert sich intuitiv sehr umfassend an das, was sie schon durchgemacht hat. Habt ihr das gehört? Das ist anders als beim letzten Mal! Es ist das Resultat von allem, was in den letzten Jahren geschehen ist. Ihr habt die Regeln verändert! Die alte Seele ist manchen der Energien, die eine jüngere Seelen hin- und herstoßen, nicht unterworfen. Die alte Seele hat sich im Rahmen der Planung für ein Tun entschieden, welches ihr vorher in einer älteren Energie nicht offenstand. Das ist nur möglich, weil sie jetzt planen kann, das spirituelle Gefäß intuitiv früh im neuen Leben zu öffnen. Die alte Seele weiß das womöglich sogar jetzt schon und plant entsprechend, noch bevor ihr jetziges Leben zu Ende ist; sie kennt intuitiv bereits im derzeitigen Leben ihr nächstes Leben. Das ist der Unterschied, ihr Lieben. Es ist der Beginn der »intuitiven spirituellen Logik«.

Wir haben euch in früheren Durchgaben bereits einige der interessanten Unterschiede zwischen den neuen Menschen und Menschen wie euch, die in eine ältere Energie hineingeboren wurden, genannt. Wie wir euch gesagt haben, könnt ihr dank der Veränderungen der Quanten-DNA, die ihr durch das Durchleben vieler Leben, in denen ihr zu Erleuchtung und Wissen erwacht seid, in eurem nächsten Leben ein ganz anderes Kind sein – ein Kind, das sich daran *erinnert,* wie das Lesen geht, anstatt dass es ihm *beigebracht* werden muss; ein Kind, das früher laufen und sprechen kann, weil es sich daran erinnert, wie das geht. Denn die Brücke in der DNA zwischen *dem, was war,* und *dem, was ist,* ist nun fast vollständig. Das bedeutet, die DNA beginnt, sich auf quantenhafte Weise zurück zur ihrem ursprünglichen Seinszustand zu verändern, der viel effizienter ist. Das wird sich euch als Erstes in den Kindern zeigen. Und, meine Lieben, erwartet nicht, dies unter einem Mikroskop sehen zu können. Ihr werdet vielmehr schließlich einen Soziologen fragen müssen, um das alles nachzuweisen, denn zunächst macht es sich als Veränderung des menschlichen Verhaltens bemerkbar.

Und so werden alte Seelen nicht als Menschen zurückkommen, die wieder von vorne anfangen und alles von Grund auf neu lernen müssen, vielmehr kommen sie mit einer *vollen Ladung* intuitiver Erfahrungen aus früheren Leben hier an. Und mit der Weiterentwicklung ihrer Gehirne erinnern sie sich vielleicht sogar daran, wer sie sind [alte Seelen, die schon früher hier waren]. Das ist das Versprechen der neuen Energie, vor allem nach 2013. Ihr werdet in manchen eurer Kinder und Enkelkinder, die auf die Welt kommen und heranwachsen, Veränderungen bemerken. Das Brandmal eines Planeten, der entweder durch Krieg oder von Gott zerstört werden wird, findet sich nicht mehr in den Energien der neuen Kinder. Ihnen wird das Versprechen eines Planeten gewährt, der sich in neue, noch unerforschte Bereiche der Quantenentdeckung begibt. Sie brauchen einen ganz neuen Werkzeugkasten.

Wer hat das alles schon einmal mitgemacht?

Oh, ihr alle wart bereits Teilnehmer dieses *Windes*. Jeder hier im Raum hat daran teilgenommen. Ihr standet da und wusstet, welche Lektionen ihr in diesem Leben zu lernen hattet und auch, was aufgrund der Geschehnisse in früheren Leben potenziell als Nächstes anstand. Das waren keine Fehler, ihr Lieben, sondern die Resultate von Potenzialen und Plänen, die ihr für eure eigene Seele gemacht habt.

Hier in diesem Raum sind keine *Neulinge* [das wird noch erklärt]. Doch nicht alle, die das hören oder lesen, sind alte Seelen im klassischen Sinn – also Seelen, die schon Hunderte von Malen hier waren. Aber ihr wart bereits hier, also seid ihr jemand, der diesen Prozess schon viele Male durchlaufen hat. Deshalb seid ihr an diesem Material interessiert. Habt ihr darüber schon einmal nachgedacht? Ihr versteht dieses Wissen auf sehr unterschiedliche Weise; es wird von euch ganz unterschiedlich aufgenommen. Manche werden darüber einschlafen, manche werden dadurch spirituell erwachen. [Kryon lächelt.] Das hängt davon ab, an welchem Punkt auf eurem geplanten Weg ihr euch befindet. Jeder Weg ist einzigartig.

Der Wind der Existenz

Jetzt kommen wir zum Wind der Existenz, das, was ihr »Leben« nennt. Wir wollen euch seine Attribute aufzeigen. Zunächst einmal: Egal, was euch spirituelle Autoritäten gesagt haben, euer Hiersein ist keine Bestrafung. Ihr seid auch nicht hier, um geprüft zu werden. Wir nennen euer Leben zwar manchmal eine »Prüfung«, aber damit ist gemeint, dass die *Energie* geprüft wird, nicht ihr! Dann misst Gaia die Energie des Planeten und gibt die Resultate an das Gewebe der Zeit und der Existenz, an die große Zentralsonne, weiter. Das sind die Messungen der Schwingung der Erde über das Kristallgitter, welches in einem viel umfassenderen Szenario eine Rolle spielt, von dem wir noch nicht viel gesprochen haben.

Die »Prüfung« besteht also darin, herauszufinden, ob die Menschen diesen Messwert der Erde durch ihr Bewusstsein verändern können. Das ist die Prüfung. Ich sage es noch einmal: Die Menschen sind nicht hier, um einer Prüfung unterzogen zu werden, sondern sie sind als Familie hier. Die Brücke zwischen dem Wind der Geburt und dem Wind der Existenz ist nicht raffiniert; auf dieser Brücke blendet ihr alles, was ihr über die Wahrheit wisst, aus und kommt ohne diese Wahrheit auf die Erde. Wenn ihr in den Wind der Geburt eintretet, seid ihr euch nicht mehr bewusst, dass ihr ein Teil des Universums seid. Die Verbindung zum Bewusstsein Gottes existiert nicht mehr. Ihr erinnert euch nicht mehr, woher ihr kamt oder was ihr mitgemacht habt. Dank der neueren Energie könnt ihr jetzt zu intuitiven *Potenzialen der Erinnerung* an diese Wahrheiten erwachen. Sie sind in eurer Akasha, aber nur durch willentliche Absicht zugänglich.

Wie wir angedeutet haben, gibt es auch alte Seelen, die nicht unbedingt erwachen. Eine alte Seele, deren Vorleben sehr schwierig war, segelt vielleicht durch ihr jetziges Leben, um einmal »Urlaub« von spirituellen Dingen zu machen, und meldet kein Interesse an. Aber, ihr Lieben, ihr wisst, wer das ist, wenn ihr sie trefft, ihr könnt das an ihren Augen erkennen. Womöglich sind ein paar von euch sogar mit einer solchen Seele verheiratet! Sie sind vielleicht auch nicht auf einem Treffen wie diesem zu finden, doch genau diese Energie hat euch ursprünglich angezogen.

Die Aufgabe der alten Seele

Ihr Lieben, ihr müsst die Einzigartigkeit des Lebens verstehen. Deshalb sagen wir: Es gibt keine Regeln, welche besagen, dass ihr irgendwie erwachen müsst, um dem Planeten zu helfen, oder dass ihr Licht ausstrahlen müsst, während ihr hier seid. Es gibt einfach kein *Muss,* denn das System ist komplex und vielfältig. Manche Menschen sind dieses Mal einfach hier, um die Energie zu bewahren – egal, wer sie sind und wo sie sind. Das nächste Mal tun sie die Arbeit, aber diesmal »halten sie einfach nur die Stellung«. Einige von euch hatten genau diese Attribute, und das braucht der Planet. So wie bei einem spirituellen Staffellauf tragen manche den Stab schnell voran, während andere einfach dasitzen und zuschauen, aber alle sind an dem Geschehen beteiligt. Manche alten Seelen halten einfach die Energie und sind sich überhaupt keiner metaphysischen Reise bewusst; das wäre so etwas wie die *Rekalibrierung bzw. Verjüngung der alten Seele.* Doch manche von euch sagen da vielleicht: *»Ich weiß nicht, ob mir das gefällt. Das scheint eine Verschwendung eines Lebens einer alten Seele zu sein – 80 Jahre oder noch mehr!«* Ihr Lieben, sind drei Wochen Urlaub eine Verschwendung? Nein. Oft kommt ihr ausgeruht zurück und seid wieder bereit zu arbeiten! Das ist komplex, und ihr betrachtet die Dinge im Licht »einer Lebenszeit«. Doch für uns ist das einfach ein Tag, der vorbeigeht. Es hat alles mit dem richtigen Zeitpunkt zu tun. Also beschließt nicht auf Basis eurer »Lebenszeit-Uhr«, was funktioniert und was nicht

Alte Seelen werden in der neuen Energie auf dem Planeten am meisten bewirken können. Diejenigen, die am häufigsten hier waren, wissen, wenn sie hier ankommen, besser als jemals zuvor, was sie angesichts der Zustände und Umstände zu tun haben.

Die Kategorien des Windes der Existenz: Neulinge und Lernende

Neulinge: Es kommen immer wieder Neulinge an; das muss so sein, denn der Planet dehnt sich geometrisch aus [Bevolkerungszuwachsrate]. Logischerweise kommen also die ganze Zeit neue Seelen an, versteht ihr? Das liegt auf der Hand. Ihr könnt Neulinge sofort erkennen, wenn ihr ein Gespräch mit ihnen anfangt. Ihr sagt A, und sie hören B. Ihr bittet sie, nach links abzubiegen, und sie gehen nach rechts. Sie haben von nichts eine Ahnung, keine Vorstellung davon, wie es zwischen Menschen so läuft. Sie verstehen nicht wirklich, ob etwas gut oder schlecht ist. Stimmiges, angemessenes Verhalten ist für sie ein Mysterium – und das ist auch oft offensichtlich. Sie wissen nicht, wie das Leben im Allgemeinen funktioniert. Ihr schlagt erstaunt die Hände über dem Kopf zusammen, weil ihr einfach nicht glauben könnt, dass jemand so ist! Sie sind neu. Sie wissen nichts über die menschliche Natur. Und sie lassen sich leicht von einem anderen Menschen hinters

Licht führen. Wieder schüttelt ihr verwundert den Kopf und sagt: *»Sind sie gerade erst angekommen?«* Genauso ist es.

Sie sind über die Maßen und in allen Bereich naiv, und ihr habt solche Menschen schon gesehen. Sie alle müssen ein paarmal zurückkehren, bevor sie die Funktionsweise des Lebens ganz verstehen; es sind also immer ziemlich viele dieser Neulinge hier. Man kann mit ihnen nicht in einem Treffen wie diesem rechnen; sie gehören eher in ein Treffen, das ihnen beibringt, »wie die Menschen funktionieren«. Viele von ihnen landen auf der Couch eines Psychologen, um mehr über sich herauszufinden, und seltsamerweise werden viele von ihnen sogar selbst Psychologen! Denn für sie ist die menschliche Natur ein so riesengroßes mysteriöses Rätsel, welches sie lösen müssen, dass sie sich voll darüber im Klaren sind, wie viel Hilfe sie benötigen. Und so helfen sie dann anderen Neulingen.

Lernende: Innerhalb weniger Lebenszeiten erreichen viele einen Zustand, in dem sie sich intuitiv bewusst sind, wie die Dinge auf dem Planeten funktionieren. Es herrscht ein besseres emotionales Gleichgewicht, und dann ist der Mensch ein *Lernender.* Jetzt kann er damit beginnen, spirituelles Wissen zu sammeln. Es ist offensichtlich, wer in die Kategorie der Lernenden fällt. Das sind diejenigen, die das Potenzial haben zu erwachen, denn sie kommen potenziell zu einem Ort wie diesem, hören die Wahrheit, erkennen sie oder auch nicht, und gehen. Wenn sie nicht das Gefühl haben, das würde sie betreffen, bedeutet das einfach, dass es nicht der richtige Zeitpunkt ist.

Erinnert ihr euch an das Axiom, demzufolge man in einen weniger bewussten Zustand zurückfällt? Das geht nicht. Wenn ihr also heute etwas nicht für euch annehmen oder entsprechend handeln könnt, heißt das nicht, dass ihr das vergesst. Die Dummheit von heute kann zur Weisheit von morgen werden. Es hängt einfach von eurer Wahrnehmung ab.

Es dreht sich alles um den richtigen Zeitpunkt. Mein Partner hat mich schon oft gefragt: *»Kryon, warum musste ich über vierzig Jahre alt werden, bis ich zur Wahrheit erwacht bin? Es wäre so viel effizienter gewesen, wenn das schon in meinen Dreißigern passiert wäre!«* Und meine Antwort hat immer mit dem richtigen Zeitpunkt zu tun. Es geht darum, jeden so alt werden zu lassen, wie es für ihn nötig ist, damit er das tun kann, was er jetzt tut, und auch das, was er als Nächstes tun wird. Darauf komme ich noch zurück.

Und so, meine Lieben, die ihr hier vor mir auf den Stühlen sitzt und die ihr diese Zeilen lest, gehören alle in die Kategorie der *Lernenden.* Das sind oft ältere Seelen, die für spirituelle Fragen erwacht sind. Sie spüren, was auf dem Planeten vor sich geht, und möchten mehr darüber wissen. Sie haben eine neue Bewusstheit dahingehend, dass sich die Energie verändert und dass die Erde sie braucht. Sie wissen auch, dass jeder Weg anders ist, und das bedenken sie, während sie jetzt hier in diesem Raum sitzen oder dieses Transkript lesen. So funktioniert das, ihr alten Seelen. Manche von euch sind für die spirituelle Wahrheit des »inneren Schöpfers« schon viele Male erwacht. Eure Bibliothek steckt voller spirituellem Sinn. Manche von euch sind erst in diesem Leben erwacht und haben erkannt, dass sie alte Seelen sind. Und da ihr gerade alle zuhört und lest, schweife ich jetzt mal ein bisschen ab. Es ist etwas Komplexes über die neue Energie, was ihr nicht erwartet habt.

Ein hoch entwickeltes, komplexes Quantenattribut

Was jetzt kommt, mag komplex sein, aber einige von euch sind dafür bereit. Für manche hier ist dies intuitiv vorstellbar, denn es ist spirituell logisch. Ich gehe nur kurz darauf ein, denn ich habe schon früher darüber gesprochen; aber es gehört hierher, um die Winde so vollständig wie möglich zu erklären.

Wie ich euch gesagt habe, tragt ihr in euch die Akasha-Bibliothek. Das heißt, es gibt eine universelle Wahrheit, aus der ihr schöpfen könnt. Doch auf sehr lineare Art versteht ihr auch, dass ihr in eurer Akasha-Bibliothek nur das haben könnt, was ihr während eurer Leben auf der Erde herausbekommen und zusammengesammelt habt. Wahr oder falsch? Wir haben davon in diesem neuen Jahr 2013 schon gesprochen. Die Antwort lautet: Das hängt davon ab, wie quantenhaft ihr werdet.

Das ist sehr schwierig, denn jetzt spreche ich ein komplett nicht lineares Thema an, hört also gut zu. Wenn es wahr ist, ihr lieben Menschen, dass ihr den Samen einer aufgestiegenen Rasse aus einem anderen Teil der Galaxie [die Plejadier] in euch tragt, dann heißt das, ihr habt ein Stück ihrer DNA! Alles, was sie wissen, ist in eurer DNA, und ihr wisst schon, worauf ich damit hinauswill, nicht wahr? Es bedeutet, ihr könnt zu großer Wahrheit erwachen, aber einer Wahrheit, die nicht auf irdischen Erfahrungen beruht, sondern vielmehr auf dem, was sie euch mitgaben. Das geht weit über das hinaus, was wir euch über eure Akasha gelehrt haben, das geht hin zu einer spirituellen *Quanten-Akasha*. Manche werden da fragen: *»Nun gut, wir kommen damit hier an, oder nicht? Auch die Neulinge haben das, oder? Warum erinnern wir uns dann nicht daran?«* Die Antwort lautet: In der neuen Energie [nach 2013] werden manche damit beginnen, das zu nutzen, was wir die *quantenhaften Akasha-Werkzeuge* nennen werden. Dazu gehört auch die Vorstellung, »in der Akasha zu ›graben‹« [über dieses Attribut haben wir schon gesprochen], sowie die Vorstellung eines »quantenhaften Akasha-Erbes«, das heißt, die Erinnerung an das *ursprüngliche Wissen der galaktischen Vorfahren.* Darauf aufbauend werden auf dem Planeten letztendlich Quantenerfindungen gemacht werden. Wenn die Menschen mit zunehmender Weiterentwicklung immer quantenhafter werden, werden sie anfangen, mit diesen neuen Werkzeugen zu arbeiten. Das hat mit der DNA zu tun, und wir haben schon oft davon gesprochen. Es ist ein »Erinnern«. Doch das widerfährt nur den ältesten Seelen unter euch, denn es geschieht nur nach der vollständigen Verwirklichung des »inneren Gottes«.

Karma

Und wie passt Karma in all das hinein? Der Lernende – also derjenige, der über den Status, einfach nur »auf der Erde anzukommen«, hinausgeht – hat jetzt etwas, was *Karma* genannt wird. Es ist eine starke Energie, mit der ihr arbeiten könnt. Wir wollen also erklären, was das ist. Karma ist »unerledigte Familiengruppenenergie«, die von einem Leben zum nächsten weitergeht. Sie schiebt und zerrt euch im Leben herum und hat nichts mit Vorbestimmung zu tun, dafür aber alles mit *Veranlagung.* Wenn du von viel karmischer Energie umgeben bist, dann bist du dazu veranlagt, nach links oder rechts zu gehen, wenn bestimmte Umstände herrschen. Das gründet in den Energien der Vergangenheit und entsteht hauptsächlich im menschlichen Miteinander.

Damals im Jahr 1993, als *Das Zeiten-Ende* (Kryon-Buch 1) herauskam, sagten wir euch, es sei alten Seelen jetzt gestattet, die Energie des Karma aufzugeben und im Leben ihren eigenen Kurs einzuschlagen, als Mitschöpfer der Energie dessen, was sie möchten, anstatt gegen die Vergangenheit ankämpfen zu müssen. Immer wieder sagen wir euch: Karma ist ein altes Lernsystem, und ihr seid jetzt darüber hinausgewachsen. Für die Lernenden, welche noch nicht bereit sind, die karmische Energie aufzugeben, und welche die darauf basierenden Lektionen lernen müssen, ist Karma nach wie vor notwendig. Karma steht dem Neuling [der zum ersten Mal auf die Erde kommt] nicht zur Verfügung, denn die neue Seele, die da kommt, verfügt noch nicht über Energie der Vergangenheit, aus der sie schöpfen könnte. Übrigens, deshalb sind sie so ahnungslos! Doch wenn sie dann das zweite oder dritte Mal hier sind, erzeugen sie ihr eigenes Karma aus der Energie des gewöhnlichen Lebens heraus, was sie dazu bringt, im nächsten Leben bestimmte Dinge zu tun.

Wenn die alte Seele das Karma erst einmal aufgegeben hat, bedeutet das, sie hat es komplett aufgelöst; und wenn sie das nächste Mal hier ist, gibt es auch kein Karma mehr. Hier haben wir wieder ein Quantenattribut, welches besagt: »Das, was du im Muster deiner spirituellen DNA erzeugst, bleibt für immer. Es muss im nächsten Leben nicht noch einmal getan werden.« Auch das hat nichts mit Vorbestimmung zu tun, aber ihr sollt wissen: Das, was ihr in diesem Leben tut, gestaltet euer nächstes Leben, und in dieser neuen Energie ist das sehr tiefgreifend, ihr alten Seelen!

Verträge – eine Klarstellung

Ich möchte über *Verträge* sprechen. Das Wort an sich wird schon missverstanden. Habt ihr das Gefühl, ihr hättet einen spirituellen Vertrag geschlossen, auf der Erde *etwas zu tun?* Manche von euch kommen auf dem Planeten an und denken: *»Ich bin hier und tue, was ich in dieser Stadt tun soll, denn so lautet mein Vertrag.«* Während ihr also scheinbar euren Vertrag erfüllt, was macht ihr, wenn jemand anderes daherkommt und euch ein besseres Angebot unterbreitet, ihr dazu aber in eine andere Stadt umziehen müsst? Es könnte sich um ein spirituelles Angebot handeln, wodurch ihr an einen viel besseren Platz gelangt, um den Menschen helfen zu können. Oje! Das ist eine große Rätselfrage. Was geschieht mit eurem spirituellen Vertrag? Ein Teil von euch tendiert in die Richtung: *»Ich muss hierbleiben und das tun, wozu ich hierhergekommen bin.«* Der andere Teil ist unentschieden, hin- und hergerissen. Und schließlich richtet ihr euch auf und sagt: *»Mein Vertrag besagt, dass ich hierbleiben und meine Arbeit tun muss. Ganz egal, was passiert, ich werde meinen Vertrag mit Gott erfüllen.«*

Ich sage dazu ein Wort, an das ihr euch erinnern sollt: Unsinn! Euer Vertrag ist mit unsichtbarer Tinte geschrieben! Hört gut zu, ihr alten Seelen: An jedem einzelnen Tag eures Lebens könnt ihr euren spirituellen Weg umschreiben! Habt ihr das gewusst? Das ist das Wesen des Mitschöpfertums! Euer einziger Vertrag besteht darin, *hier zu sein,* und ihr erfüllt ihn, während ihr diese Zeilen lest. Also nehmt den spirituellen Stift in die Hand und schreibt jeden Tag auf, was ihr braucht. Wenn es zu Synchronizitäten kommt und ihr in eine andere Gegend hinweggefegt werdet, seht es als das an, was es ist – es ist das, worum ihr gebeten habt! Fühlt diese Wahrheit, während sie euch geschieht. Bleibt bei eurem intuitiven Gefühl und schreibt einen Vertrag für den heutigen Tag nieder, der morgen wieder verschwinden kann, wenn ihr ihn in etwas umschreibt, was noch besser ist.

Ihr alten Seelen, niemals zuvor hattet ihr so eine Chance! In dieser neuen Energie könnt ihr den Wind der Existenz an eure Bedürfnisse anpassen. Im Laufe der nächsten paar Jahre werdet ihr gemeinsam als Kollektiv eine Entscheidung über ein paar Dinge treffen. Die alte Energie nimmt sehr langsam ab und stirbt aus; dadurch gewinnt ihr die Oberhand. Es wird mehr Integrität geben, und diese wird von alten Seelen erzeugt. Manchmal stecken alte Seelen in jungen Körpern, die schnell erwachen. Der Plan, worum es auf der Erde geht, wird nach und nach Form annehmen. Neue nationale Bündnisse werden geschlossen werden. Weitere Grenzen werden fallen, und Regierungen werden ein neues Prinzip der Einheit verstehen, welches es nie zuvor auf dem Planeten gab. Das wird letztendlich die Saat für wahren Frieden auf der Erde schaffen. Sogar der Nahe Osten wird sich verändern.

Ich habe es schon früher gesagt: Zukünftige Generationen werden zurückblicken und alles vor 2012 als *das Zeitalter des Barbarentums* bezeichnen. Die Zivilisation nimmt 2013 ihren Anfang. Das ist der versprochene Grenzpunkt, der innerhalb von drei Generationen erreicht werden wird. Denkt darüber nach! Die Geschichte der Menschheit handelte immer von Kriegen und Eroberungen; doch jetzt seid ihr dabei, die Kurve zu kriegen. Die alte Energie stirbt langsam aus, und das Überleben wird als Einheit und Zusammenarbeit betrachtet. Es geschieht bereits auf dem Planeten, habt ihr das bemerkt?

Der Wind der Existenz, das seid ihr, alte Seelen, die das Rätsel lösen, und ihr unterliegt nicht dem Karma und seid durch keinen Vertrag gebunden. Ihr befindet euch vielmehr im *Manifestationsmodus.* Das scheint vielleicht nicht so, aber gebt dem eine Chance! Wie wir schon früher gesagt haben: Wenn ihr den Überlebensmodus verlasst und euch nicht mehr um jedes einzelne Ding Sorgen macht, dann erreicht ihr schließlich den Manifestationsmodus. Der *Sorgenmodus* ist das, was euren Eltern beigebracht wurde. Ihr habt das geerbt – aber erleuchtete Wesen tun das nicht. Vielmehr manifestieren sie das, was sie brauchen, und sorgen sich nicht um das, was sie nicht haben, denn es kommt durch den Prozess der Synchronizität zu ihnen, wenn sie es brauchen. Es ist ein erleuchtetes Konzept, welches die innere göttliche Weisheit anerkennt.

Der Wind des Übergangs

Der letzte Wind ist der Wind des Übergangs. Ihr nennt ihn Tod. Was kann ich euch darüber sagen, was ihr noch nicht wisst? Nun ja, ich meine, eine ganze Menge. Zunächst einmal: die Regeln. Ihr wisst nicht, was ihr nicht wisst. Ihr wisst nicht, wann es passieren wird. Wusstet ihr, dass wir einige von euch sehr lange hier behalten müssen? Und zwar, weil ihr das, was ihr begonnen habt, noch nicht abgeschlossen habt. Bei anderen wiederum ist es für uns wichtig, dass sie den Übergang eher früher als später vollziehen, um ihrem eigenen Plan zu folgen. Wir brauchen sie schon bald, wenn sie noch jung sind, an einem anderen Platz auf dem Planeten. Ihr Akasha-Wissen muss frühzeitig erwachen und das weiterentwickeln, was sie gerade entwickeln, denn sie haben die Energie der Jugend. Es ist für uns nötig, dass ihr ein bestimmtes Alter habt, damit ihr – wie ihr es geplant habt – für ein Amt kandidieren könnt. Wir brauchen euch in jungen Jahren auch aus anderen Gründen, die für euch ganz offensichtlich sein sollten, wenn ihr einmal unseren Standpunkt einnehmt.

Ihr wisst also nicht, wann ihr geht. Werft die Angst vor diesem Übergang über Bord, damit ihr die wichtigen Gründe versteht, die ihr mitgeschaffen habt, als ihr auf meiner Seite wart. Der Erweckungsprozess entscheidet mit darüber, wann ihr die Energie übertragt und erneut den Übergang vollzieht.

Ich möchte euch ein Attribut nennen, an das ihr wahrscheinlich noch nicht gedacht habt: Tod ist furchterregend. Auf der Körperebene habt ihr einen unglaublichen Überlebenswillen. Das Letzte, was ein Lebewesen will – und sei es auch nur eine Bakterie –, ist zu sterben. Der Überlebenswillen treibt euch dazu an, zu leben, und niemand geht einfach so ohne Angst in den Tod. Das wird auch so bleiben, und so sollte es auch sein. Doch wir geben euch ein Geschenk, von dem ihr nichts wisst: Im Augenblick des Übergangs, wenn euer Herz zu schlagen aufhört und ihr den letzten Atemzug tut, sind wir da. Auch alle Engel der großen Zentralsonne sind da, und sie zünden ein Licht an, das euch Frieden schenkt – einen Frieden, der so groß ist, dass es keine Angst geben kann. Im Bruchteil einer Sekunde wisst ihr, dass alles in Ordnung ist. Ihr mögt es vielleicht eine *spirituelle Narkose* nennen, doch wir nennen es »das Geschenk des Schöpfers«.

Von unserem Standpunkt, einem Quantenstandpunkt, aus betrachtet, ist der Wind des Übergangs also etwas Schönes. Er steht für den Augenblick, in dem ihr erkennt, dass dieses Leben für euch zu Ende ist. Das dauert nur eine Sekunde, dann ist es vorbei. Dann beginnt für euch ein dreitägiger Prozess, in dem ihr euch erinnert, wer ihr seid. Ein Teil von euch ist nach wie vor auf dem Planeten, und ein Teil ist bei uns. All das ist wunderschön.

Manche Menschen haben eine Nahtoderfahrung erlebt und sie bestmöglich erklärt; alle sagten, sie seien als anderer Mensch zurückgekommen. Oh, ihr Menschen, sie sahen ein Stück davon; sie sahen ein Stück des Schöpfers, und als sie zurückkehrten, riefen sie aus: *»Ihr werdet es nicht glauben! Ich war einen Augenblick lang tot, und ich habe Gesang gehört und Licht gesehen.«* Fragt sie einfach, dann werden sie euch das sagen. Das ist das Geschenk des Übergangs, über das wir noch nie gesprochen haben. Der Tod hat keinen Stachel, du Mensch. Der einzige Stachel trifft diejenigen, die zurückbleiben und nicht wissen, wo ihr seid. Sie haben das Gefühl, ihr seid für immer von ihnen gegangen, doch das seid ihr nicht, und ebenso wenig die Seelen derjenigen, die ihr im Laufe der Jahre verloren habt, liebe Zuhörer und liebe Leser. Habt ihr gewusst, dass die Eltern, die ihr vielleicht schon verloren habt, bis zu eurem letzten Atemzug bei euch sind? Sie halten euch die ganze Zeit an der Hand. Das ist sehr komplex, aber Teil eines wunderschönen, multidimensionalen Systems der Seelengruppierung. Ein paar von euch wissen, dass das, was ich sage, stimmt, denn ihr habt sie gespürt.

Ihr Menschen, wisst, dass eure Seelengruppe gleichzeitig an mehreren Orten sein kann. Das haben wir euch schon früher gesagt. Seelen können sich in einem menschlichen Körper anderswo auf dem Planeten reinkarnieren und doch gleichzeitig bei euch sein, als jemand, den ihr als Führer wahrnehmt. Fragt nicht, »wie« das geht, weil das in eurer Realität keinen Sinn ergeben würde. Es ist ein wunderschönes System. Der Tod hat keinen Stachel! Und wenn ihr einen geliebten Menschen verliert, dann denkt daran: Dieser Mensch mag still und kalt erscheinen und auf ewig von euch gegangen, aber das ist nur in 3-D so und entspricht nicht der Wahrheit. Er lebt, und es geht ihm gut, und er blickt auf euch mit der Bitte, ihr möget doch die Energie der Liebe sehen, für die er steht. Er ist nicht von euch gegangen.

So viel zu den *Drei Winden* heute. Ich spreche sehr gerne über diese Dinge, denn sie sind mir die ganze Zeit nah. Ich arbeite mit allen dreien, auch jetzt in diesem Moment. Die Energie Kryon ist eine Gruppe, und sie ist so, wie auch ihr alle seid, denn auch ihr verfügt über diese Attribute. Derzeit bin ich Teil einer Gruppe, die mit denjenigen beim Wind der Geburt arbeitet. Ich heiße auch diejenigen willkommen, die jetzt gerade den Übergang vollziehen. Das ist die Rolle von Spirit durch das Höhere Selbst, das ihr seid. Ihr Lieben, entdeckt Gott in euch, dann werdet ihr auch sehen, wie schön der Plan ist!

Und so ist es.

Kryon
(Calgary, Alberta/Kanada, Februar 2013)

Abschließende Gedanken

Lee Carroll

Ich las gerade das Buch noch einmal durch und überlegte, ob ich eine Art Zusammenfassung schreiben sollte. Da hörte ich die sanfte Stimme von Kryon sagen: *»Es ist noch nicht fertig.«*

Ich lachte. Kryon hat recht. Seit 23 Jahren führt ein Buch zum nächsten und weiter zum nächsten. Jetzt stellen sogar andere meine Kryon-Informationen in anderen Büchern zusammen. Ja, das wird noch lange so weitergehen, vielleicht auch, wenn ich nicht mehr da bin.

Dieses Buch fühlte sich anders an. Von Kryon wurde mir ein Gefühl der Dringlichkeit und gleichzeitig des Jubels übermittelt. Ich habe eine Weile darüber nachgedacht. Warum will Kryon beim neuen Gleichgewicht zwischen Dunkelheit und Licht und all den Informationen über das Kristallgitter verweilen? Als Autor fragte ich mich, ob ich zu vieles wiederhole. Aber als Medium wusste ich, dass Wiederholungen für neue Zuhörer und Leser nötig sind.

Doch dieses Buch war anders. Es ist auch nicht so dick wie manche der früheren Bücher. Ich überlegte, ob ich weitere Channelings hinzufügen sollte, aber das Thema schien erschöpfend abgehandelt. Jetzt erkenne ich, dass ich »die mitfühlenden Energien von Spirit« spüre. Es ist wirklich dringend! Kryon hat detaillierte Botschaften dahingehend durchgegeben, dass diese Galaxie das bereits früher erlebt hat. Dieses Geschehen ist nichts Neues für sie, aber sehr wohl für uns.

Als ich geboren wurde, stand es nicht in den Karten, dass wir diese Zeitschwelle passieren, über die Jahrtausendwende gelangen und auch das Jahr 2012 hinter uns bringen würden. Jetzt sitzen wir alle hier in dieser Energie, und viele spüren, wie anders sie ist. Also ging ich in meinen Channeling-Modus (nein, mein Kopf dreht sich dabei nicht im Kreis) und beschloss, das aufzuschreiben, was Kryon zum Abschluss dieses Buchs sagen will. Es folgt sogleich.

Nochmals vielen Dank, dass Sie die Kryon-Arbeit unterstützen!

Seid gegrüßt, ihr Lieben, ich bin Kryon vom Magnetischen Dienst.

Kryon, was ist, wie ich spüre, diesmal anders? Möchtest du den Lesern dieses Buches etwas mitteilen?

Viele von euch haben Kinder. Ihr passt auf sie auf und beschützt sie, denn ihr seid lebenserfahren. Ihr wisst, wie Kinder sind, wisst im Voraus, welche Wachstumsphasen sie durchlaufen. Dennoch haben sie die freie Wahl, mit ihren Gedanken und später im Leben in ihren Taten als Erwachsene zu tun, was sie wollen. Was wünscht ihr euch für sie? Wie fühlt ihr euch, wenn sie die Schule abschließen oder auf der Bühne gemeinsam mit anderen Kindern singen? Euer Herz sitzt in eurer Kehle [ihr habt einen Kloß im Hals]. Ihr als Erwachsene habt das bereits durchlebt und wisst also, was für die Jungen als Nächstes ansteht. Aber sie wissen das nicht. Sie meinen, sie wüssten es, aber sie wissen es nicht. Mit jedem Sieg geht eine neue Wachstumschance einher.

Ich habe in den vergangenen Zeitaltern das Reifen des Bewusstseins schon viele Male in dieser Galaxie gesehen. Nichts kann euch auf die Großartigkeit eines umfassenden Bewusstseinswandels vorbereiten. Warum ist so viel von Dunkelheit und Licht die Rede? Weil ihr »gelernt« habt, das misszuverstehen, und jetzt müsst ihr die Wahrheit verstehen. Ein niedrigerer Bewusstseinsstand hat kindähnliche Attribute, Traditionen und Überzeugungen. Jetzt fokussiert sich alles auf gesunden Menschenverstand und spirituelle Logik.

Wir treten zurück und weinen vor Freude, wenn das geschieht, und gleichzeitig haben wir Erwartungen und Vorahnungen dahingehend, was wir bei anderen Planeten in der Vergangenheit gesehen haben. Das ist für euch eine magische Zeit, alte Seelen. Wenn ich euch das nächste Mal sehe, auf meiner Seite des Schleiers, werdet ihr unbedingt »zurückkehren und den Job zu Ende bringen« wollen. Das habe ich früher schon erlebt.

Auf dem Planeten gab es noch nie ein so großes spirituelles Erwachen. Es geht mit ungeheuren Potenzialen einher! Zu langsam für euch? Habt Geduld! Ihr seid genau im Zeitplan.

Und so ist es!

Kryon

Index

Bandzählung

Amerik.	Dt.	
1	1	Das Zeiten-Ende
2	2	Denke nicht wie ein Mensch
3	3	Alchemie des menschlichen Geistes
4	–	Kryons Erzählungen
5	–	Die Reise nach Hause
6	4	Gemeinsam mit Gott
7	5	Briefe von Zuhause
8	6	Über die Schwelle
9	7	Der Neuanfang
10	8	Eine neue Epoche
11	9	Hinter dem Schleier
12	10	Die 12 Stränge der DNA
13	11	Recalibration

Monika Muranyi
Der Gaia-Effekt
Gesammelte Kryon-Botschaften:
wie Erde und Menschheit zusammenwirken

gebunden, 352 Seiten
€ [D] 19,95
ISBN 978-3-86728-242-0

Kann es sein, das Gaias einziger Sinn und Zweck darin besteht, die Menschheit zu unterstützen? Dass Menschen nicht einfach nur eine weitere Säugetierart auf einem Planeten sind, der sich um die Sonne dreht? Dass die Energie, die aufgrund der Schwingung dieses Planeten entsteht, auf dem Tun der Menschheit beruht, was sich wiederum auf das gesamte Universum auswirkt? Die Antwort auf all diese Fragen lautet: Ja! Wenn das so ist – was ist das für ein System, das so etwas bewirken kann?
Die australische Autorin und Naturschützerin Monica Muranyi hat alles zusammengestellt, was Kryon jemals über Gaia durchgegeben hat. Seit über 23 Jahren finden die liebevollen Botschaften von Kryon, wie sie über Lee Carroll – das ursprüngliche Medium für Kryon – gechannelt werden, auf der ganzen Welt Verbreitung.
Die persönlichen Erfahrungen und Erkenntnisse der Autorin bilden das Bindeglied zwischen den einzelnen Kryon-Unterweisungen; so ergibt sich ein einzigartiges Bild, welches uns vermittelt, woher wir kommen und warum wir hier sind.

Lee Carroll – Kryon

Die 12 Stränge der DNA

Neue Dimensionen des Wissens entdecken

gebunden, 384 Seiten
€ [D] 19,99
ISBN 978-3-86728-168-3

Wie Forschungen im Rahmen des Humangenomprojektes ergeben haben, weisen über 90 Prozent der menschlichen DNA keinerlei erkenntliche Symmetrie oder Codes auf, sondern verhalten sich scheinbar chaotisch. Lediglich etwa vier Prozent machen die 23.000 Gene des menschlichen Körpers aus. Und der Rest? Bislang ein Rätsel!
Endlich liefern uns die gechannelten Unterweisungen von Kryon die Erklärung und führen uns mitten in die Welt der Quanten: Besteht unsere DNA zum Großteil aus Quanteninformationen für den menschlichen Körper? Und was steckt in diesen Anweisungen, die aus über 2,7 Milliarden chemischer Bausteine pro DNA-Doppelhelix bestehen? Birgt unsere DNA tatsächlich unsere gesamte persönliche Akasha-Chronik? Und was stellt die DNA sonst noch dar?
In diesem einzigartigen Buch – einem bahnbrechenden esoterischen Werk mit einem Vorwort des DNA-Forschers Dr. Todd Ovokaitys – werden die zwölf Schichten bzw. Energien der DNA enthüllt. Der amerikanisch-israelische Künstler Elan Dubro-Cohen hat dazu gechannelte farbige Abbildungen der einzelnen Schichten gestaltet. Das Potenzial der DNA gibt Anlass zum Staunen – mehr, als bisher auch nur geahnt werden konnte.